KURFÜRST ✦ KÖNIG ✦ KAVALIER

August der Starke

KURFÜRST ✦ KÖNIG ✦ KAVALIER

REINHARD DELAU

SAXO´Phon GmbH ✦ Ostra-Allee 20 ✦ 01067 Dresden
www.editionsz.de

 ✦ 1. Auflage Oktober 2013

SATZ & GESTALTUNG Tony Findeisen,
Dresdner Verlagshaus Technik GmbH
DRUCK Elbtal Druck & Kartonagen GmbH

ISBN 978-3-943444-21-6

Der Kurhut

Vierzehn Tage vor Friedrich Augusts vierundzwanzigstem Geburtstag spielten Liebe und Tod Schicksal. Am 27. April 1694 gegen sechs Uhr abends starb der sächsische Kurfürst Johann Georg IV., Friedrich Augusts älterer Bruder, noch keine siebenundzwanzig Jahre alt. Gerade mal drei Jahre war er im Amt gewesen.

Als die Nachricht bekannt wurde und die Glocken läuteten, atmete Dresden auf, jubelte der Adel. Nun war er tot, der „Verhexte", dem die Sinne verwirrt worden waren, der ungeliebte Kurfürst. Er hatte ihnen gedroht, seine Soldaten gegen sie zu schicken, falls ihm der Landtag nicht höhere Steuern bewilligte und sich die Stände seinem Streben nach feudalabsolutistischer Macht entgegenstellten. Nun war es geschehen um ihn. Was sich ereignet hatte, könnte einem dramatischen Stück entnommen sein. Der Liebhaber folgt seiner Geliebten ins Grab.

Johann Georg, der verheiratet war, hatte sich in die siebzehnjährige Sibylla von Neitschütz verliebt. Und niemand vermochte ihm das Mädchen zu verleiden. Im Gegenteil: Er bekannte sich in aller Öffentlichkeit zu ihr, erwarb das Gut Pillnitz und schenkte es seiner Geliebten. Beim deutschen Kaiser in Wien bemühte er sich um ihre Erhebung in den Stand einer Reichsgräfin. Nicht ohne Erfolg. Der Habsburger, dem der Wettiner im Kampf gegen die Türken verbunden war, ernannte die Mätresse Johann Georgs IV. zur Reichsgräfin von Rochlitz. Wie der Kurfürst sein Verhältnis zu Sibylla künftig gesehen haben wollte, gab er selbst bekannt: „Kund zu wissen, daß ich solches für eine rechte Ehe halte und erkenne, indem jenes nur eine zugesetzte Sache von der Kirche, dieses aber ebenso viel ist." Das war stark. Damit beanspruchte Johann Georg eine Doppelehe, die auch an den Höfen unüblich war.

Das protestantische Sachsen kochte. Eine Hure als Reichsgräfin, ein Landesherr, der sich über alle moralischen Gesetze hinwegsetzte, eines der schönsten Güter in lieblicher Landschaft in ihrem Besitz. Von der Kanzel der Dresdener Sophienkirche wetterte es herab. Freilich erst, als Johann Georg im Sarg lag. Keine grundlose Vorsicht. Friedrich Augusts Vater, Johann Georg III., hatte zuvor den Pietisten und Hofprediger Philipp Jakob Spener aus Dresden genötigt, da ihn der Geistliche zu oft zum christlichen Glauben ermahnt hatte. „Großer Herren Laster erschallen durch die ganze Welt, und die Fama pflegt sie allzeit größer zu machen." Und: „ ... der Ruf von unartigen Herren ist nichts anderes als der Stank einer ausgelöschten fetten Lampe oder ausgebrannten Fackel, den niemand vertragen kann."

Johann Georg hatte sich nicht um den Zorn seiner aufgebrachten Sachsen geschert. Als er 1693 mit zwölftausend sächsischen Soldaten aufbrach, um dem Kaiser im Pfälzischen Krieg gegen die Franzosen beizustehen, nahm er Sibylla mit. Sie war hochschwanger. Die Liebenden schienen unzertrennlich.

Der Feldzug im Westen ging im Herbst zu Ende. Er brachte dem Heiligen Römischen Reich Deutscher Nation nicht viel Ruhm. Johann Georg und Sibylla kehrten nach Dresden zurück. Etwa neun Monate nach der Geburt ihrer Tochter erkrankte sie an Pocken. Der Kurfürst war bis zur letzten Stunde bei ihr. Sie starb am 4. April 1694.

Sofort nach Sibyllas Tod ordnete der Kurfürst Hoftrauer an. Hof und Geheime Kabinette waren empört, die wettinische Familie war entrüstet. Als sich gelbe und grüne Flecken an der Haut der Leiche zeigten, glaubte Johann Georg, dass Sibylla vergiftet worden sei. Er befahl eine Autopsie. Die Ärzte öffneten den Leib der Toten. Sie entdeckten nichts, was auf einen Mord hindeutete.

Das Begräbnis fand am 12. April statt. Mittags läuteten die Glocken eine Stunde. Beigesetzt aber wurde Sibylla erst nachts. Johann Georgs engste Vertraute hatten ihm dazu geraten, um nicht den Unmut seiner Gegner zu schüren. Zweiundzwanzig Wagen folgten dem Sarg. Im ersten saß Johann Georg, im zweiten Friedrich August. Pechpfannen erhellten die Nacht. Bürger mit Fackeln in der Hand standen schweigend Spalier. Die Reichsgräfin von Rochlitz wurde gegen den Widerstand der kurfürstlichen Familie in der evangelischen Sophienkirche beigesetzt.

Wenige Tage nach dem Begräbnis spazierte Johann Georg auf dem Dresdner Stadtwall. Ein Schwächeanfall streckte ihn zu Boden. Man trug ihn ins nahe gelegene Schloss. Dort legte er sich ins Bett und stand nicht wieder auf. Er starb wie Sibylla an Pocken. Eine ungewöhnliche Leidenschaft hatte ihr Ende gefunden. Der Kurhut fiel Friedrich August zu.

Völlig unerwartet sah er sich an die Spitze Sachsens gestellt. Als Zweitgeborener hätte Friedrich August kaum eine Chance gehabt, an die Macht zu kommen. Sein Bruder war nur zwei Jahre älter als er gewesen. Söhne waren aus Johann Georgs Ehe zu erwarten, die direkte Thronfolge war demnach wahrscheinlich. Daher hatte Friedrich August seine Zukunft als Soldat gesehen. Auf den Schlachtfeldern Europas wollte er sich bewähren. So jedenfalls behauptete er es. Er spüre den „Trieb des Soldatentums“ in sich. „Mein einziger Wunsch war kriegerischer Ruhm.“ Und er charakterisierte sich als einen „frischen Herrn, der wenige achtete, in seiner Jugend schon zeigte, dass er von Leibe, Gliedern und Konstitution stark werden würde...“. Er hatte sich schon früh im Schießen und in Ritterspielen geübt, die in der Regierungszeit Johann Georgs III. am Dresdner Hof wieder beliebt wurden. Mit elf Jahren hatte Friedrich August reiten gelernt, mit zwölf zum ersten Mal an einer Jagd teilgenommen und mit neunzehn gegen die Franzosen am Rhein gekämpft und dort viel Mut bewiesen. Nun trug er, Friedrich August I., den Kurhut, der ihm so glücklich und so früh zugefallen war; nun musste, nun konnte er regieren. Neununddreißig Jahre sollten ihm dafür bleiben.

Friedrich August I., der Starke, 1670-1733 als König v. Polen August II., Künstler unbekannt

Wollte sich das Kurfürstentum Sachsen im europäischen Kräftespiel erfolgreich behaupten, musste er mehr erstreben als Feldherrenlorbeer. Diplomatisches Geschick und politischer Weitblick waren gefragt, denn die absolutistischen Fürstenhäuser trachteten danach, ihre Macht zu vergrößern und ihren Territorien weitere Gebiete zuzuschlagen. Um in diesen Auseinandersetzungen zu bestehen, vielleicht gar gestärkt aus ihnen hervorzugehen, hatte das Kurfürstentum Sachsen so schlechte Voraussetzungen nicht.

Von jeher zählte das Kurfürstentum zu den Kernländern im deutschen Reich. Bereits im sechzehnten Jahrhundert hatte es einen wirtschaftlichen Aufschwung erlebt. Das Gewerbe war entwickelt; der Bergbau im Erzgebirge florierte, die Städte waren wohlhabend. Es war sicher kein Zufall, dass die deutschen Kurfürsten Friedrich dem Weisen, dem Lutherfreund, die Kaiserkrone angeboten hatten. Und es sprach für das politische Gewicht der Wettiner, dass einer von ihnen das Amt des Direktors in der Vereinigung der protestantischen Fürsten im deutschen Reichstag innehatte. Freilich, der Dreißigjährige Krieg hatte das Land stark zurückgeworfen. Die unglückliche testamentarische Entscheidung Johann Georgs III., die Herzogtümer Merseburg, Zeitz und Weißenfels vom Stammland abzutrennen und sie den Prinzen zu überlassen, hatte die Kurlande geschwächt. Dennoch blieb Sachsen nach Österreich und Brandenburg-Preußen der drittgrößte deutsche Territorialstaat. Inzwischen waren auch die schlimmsten wirtschaftlichen Folgen des Dreißigjährigen Krieges weitgehend überwunden. Städte und Dörfer blühten wieder auf, das Gewerbe entfaltete sich. Das Silber, das Sachsen im sechzehnten Jahrhundert wohlhabend gemacht hatte, floss wieder reichlicher. Leipzigs Bedeutung als Messestadt nahm zu. Das Bürgertum gewann Selbstvertrauen. Auf diesem Grund konnte der Kurfürst bauen. Es lag nun an ihm, seine politischen Ziele durchzusetzen. Das war die Kunst, die Staatskunst, die Friedrich August beherrschen musste. Gelang sie ihm nicht, drohten Sachsen Misserfolg und Gefahr, denn es war von starken Nachbarn umgeben. Im Süden regierten die Habsburger, im Norden die aufstrebenden Hohenzollern. Sie würden jede Schwäche für sich nutzen.

Es klingt wie eine Entschuldigung für erste Misserfolge, wenn Friedrich August wenige Jahre nach seiner Machtübernahme klagte, dass er „nicht die geringste Kenntnis von dem Geschäfte“ habe. Der Chronist und Friedrich Augusts Erzieher, Christian August von Haxthausen, der den Prinzen auf der damals üblichen Kavalierstour bemittelter Adliger begleitet hatte, bedauerte, dass sein junger Herr für historische und politische Fragen gar kein Interesse zeige und es trotz aller Bitten und Mahnungen an Fleiß fehlen lasse. Dennoch, so scheint es, war Friedrich August nicht so unerfahren, wie er sich darstellte. Als Prinz hatte er beobachten können, wie sich die Stände und die adligen Beamten seinem Bruder widersetzten, der selbstherrlich zu regieren versuchte. Mit seiner Mutter, einer dänischen Prinzessin, hatte er den Hof in Kopenhagen besucht. Dort war es Christian V. gelungen, den Einfluss des dänischen Adels zurückzudrängen. Er hatte ihn zu Steuerzahlungen gezwungen. Mit seinem Heer hielt er die Stände in Schach. Bürgerliche Hofbeamte, die stets dankbarer waren als die adligen, weil sie vom König Brot und Auskommen, Auszeichnungen und Titel erhielten, dienten dem König ohne Widerspruch. Das Bürgertum, die Kaufleute und Handwerker, vom Landesherrn gefördert, hielten zu ihm. Dies musste Friedrich August beeindrucken, zumal er dort bestätigt bekam, was sein Vater oft im engen Kreis der Familie äußerte: Dass es nicht schneller vorwärtsging in Sachsen, läge am Adel, der sich anmaßte, in den Staats- und Wirtschaftsgeschäften mitzureden.

Ähnliche Einsichten müsste Friedrich August auf seiner Kavalierstour gewonnen haben. Sie hatte ihn nach Versailles geführt, in das absolutistische Frankreich Ludwigs XIV., nach Spanien, wo den Prinzen der düster-mächtige

Escorial, die Zwingburg spanischer Macht, beeindruckt hatte, nach Lissabon und schließlich nach Italien. In Venedig, der Stadt des Karnevals, erhielt er Eindrücke, die er sein Leben lang nicht vergessen wird.

Die Stärke und Macht Ludwig XIV., seine glänzende Hofhaltung werden dem jungen Wettiner imponiert haben. Vom französischen König zu übernehmen, was das Regieren in Sachsen erleichterte, musste dem Kurfürsten erstrebenswert erscheinen, denn auch ihm stand der Sinn nach absoluter Macht, nach uneingeschränkter Entscheidungsfreiheit. Darin unterschied er sich nicht von den anderen europäischen Fürstenhäusern, darin folgte er dem Zug der Zeit. Nein, so unerfahren dürfte er nicht gewesen sein. Sehr früh nahm er sich vor, keinem zu trauen. Diesen Rat wird er später seinem Sohn geben: „Der Fürst", so schrieb er, „soll nie alles sagen, was er denkt, nicht familiär mit seinesgleichen und tiefer Stehenden verkehren, den geringsten Untertanen aber sein Ohr leihen. Aber er soll das Gehörte für sich behalten, damit ihm noch mehr zugetragen werde. Denn sind die Quellen der Mitteilung von anderen entdeckt, so misstrauen diese dem Überbringer, und der Fürst wird nichts mehr erfahren." Aufschlussreich ist Friedrichs Einstellung zu seinen Räten. Er bezeichnete die Schmeichler als „gefährliche Bestien". Wie er den sächsischen Adel beurteilte, spricht von scharfem Verstand: „Man wollte Uns in Abhängigkeit erhalten, Uns nicht groß und mächtig werden lassen. Auch Johann Georg III. lebte in solcher geistiger Knechtschaft. Da er nach einem stehenden Heer trachtete und den Krieg liebte, suchten sie ihn durch Jagden und galante Abenteuer auf andere Gedanken zu bringen, Komtess Zinzendorf half ihm dabei." (Sie war eine sächsische Adlige, die Johann Georg als Mätresse zugespielt worden war.) Und weiter: „Der Adel des Landes, der immer ebenso viel hat gelten wollen wie der Träger des Kurhuts, ist im Zaum zu halten. Das soll nicht heißen: zu zerstören. Man braucht die sächsische Aristokratie, aber da diese Herren bequem sind, muss man sie zwingen, im Heer zu dienen, und wenn sie sich weigern oder den Dienst früh quittieren, sie verachten und nicht am Hof verwenden." Konnte ein Mann nüchterner urteilen? Die Jahre mussten erbringen, was Friedrich August zu verwirklichen in der Lage war. Denn soviel war gewiss: Der Adel würde sich gegen jede Änderung entschieden wehren, wenn sich daraus für ihn eine Benachteiligung ergeben könnte.

Man darf annehmen, dass der Wettiner die ersten Huldigungen genoss. Er war jung, von stattlicher Statur. Er war gesund, sein Geist war rege. Er spürte Kraft in sich und Lust auf große Taten. In prächtigen Gewändern stand er, seine Frau Christiane Eberhardine von Kulmbach-Bayreuth neben sich, die stets etwas blass war, die die Bibel und das Gesangbuch mehr liebte als Feste und Staatsempfänge. Im Juli 1694 bekundeten ihm in Leipzig die alteingesessenen Adelsgeschlechter ihre Ergebenheit, die Ritterschaft, die Ständevertreter, die Herren von den beiden Universitäten Leipzig und Wittenberg, die Abgesandten der Bürgerschaft und der Bauern. Niemand wusste von Friedrich Augusts Entschlossenheit, Sachsen nach seinen Vorstellungen zu führen. Es ist nicht anzuzweifeln, was Friedrich August elf Jahre später berichtete: „Das Land jubelte, mich an die Stelle meines Bruders treten zu sehen, da man mein sanftes Gemüt kannte." Also hoffte man auf einen milden und gerechten Landesvater?

Auch dem Adel und den Ständen war der Wettiner willkommen. Noch zu Lebzeiten Johann Georgs IV. hatten sie zu dem Prinzen Kontakt aufgenommen. Friedrich August sollte mäßigend auf seinen Bruder einwirken, der rigoros höhere Steuern verlangt, militärische Dienste von den Adligen erwartet, harte Disziplin gefordert hatte und den Ausbau eines stehenden Heeres. Der neue Kurfürst erschien den erfahrenen Adelsgeschlechtern verbindlicher, gefügiger. Sie wussten um seine Jagdleidenschaft. Den Frauen war er nicht abgeneigt, dem Wein zugetan, Feste schien er zu lieben. Sie glaubten, ihn führen zu können, wie es ihnen angenehm war. Man sah wohl gelaunt in die Zukunft. Man feierte den Tod Sibyllas und Johann Georgs, während der Frühling in Sachsen Einzug hielt.

Alle sollten sich irren!

Anfangs tat Friedrich August, was erwartet wurde. Er nahm Sibyllas Mutter, der Neitschütz, die Güter, konfiszierte ihr Vermögen, holte sich das Rittergut Pillnitz zurück. Sibyllas Leiche wurde aus der kurfürstlichen Gruft der Sophienkirche entfernt, ihre Mutter unter Hausarrest gestellt, ein Prozess gegen sie vorbereitet. Die Neitschütz wurde angeklagt, eine Hexe zu sein und sich „der Zauberei beflissen" zu haben. Ihr wurde zur Last gelegt, Johann Georg IV. „zu einer ungemeinen Liebe" und zu einem „unversöhnlichen Hass gegen seine Gemahlin verleitet" zu haben. Die Rechtskenner hatten keine Mühe, die Neitschütz dieser Vergehen zu überführen. Schon sahen die Eiferer die Frau in den Flammen eines Scheiterhaufens auf dem Dresdner Altmarkt verbrennen. Sie freuten sich zu früh. Die Neitschütz wurde schwerer Übel schuldig gesprochen, zum Tode verurteilt wurde sie jedoch nicht. Friedrich August schlug den Prozess nieder, die Mutter Sibyllas wurde freigelassen. Viele verstanden diese Entscheidung nicht.

Sehr bald verstummte der Beifall, den Adel und Stände dem Kurfürsten entgegengebracht hatten. Friedrich August wurde energisch. Die Herzöge von Weißenfels, Merseburg und Zeitz waren von den vorgeschriebenen Regeln der Feierlichkeiten zu Ehren des verstorbenen Kurfürsten Johann Georg abgewichen. Friedrich August tadelte sie dafür. Den Zeitzer Moritz Wilhelm zwang der Kurfürst, für die vergangenen zwölf Jahre 7 900 Taler an den Dresdner Hof nachzuzahlen. Moritz Wilhelm protestierte. Der Kurfürst wies ihm nach, dass er das Geld dem Kurhaus unterschlagen hatte. Und Heinrich Barby, dem Vetter seines Vaters, machte Friedrich August deutlich, dass er auf dessen Grafschaft Hoheitsansprüche besaß. Der Adel sah es mit Sorge und setzte auf seine Räte, auf Räte seiner Wahl, die am Hofe ein gewichtiges Wort mitsprachen. Sie würden den jungen, übermütigen Kurfürsten schon in die Hand bekommen.

Auch darin sollten sie sich täuschen!

So, wie Friedrich August den sächsischen Adel sah, handelte er. Offenbar war ihm klar, dass er sich seiner nur bedingt bedienen konnte, wollte er unabhängig regieren. Daher berief er mehrere Ausländer in seinen Beraterkreis. Von ihnen, die wenig mit dem sächsischen Adel verbunden waren, war zu erhoffen, dass sie die Interessen des Hauses Wettin vertreten würden. Der aus preußischem Dienst ausgeschiedene Feldmarschall Hans Adam von Schöning übernahm das Armeekommando, Livländer war Erich Theodor Freiherr von Rosen, der sich als Soldat bei den Venetianern ausgezeichnet hatte. Jakob Heinrich von Flemming, schnell Friedrich Augusts Vertrauter und mächtiger Minister, kam aus Pommern, Anton Egon Fürst von Fürstenberg, der spätere Statthalter, aus Schwaben, Graf August Christoph von Wackerbarth, Chef des Bauwesens, war Lauenburger. Das behagte den alteingesessenen sächsischen Adelsgeschlechtern nicht. Aber noch setzten sie auf ihre Töchter. Notfalls musste man sie dem Wettiner ins Bett legen. Johann Georg III. hatten sie auf diese Weise auch in die Hand bekommen.

Im November 1694 rief Friedrich August die Ständevertreter in die Residenz. Unumwunden verlangte der Kurfürst höhere Steuern. Die Zeichen standen sofort auf Sturm. Die Stände wehrten sich. Zu gut waren ihnen die Vorgänge in Brandenburg-Preußen bekannt. Dort hatte der Große Kurfürst die Stände entmündigt. Soweit sollte es in Sachsen nicht kommen. Dem würden sie sich mit all ihrer Kraft und all ihrem Geschick widersetzen. Damit brach bereits in den ersten Monaten jener Grundkonflikt aus, der in Friedrich Augusts gesamter Regierungszeit anhalten sollte.

Der Kurfürst, rasch von Auffassung, verstand das in viele Worte eingebettete Nein. Er war nicht bereit, ihre Ablehnung hinzunehmen. Er blieb entschlossen, auch ohne ihre Zustimmung Steuern zu erhöhen und ein schlagkräftiges stehendes Heer aufzustellen, und er war entschlossen, die europäischen Höfe wissen zu lassen, dass er weitere Territorien beanspruchte. Hinfort zeichnete er seine amtlichen Schreiben mit all seinen Titeln: „Von Gottes Gnaden Wir Friedrich August, Herzog aus Sachsen, Jülich, Cleve und Berg, auch Egern und Westphalen, des Heiligen Römischen Reiches Erzmarschall und Churfürst, Landgraf in Thüringen, Markgraf zu Meißen, auch Ober- und Niederlausitz, Burggraf zu Magdeburg, Gefürsteter Graf zu Henneberg, Graf zu der Mark, Ravensberg und Barby, Herr zu Rayenstein“. Damit deutete der sächsische Kurfürst an, dass er sich mit den bestehenden Tatsachen nicht abzufinden gedachte. Jülich, Cleve und Berg – 1610 Sachsen als Erbanspruch reichsrechtlich bestätigt – befanden sich in brandenburgischer Hand, Magdeburg, das die Elbezufahrt zur Nordsee kontrollierte, ebenfalls. Freiwillig, das dürfte Friedrich August selbst in bester Hochstimmung realistisch eingeschätzt haben, würden die Brandenburger nichts herausrücken; von Thüringen besaß er nur einen Zipfel, von Westfalen hatte er nichts; Lauenburg war im Besitz der Welfen.

Wollte er bekommen, was die Wettiner seit langem beanspruchten, musste er energisch, klug und unnachgiebig vorgehen. Würde er dazu fähig sein, notfalls mit Gewalt seine Forderungen durchzusetzen? Und schließlich: Schon die ersten Monate seiner Regierungszeit bewiesen, dass er entschlossen war, auch sein Dresden zu verändern.

Unruhige Zeiten

Am Ausgang des siebzehnten Jahrhunderts trieb Europa neuen Erschütterungen und Kriegen entgegen. Und das zu einer Zeit, da Ruhe und Frieden so bitter not taten, denn noch hatte sich Deutschland nicht völlig von den Verwüstungen des Dreißigjährigen Krieges erholt, noch waren die „Tränen des Vaterlandes" nicht trocken, noch war die Klage des großen Barock-Dramatikers Andreas Gryphius aktuell: „Wir sind noch nunmehr ganz, ja mehr denn ganz verheeret. / Der frechen Völker Schar, die rasende Posaun / das vom Blute fette Schwert, die donnernde Kartaun / hat aller Schweiß und Fleiß und Vorrat aufgezehret." Kaum, dass in den Dörfern und Städten wieder Hoffnung auflebte, kaum, dass sich der Erwerbssinn wieder zu entfalten begann, zog neue Gefahr auf.

Elf Jahre vor Friedrich Augusts Machtantritt und fünfunddreißig Jahre nach dem Weltkrieg des Mittelalters standen die türkischen Armeen zum zweiten Mal vor Wien. Die Residenz der Habsburger, der Sitz des deutschen Kaisers, schien verloren. Die Janitscharen schickten sich an, die ausgehungerte Stadt zu nehmen. Im letzten Augenblick trafen die Entsatzheere der kaiserlichen Verbündeten ein. Der polnische König Jan Sobieski und auch ein Sachse, Friedrich Augusts Vater Johann Georg III., griffen die Türken an und errangen einen Sieg. Sie erbeuteten die grüne Fahne Mohammeds, des Propheten des Islams, und schickten sie dem Papst.

Die Türken wichen zurück, aber sie blieben gefährlich und bedrohten Österreich, das südliche Polen und das Reich. 1690 fiel ihnen Belgrad erneut in die Hände, und sie drangen gen Ungarn vor. Und wie vor Wien war es auch hier wieder ein Wettiner, der ihnen entgegentrat: Friedrich August, der es auch als Kurfürst nicht aufgab, Soldatenruhm zu erringen. Er sollte ihre Kampfkraft bald persönlich zu spüren bekommen.

Die Rettung Wiens führte nicht zu einem näheren Zusammenrücken der deutschen Fürstenhäuser. Der Westfälische Frieden, der den Dreißigjährigen Krieg beendete, hatte den Grundsatz „von der deutschen Stände Libertat", also der Souveränität der deutschen Territorialstaaten vor der kaiserlichen Zentralgewalt, garantiert. Das Heilige Römische Reich Deutscher Nation war ein lockerer Bund von weltlichen und geistlichen Herrschern, dem ein gewählter Kaiser vorstand. Mehr als dreihundert größere und kleinere Staaten, Fürstentümer, Grafschaften, Reichsorte verfolgten eigene politische und wirtschaftliche Ziele. Bayern und Hannover strebten nach staatlicher Unabhängigkeit. Die Diplomaten Friedrichs III. von Brandenburg schacherten mit dem Kaiser um die preußische Königskrone. In Sachsens geheimen Kanzleien wurde der Blick auf das Herzogtum Schlesien und das Königreich Böhmen gerichtet. Wittelsbacher, Wettiner, Welfen und Hohenzollern wurden immer mehr zu Rivalen. Und die größten Mächte Europas, die Bourbonen und die Habsburger, gerieten immer häufiger aneinander.

Ludwig XIV., der überragende König des französischen Absolutismus, suchte nach einem Vorwand, um zum dritten Mal in die Pfalz einzufallen. Er suchte nicht lange. Seine Schwägerin Liselotte von der Pfalz, die Frau Philipps von Orleans, hielt dafür. Er müsse, so erklärte der Sonnenkönig, ihre Erbansprüche sichern, und gab Befehl zum Einmarsch. Wieder gab es Krieg. 1688 drang das französische Heer unter Ezechiel Mélac in die blühende Pfalz ein. Das romantische Heidelberg wurde zerstört und das schöne Land links und rechts des Rheins verwüstet. Die große Allianz, an der Spitze der Kaiser im Bund mit Spanien und Schweden, den Reichsfürsten und England, mit Holland, Sardinien und Sachsen, trat gegen die Franzosen an. Mélacs Truppen konnten sich nicht lange gegen diese Streitmacht halten. 1697 musste Ludwig Frieden schließen, alle eroberten Gebiete rechts des Rheins abtreten und Wilhelm III. von Oranien, seinen erbitterten Gegner, als englischen König anerkennen. Dagegen hatte er sich lange gewehrt. Leer ging der alternde Souverän dennoch nicht aus. Land wurde hin und her geschoben, Völker wie Ware gehandelt. Der Franzose behielt Elsass und Straßburg.

Der Kampf um die Vorherrschaft in Europa dauerte an. Österreich und Frankreich blieben auch nach diesem Frieden Rivalen. England vergrößerte seine Flotte, dehnte die Handelsmacht aus und gründete 1694 die Bank von England, die Raubzüge, koloniale Eroberungen und Manufakturgründungen finanzierte. Das bürgerliche Holland, dessen Handel bis China und Japan reichte und das die absolutistischen Höfe vor allem mit Porzellan, chinesischen Seiden und Gewürzen versorgte, versuchte mit der Insel Schritt zu halten. Spanien dagegen, dessen einst unbesiegbare Armada auf dem Meeresgrund lag, fiel weiter zurück. Und als die Jahrhundertwende heranrückte, brach ein neuer Konflikt aus. Das habsburgische Königshaus in Spanien drohte auszusterben, da Karl II. kinderlos geblieben war. Obwohl Karl noch lebte und nichts auf seinen Tod hindeutete, entbrannte unter den europäischen Mächten, allen voran Frankreich, Österreich, England, Holland und Bayern, ein Streit um die Erbfolge in Spanien. Und als Karl II. dann im November 1700 starb, hatte Europa den nächsten Krieg, der mit Unterbrechungen bis 1714 währte.

Verworren war die Lage im Ostseeraum. Schweden, im Dreißigjährigen Krieg gestärkt, war mit Dänemark verfeindet und betrieb Großmachtpolitik. Polnische, russische und deutsche Gebiete im Besitz, erstrebte es eine Vormachtstellung an der Küste. Da trat Russland energischer auf den Plan. Peter I. – seit 1689 Zar – weckte das Land aus seiner Lethargie und griff in die Auseinandersetzungen ein. Brandenburg-Preußen, nach Österreich der größte deutsche Territorialstaat, beobachtete argwöhnisch das europäische Kräftespiel und erweiterte sein stehendes Heer, um im rechten Augenblick schlagkräftig zu sein.

Dynastische Kämpfe also erschütterten die Lande. Der Krieg war ein legitimes Mittel, um Ansprüche durchzusetzen, der Wortbruch häufig, Betrug oft unvermeidlich. Was zählte, war der Vorteil. Wie er erreicht wurde, war unwichtig. So dachten nicht etwa nur einzelne, besonders abgefeimte Fürsten, nein, diese Auffassung war geistige Grundlage absolutistischer Machtentfaltung. Der italienische Geschichtsschreiber und Staatsmann Niccoló Machiavelli, der selbst einige Jahre wegen einer angeblichen Verschwörung im Kerker zubringen musste, hatte sie in seinem Buch „Il Principe“, im „Buch vom Fürsten“, nachdrücklich begründet. Darin gestand er sogar dem Fürsten einen Mord zu, wenn er ihm nutzte. „Ein kluger Fürst kann und darf sein Wort nicht halten, wenn sich dies gegen ihn selbst wenden würde und die Ursachen, um derentwillen er es gab, aufgehört haben. Wären alle Menschen gut, so würde dieser Rat schlecht sein. Da sie aber nicht viel taugen und ihr Wort gegen dich auch nicht halten, so bist du nicht gezwungen, es gegen sie zu halten… Am weitesten kommt, wer den Fuchs am besten spielen kann. Notwendig ist nur, diese Eigenschaft zu verbergen, sich gut zu verstellen… Fürsten, die ja keinem Gerichtshof unterstehen, werden stets nach dem Endzweck beurteilt werden…“ Nach Machiavelli schafft die reale Macht das Recht, nichts anderes. Und so wurde gehandelt. Verbündete, die sich gegenseitig Beistand versicherten, wechselten über Nacht die Fronten, wenn sie sich daraus einen Vorteil, oft nur höhere Zahlungen für Soldatenkontingente, versprachen. Zu Beginn des Dreißigjährigen Krieges beispielsweise kämpfte Sachsen unter kaiserlich-habsburgischen Fahnen. Als der schwedische König Gustav Adolf in den Krieg eingriff und die Kaiserlichen vor sich hertrieb, gingen die Wettiner auf die protestantische Seite über, später wechselten sie erneut die Fronten und standen wieder dem Kaiser bei.

So also sah die Zeit aus, in der Friedrich August Sachsen führen musste. Aber auch so: Trotz der Kriege wurde großartig gebaut, entfalteten sich die Künste, verfeinerten sich die Umgangsformen des Adels. Es schien, als suchte die rohe Gewalt der Kampffelder einen befreienden Ausgleich in Kunst, üppiger Hofhaltung und Sinneslust. Frankreich, seiner Stärke wegen gehasst, wurde zum großen Anreger, Ludwigs Schloss von Versailles zum Inbegriff absolutistischer Machtentfaltung. Wer es sich von den deutschen Fürsten leisten konnte, der baute sich sein kleines Versailles. Französische Sitte, Mode, Kunstauffassung, französische Tänze, französisches Theater, französische Sprache eroberten sich die europäischen Höfe.

Die strenge Symmetrie des französischen Gartenbaustils setzte sich als vorbildlich für Europa durch. Alles wurde einer künstlichen Form unterworfen. Hecken wurden gestutzt, Baumkronen rund geschnitten, Wege exakt abgezirkelt, Wasserläufe umgeleitet. Steinerne Putti und Najaden (Nymphen) trieben in den Gärten ihr Spiel. Schnurgerade Alleen führten auf die Schlösser zu. Großartige Treppen waren den Portalen vorgelegt. Im Inneren der Schlösser wurde es behaglicher. Aus kostbaren Hölzern schufen Tischler schöne, bequeme Möbel. Mahagoni kam in Mode. Die Sessel wurden breiter, Stuhllehnen, die bisher nur aus Holz bestanden, wurden gepolstert. Tischler erfanden die Kommode und den Schreibtisch (die Renaissance kannte nur das Pult).

In der bildenden Kunst verflossen die klaren Formen und Farben. Bacchantische Szenen füllten die Leinwand, der Blick auf rosiges Fleisch kitzelte die Sinne. Bildnisse bekannter Kurtisanen erschienen als Madonnen über Altären. Barock, das war auch eine ins Maßlose gesteigerte Kunstwelt. Die strenge Form der Renaissance war aufgegeben, das himmelwärtsstrebende Maß der Gotik längst vergessen. Und schließlich war auch das für diese Zeit so charakteristisch: die Bedrückung des Volkes. Dem Landmann wurde der beste Teil seiner Arbeit genommen. Der Handwerker musste von früh bis spät auf den Beinen stehen, wollte er ein bescheidenes Auskommen haben. Der Bauer trug die Last der Adelsherrschaften. Dennoch ging es auf dem Lande und in den Städten vorwärts. Die deutschen Territorialstaaten gesundeten. Ende des siebzehnten Jahrhunderts gehörte das Kurfürstentum Sachsen zu den wirtschaftlich am meisten entwickelten und mit etwa 1,4 Millionen Einwohnern zu den volkreichsten deutschen Ländern. Darauf konnte der Kurfürst bauen.

Friedrich August hatte energisch begonnen. Und er schien auch weiter dazu entschlossen zu sein, sich durchzusetzen. Deutlich sind seine Bemühungen in der Außenpolitik. Das Verhältnis zwischen den Häusern Habsburg und Wettin hatte sich in der Regierungszeit seines Bruders verschlechtert, nicht ohne Schuld der Habsburger. Johann Georgs Minister Hans Adam von Schöning war von den Österreichern verhaftet und eingesperrt worden. Schöning, der zuvor in preußischen Diensten gestanden hatte, soll mit Frankreich gegen Habsburg Pläne geschmiedet haben. Diese Verhaftung hatte Johann Georg verstimmt und die sächsischen Adligen erfreut, die den Ausländer Schöning hassten, weil er den Kurfürsten gegen sie ermunterte. Friedrich

August ließ die Habsburger wissen, dass er mit ihnen aufrichtige freundschaftliche Beziehungen wünsche, zumal die Schöning-Affäre bereinigt worden war. Auch Brandenburg-Preußen wurde gute Nachbarschaft angeboten. Begann der Kurfürst den Fuchs zu spielen? Den Hohenzollern war gewiss nicht entgangen, dass sich August der Starke als Burggraf zu Magdeburg sah und alte Ansprüche auf das fruchtbare Herzogtum Cleve, das die Brandenburger seit 1666 besaßen, aufrechterhielt. Trotz Freundschaftsbeteuerungen blieben Rivalitäten und Konflikte bestehen. Sie sollten in den folgenden Jahren wachsen, Sachsens wirtschaftliche Entwicklung nachteilig beeinflussen und schließlich im Siebenjährigen Krieg zu offener Feindschaft, zur Zerstörung Dresdens und zur Verwüstung ganzer Landstriche führen.

Auch in der Residenz war die eigenwillige Hand des Wettiners zu spüren. Der Kurfürst entließ Minister und Hofbeamte. Einige wurden verhaftet, anderen wurde der Prozess wegen Veruntreuung gemacht. Die Oberlausitz, die erst 1635 dem Kurfürstentum angeschlossen worden war und die eine relative Selbstständigkeit zu behaupten versuchte, ließ er wissen, dass er die Steuerrechnungen der Städte durch seine Kommissare werde prüfen lassen. Persönlich kümmerte sich August um die Einnahmen und Ausgaben des Hofetats, strich oder änderte nach Gutdünken Positionen. Er ordnete eine landesweite statistische Erfassung der Amtsregalien, Einkünfte und Nutzungen an. Zeitgenössische Quellen berichten, dass der Wettiner in den ersten Wochen bis tief in die Nacht arbeitete, um sich Kenntnisse und Überblick in Staats- und Finanzgeschäften zu verschaffen. Und das war bei gut einem Dutzend von Geheimen (und weniger geheimen) Kabinetten und Konzilien Schwerstarbeit.

Gab er zu früh auf? Wurde er dieser Mühe zu schnell überdrüssig? Jedenfalls stand dem Kurfürsten der Sinn nach Höherem. Kaiser Leopold I. nahm Friedrich Augusts Freundschaftsbeteuerungen beim Wort. Er rief ihn nach Wien. Und Friedrich August überließ die Geschäfte den Höflingen und eilte in die Kaiserstadt. Damit verpasste er die erste große Gelegenheit, Ordnung zu schaffen und Sachsen von Anfang an straff zu führen. Was ihn nach Wien lockte, war stärker als mühevolle Kleinarbeit. Den Türken, die sich in Ungarn breit machten, galt es eins überzuziehen. Diese Schwäche fürs Militärische, die der Wettiner sein Leben lang behielt, sollte Sachsen später noch teuer zu stehen kommen. Das Zusammentreffen von Kaiser und Kurfürst ist ein aufschlussreiches Beispiel barocken Protokolls und heutiger Zeit nicht ganz fern. Eine Tagesreise vor Wien sandte Friedrich August Oberst Flemming in die Hauptstadt des Habsburgers, damit er die Ankunft melde.

Der Monarch war erfreut. Der Wettiner hatte achttausend Soldaten in Marsch gesetzt. Sie waren Friedrich Augusts Zugabe für das kaiserliche Heer. Der Habsburger schickte Friedrich August seinen Kämmerer entgegen, der den Kurfürsten in den kaiserlichen Leibwagen einstiegen ließ. Leopold I. und sein Sohn, der Römische König Joseph I., erwarteten den Gast an der Donau in Wien. Es konnte nicht aufwendiger zugehen. Neununddreißig Kutschen waren für den Einzug des sächsischen Kurfürsten aufgeboten worden. Leopolds Staatskarosse zogen sechs Pferde. Zwanzig Trompeter, Vorreiter und Falkenier, der Oberste Hofmeister, der Oberste Kämmerer, der Oberste Hofmarschall und ein Hauptmann eilten dem Wettiner entgegen. Ihnen folgte der große Galawagen mit Kaiser und Sohn.

Mitten auf der Donaubrücke in Wien fand die erste Begegnung statt. Dreißig Schritte hatte der Kurfürst dem Kaiser entgegenzugehen. Der Kaiser begnügte sich mit zehn. Der Habsburger hielt dem Wettiner eine Willkommensrede. Als Leopold geendet hatte, stieg zuerst er in seinen Wagen, dann der Römische König, und dann durfte auch der sächsische Kurfürst auf dem Rücksitz Platz nehmen. In der Kutsche wurde dem künftigen Feldherrn eine große Ehre erwiesen. Er durfte den Kopf bedeckt lassen. Überhaupt war der Kaiser zu Aufmerksamkeiten aufgelegt. Er kam dem sächsischen Gast in seiner Residenz einige Schritte weiter entgegen, als es das Protokoll zuließ, und Friedrich August wurde nicht angewiesen, so lange stehen zu bleiben, bis sich Leopold I. entfernt hatte. Auch das Essen, das der Habsburger gab, war einem strengen Ablauf unterworfen. Dass der Wettiner mit dem Protokoll Schwierigkeiten hatte, überrascht. Konzentrierte er sich zu stark auf das Wildbret, auf den Braten, auf die Pasteten, auf den Wein? Oder mochte er den Römischen König nicht, der laut Protokoll über dem Sachsen stand? Jedenfalls erschien am nächsten Tag der kaiserliche Zeremonienmeister bei Friedrich August, um ihm dessen Verstöße zu erläutern. „Es war überall vermerkt worden, dass er, August, als der Römische König ihm zugetrunken, sitzen geblieben, auch nicht, wie es sich gehörte, während das Konfekt noch auf der Tafel war, aufgestanden, dem Kaiser die Serviette zu spät gereicht und nicht lange genug, bis der Kaiser aufgestanden, hinter dem Stuhl desselben verweilt habe.“

Leopold I. übertrug dem Sachsen den Oberbefehl über das kaiserliche Heer. Am 17. Juli 1795 reiste der Wettiner ins Hauptquartier nach Ungarn.

Man kann annehmen, dass Friedrich August vor Ehrgeiz brannte. Mut hatte er vor Mainz gegen die Franzosen bewiesen. Der Lauf seiner Büchse, die er mit der doppelten Menge Pulver geladen hatte, um über den Main zu schießen, war geplatzt und hatte ihm einen Finger abgerissen. Eine Kugel, so wird berichtet, soll seinen Kopf gestreift haben, eines seiner Pferde im Kugelhagel zusammengebrochen sein. Aber mit Mut allein waren keine erfolgreichen Schlachten zu schlagen. Das wusste Friedrich August. Er hatte sich schon sehr früh mit Taktik und Strategie, mit Festungskunde und Artillerie beschäftigt. Wolf Caspar Klengel, einer seiner Lehrer, einer der bedeutenden Architekten Deutschlands, hatte den Prinzen nicht nur in die Architektur, sondern auch in die militärischen Wissenschaften eingeführt. Friedrich August befand sich also durchaus auf der Höhe seiner Zeit. Überschätzte er sich? Behielt er nicht kühlen Kopf, weil er sich als Mars bewähren, der Welt zeigen wollte, wozu ein Wettiner fähig ist? Mit Sicherheit wollte er allen beweisen, dass er den Degen ebenso gut zu führen verstand, wie den Kurhut zu tragen. Die führenden Häuser sollten künftig mit ihm rechnen!

In einem befestigten Lager erwartete Friedrich August die türkischen Scharen. Siegessicher wartete er. Er wartete vergeblich. Die Türken erschienen nicht. Unbedrängt setzten sie an einer anderen Stelle über die Donau nach Temesvár über. Dort befand sich ein Großteil der kaiserlichen Kriegsvorräte. Lippa wurde von den Türken angegriffen. Die Janitscharen metzelten fünfhundertfünfzig Mann Besatzung nieder und erbeuteten sämtliche Vorräte.

Zu spät erkannte Friedrich August die Misere. Streit im Oberkommando, was auf geringe Autorität des Sachsen schließen ließ, verzögerte entschlossenes Handeln. Als es endlich zu Gegenaktionen kam, blieben die Kaiserlichen förmlich in den Sümpfen der unteren Donau stecken. Das war die zweite Fehlleistung. Erfolge blieben danach aus. Der Winter nahte, und in Frost und Kälte kämpfte man damals nicht. Der Kurfürst befahl die Truppen ins sichere Quartier. Die Chance, einen Sieg zu erringen, war vertan. Aber offenbar gestand er sich die Niederlage nicht ein.

Türkische Armee bei der Belagerung von Wien. Stich von Romeyn de Hooghe, o. J.

In Dresden ließ er sich als „Türkenbezwinger" willkommen heißen. Eine Münze, eigens aus diesem Anlass geprägt, zeigte Friedrich Augusts fragwürdige Heldentat.

Der Kurfürst wollte die Schlappe nicht auf sich sitzen lassen. Im Sommer 1696 machte er sich erneut nach Ungarn zum Kampf gegen die Türken auf. Diesmal nahm er nur viertausend Soldaten mit und gliederte sie der kaiserlichen Armee ein. Die Sachsen sahen mit Unmut, wie ihre Landeskinder in einen Krieg zogen, der sie nichts anging. Was interessierte sie der Kaiser und was die Türken im fernen Ungarnland! Dass ihr Kurfürst für diese Soldaten vierhunderttausend Taler Hilfsgelder kassierte, die er vom Habsburger, von England und Holland erhielt, wurde ihnen verschwiegen. Auch andere Fürsten kauften und verkauften Truppen, die Preußen, die Hannoveraner, die Bayern. Viel erfolgreicher war Friedrich August auch diesmal nicht. Die Schlacht an der Bega am 26. August ging unentschieden aus, allerdings mit großen Verlusten für die Kaiserlichen. Die Kurfürstin von Hannover schrieb: „Die victoire vom Curfürst von Saxen ist zwar wahr, die Christen haben aber sehr tharbey (dabei) eingebüßt u. ist der Gewinst schlecht." Schließlich legte Friedrich August nach den Kämpfen bei Olasch am 27. August das Oberkommando nieder und kehrte nach Wien zurück. Dort war der habsburgische Hof, waren die Gesandten der europäischen Fürstenhäuser in Aufregung.

Am 17. Juni 1696 war der Polenkönig Johann III. Sobieski, der Held von Wien, gestorben. Sofort war die Geheimdiplomatie ins Fieber geraten. Ein politisches Pokerspiel begann. Die polnische Königskrone war zu vergeben! Frankreich interessierte sich dafür und nahm mit den Mächtigen in Polen Verhandlungen auf. Österreich bekam davon Wind. Es war entschlossen, zu verhindern, dass hinter seinem Rücken französische Politik gemacht würde. Russland behagte dies auch nicht. Ein brauchbarer Kandidat wurde gesucht, der Frankreichs Absicht durchkreuzte.

Mit Besorgnis blickten die Weitsichtigen in Sachsen in die Zukunft. Sie wussten ihren Kurfürsten, der so dringend in Dresden benötigt wurde, in Wien. Wohin würde er in diesen unruhigen Zeiten das Land führen? Ihre Besorgnis war nicht ohne Grund. Der Tod Johann Sobieskis sollte für Friedrich August und für Sachsen Folgen haben.

Mutmassungen

Als Friedrich August Kurfürst wurde, zählte Dresden rund 21.300 Einwohner. Es ging ziemlich eng zu in der Residenz. Holzhäuser säumten winklige, lichtarme Gassen, die Dächer waren mit Schindeln gedeckt, gepflasterte Straßen gab es wenige, gering war die Zahl mehrgeschossiger steinerner Gebäude. Zwar waren die runden Toreinfahrten für Plan- und Erntewagen inmitten der Stadt in den letzten Jahren weniger geworden, aber allzu weit entfernt hatte sich Dresden noch nicht von einer Ackerbürgerstadt. Und das hatte seinen Grund. Noch zu Beginn des fünfzehnten Jahrhunderts war Dresden eine unbedeutende Landstadt. Erst ab 1485 wurde sie ständige Residenz der Albertiner. Reiche Silberfunde im Erzgebirge ermöglichten den Ausbau der Stadt. Sah Friedrich August, der in Dresden groß geworden war und der auf seiner Kavalierstour bedeutendere und schönere Städte kennengelernt hatte, die Unzulänglichkeiten? Betrachtete er seine Residenz mit kritischem Blick? Sicher, Sehenswertes hatte auch sie aufzuweisen. Die Kreuz- und Sophienkirche, ein Reithaus für Turniere und Spiele, einen Stallhof, ein Zeug- und Gießhaus, den Jägerhof nahe dem rechten Elbufer, ein Komödien- und Opernhaus, ein Schloss. Das war schon etwas, aber viel Staat war damit dennoch nicht zu machen. Und das in einer Zeit, da „Staat" ebenso viel bedeutete, wie kluge Diplomatie. Friedrich Augusts Großvater, der versucht hatte, Sachsen mehr politisches Gewicht zu verleihen, hatte einiges herrichten lassen. Schön waren die alten Erker an den Häusern, der plastische Schmuck an den Renaissancegiebeln der Bürgerhäuser, die Butzenscheiben, in denen das Sonnenlicht leuchtete, schön war auch der Altmarkt. Er besaß städtische Großzügigkeit. Ihn umstanden drei- und viergeschossige Gebäude. Hier wurde auch endgültig deutlich, dass Stil und Anlage der Stadt noch ganz der Vergangenheit angehörten: der Renaissance. Die neue Art des Bauens, die Friedrich August in Italien und Frankreich kennenlernte, hatte in Dresden kaum Einzug gehalten. Die überfließenden Formen aus Stein, jene Heiterkeit, die unter südlichem Himmel scheinbar schwerelos wirkte, diese barocken Kirchen und Paläste besaß der Kurfürst nicht in seiner Stadt. Aber er hatte einen Fluss, der seine Residenz durchzog. Konnte er ihn nicht dem Canal Grande, der so großartig Venedig durchfloss, ähnlich machen, konnte er die Elbe nicht zu einer prächtigen Wasserstraße gestalten?

War es nicht an ihm und seinen Baumeistern, die Heiterkeit des Südens in den Norden zu bringen? Schwer freilich würde das zu machen sein. Die Stadt war eine Festung, umgeben von Mauern und Wällen. Ravelins und Bastionen verliehen ihr ein drohendes Aussehen. Tore verschlossen die Zugänge. Sie war nicht sehr behaglich, die wettinische Residenz.

Blickte der Kurfürst auf das rechtselbige Altendresden, bot sich ihm ein trauriger Anblick: eine abgebrannte Stadt und leere Wüstungen. Er war fünfzehn Jahre alt, als dort das Feuer gewütet hatte. Kaum mehr als das steinerne Rathaus war verschont geblieben. Pläne zum Aufbau Altendresdens hatte sein Lehrer Wolf Caspar von Klengel ausgearbeitet. Es waren großartige Pläne; sie hatten Friedrich August begeistert. Klengel hatte auf dem Papier die Bauräume vergrößert, neue breite Straßen angelegt, die strahlenförmig auf ein Zentrum, auf einen Platz zuliefen. Aber weder der Kurfürstvater noch sein Bruder hatten diese Ideen verwirklicht. Dem einen hatte es an Entschiedenheit und Geld ge-

Ansicht von Dresden. Stich von Johann Alexander Thiele. 1726

fehlt, dem anderen an Zeit. An ihm, Friedrich August, war es, das Werk seines Lehrers fortzusetzen. Jetzt war er Herr und niemand über ihm. Er konnte bauen, was er wollte, wenn es die Kassen erlaubten. Zuerst würde er sich dem Schloss seiner Väter widmen. Zu eng war es, zu dunkel, eingezwängt zwischen der Altstadt, dem Fluss und den Festungsbauten. Es war zu wenig Platz für Tierhatzen und Turniere, die er liebte, es war zu klein für Feste und Karnevale. Licht musste in die Stadt, Licht, Weite und Farbe. Großzügig wollte er sie haben, schön, heiter.

Folgte sein Blick manchmal dem Bogen des Flusses, der in Gärten und flachen Wiesen entschwand? Die sanften Höhen unterm Blau, das Grün der Wälder. Vielleicht gab es Tage, an denen er glaubte, ein Stück Süden zu besitzen, ein Stück florentinischen Himmels. Vielleicht gab er sich gern diesem Traum hin. Doch wusste er, dass sich seine Residenz nicht mit den großen Kapitalen Paris, Madrid, Wien, Venedig, Rom vergleichen ließ. Er besaß weder ein Versailles noch den Porta del Popolo, noch Giovanni Lorenzo Berninis Kolonnaden. Klengel hatte von

Dresden, Fußturnier auf dem Altmarkt zu Ehren des Königs von Dänemark am 10. Juni 1709

Italien geschwärmt. Klengel, der sich in der Baukunst ausgekannt hatte wie kein anderer in Sachsen. Das Dresden Friedrich Augusts besaß nicht die große Vergangenheit der südlichen Städte, kaum Bauten von Weltruf. Aber das musste nicht so bleiben.

In den Jahren, in denen Friedrich August den Kurhut trug, wurde in Europa im Stil des Barocks gebaut. Er war von Italien ausgegangen. Dort hatte er seine höchste Vollendung, seine meisterhafte Ausprägung in Kirchenbauten gefunden. In Frankreich hingegen glänzte er in eher klassizistisch gehaltenen weltlichen Bauten: in Schlössern und Palais. Die großen Orgien der Formen und Farben, der Plastik und Malerei waren schon in anderen Landschaften gefeiert worden, ehe sich Deutschland, Sachsen dem Barock zuwandte. Peter Paul Rubens, der bacchantische Szenen gemalt und die weltliche Kunst in ihrer Sinneslust und dionysischen Lebensfreude selbstbewusst neben die religiöse gestellt hatte, war vierundfünfzig Jahre tot, als Friedrich August zum Kurhut kam. Dreißig Jahre Krieg hatten Deutschland überzogen, dreißig Jahre Verwüstung. In dieser Zeit war wenig bedeutende Kunst geworden, hatte das Bauen in Deutschland ruhen müssen, war das Geld in Gewehrläufe und Kanonenrohre geflossen. Gut sechzig Jahre später als Italien entdeckte Deutschland den Barock für sich.

Erste barocke Anklänge fanden sich inzwischen auch in der wettinischen Residenz. Zwar zierten noch keine reichen Blattornamente die Gebäude und Bürgerhäuser, noch schmückten keine Faune das Dresdner Opern- und Komödienhaus, dennoch war ein barocker Anfang, beeinflusst von Italien, unübersehbar. Draußen vor den Mauern der Stadt blinkten hohe Fenster, leuchtete der gelbe Sandstein, ließen überlebensgroße Statuen staunen – ein Palast von großer Schönheit ruhte in der Landschaft, ein Palais, um das ein Garten wuchs. Und das Erstaunliche: Erbaut war es von einem deutschen Architekten, von Johann Georg Starke. Ganz ohne Italiener war er nicht ausgekommen, ohne jene geschickten Stuckateure, die die barocken Formen handwerklich beherrschten, das charakteristische Blatt- und Rankenwerk, das Spiel von Licht und Schatten. Das Palais im Großen Garten war schön, gewiss, aber es lag außerhalb der Stadt, Dresden blieb dennoch mehr Festung denn Stadt.

War dem Kurfürsten klar, dass er zulegen musste? Der Kaiser in Wien baute. Der Prinz von Savoyen, dessen glückliche militärische Hand zu beneiden war, ebenfalls. Der Kurfürst war im Januar 1696 in Berlin-Neucölln gewesen. Er hatte gesehen, was sich dort tat. Die Hohenzollern bauten: die Friedrichstadt, die Dorotheenstadt, ihr Schloss erfuhr eine großartige Erweiterung, eine Prachtallee, von Linden gesäumt, wurde angelegt. Auch in München, Prag, Kassel entstanden großartige Bauten. Er musste sich beeilen, wollte er nicht ins Hintertreffen geraten, er musste Tempo machen, wollte er sich mit den anderen vergleichen, sie gar überflügeln. Denn auch das war ein Stück Zeitgeist: Ein Fürst, der nicht baute, war bedeutungslos, ein Hof ohne Glanz besaß weder Kredit noch Ansehen.

Fast neununddreißg Jahre sollten August dem Starken bleiben, um aus der Stadt eine barocke Residenz zu machen. Er begann mit Leidenschaft zu planen und zu bauen. Er ließ seine Gemächer im Schloss neu gestalten, der Große Garten wurde erweitert. Er dachte an ein neues Schloss. Fast zwanzig Jahre wird dieses Projekt Friedrich August und seine besten Architekten beschäftigen. Dann muss er diesen Papiertraum aufgeben. Endgültig. Der Mangel an Geld wird ihn dazu zwingen. Es wird großartige Ideen geben für den Zwinger, für ein neues Museum, das die Kunstsammlungen aufnehmen sollte, für eine Vielzahl von Gebäuden und Schlössern. Einiges davon wird fertig werden, genug, um den Ruf Dresdens als Barock- und Kunststadt zu begründen.

Schon in den ersten Jahren entstanden Berge von Entwürfen. Sie blieben vorerst auf dem Papier.

Der Kurfürst, der ein großes, starkes Sachsen wollte, sollte bald nach einer fremden Krone greifen.

Die Rastlose

Die Hoffnung der sächsischen Adligen, Friedrich August notfalls über ihre Töchter zu führen, erfüllte sich nicht. Maria Aurora von Königsmark verdarb ihnen das Konzept. Im Herbst 1694 war sie mit ihrer Schwester und ihrem Schwager von Hannover nach Dresden gereist. Am hannoverschen Hof hatte Aurora nicht länger bleiben können. Ihr Bruder, der sich mit der Mätresse des Kurfürsten eingelassen hatte, war auf geheimnisvolle Weise verschwunden. Als die Gräfin Aufklärung verlangt hatte, war sie abgewiesen worden. Damit war auch ihre gesellschaftliche Karriere vertan. In Dresden hoffte sie beides zu finden: eine Stellung am Hof und Hilfe für ihren Bruder, von dem sie annahm, dass er noch lebte. Worauf sie baute, war wenig: Ihr Bruder hatte Friedrich August auf dessen Kavalierstour begleitet und war mit ihm befreundet gewesen.

Die Aufnahme in der sächsischen Residenz war freundlich. Die Witwen Johann Georgs III. und IV. kümmerten sich um die Gräfin. Maria Aurora war keine Unbekannte. Sie entstammte einer alten angesehenen schwedischen Adelsfamilie und war die Enkelin eines Feldmarschalls. Auch ihr Vater hatte sich in Kriegen ausgezeichnet. Aber viel mehr als den klangvollen Namen besaß sie nicht. Dic Güter ihrer Familie waren von der schwedischen Krone beschlagnahmt worden wie die vieler anderer. Auf diese Weise hatte sich der König seinen Adel gefügig gemacht. Die Bemühungen ihrer Mutter, Güter und Besitz zurückzuerhalten, waren vor Jahren gescheitert. Aurora war nahezu mittellos, als sie in Dresden anlangte.

Ihre Ankunft erregte Aufsehen. Ihr Schicksal war nicht unbekannt. Dass ihr Bruder verschwunden, vielleicht gar ermordet worden war, hatte sich inzwischen in der sächsischen Residenz herumgesprochen. Ein Geruch von Abenteuer umwehte Aurora. Es hieß, sie sei in Hannover die Mätresse des Kurfürsten gewesen, erfahren in der Liebe, geistreich. Vor allem aber war sie eine schöne Frau, und schöne Frauen standen am Hof im Mittelpunkt. In einem Brief wird sie so beschrieben: „... so stehen alle Teile dieses reizenden Körpers in bester Übereinstimmung. Ihre Gesichtsfarbe, lebhaft und prachtvoll, zeigt beständige Jugendlichkeit, welche glauben lässt, dass sie als Dreißigjährige erst zwanzig zähle. Ihr Haarwuchs ist von ungewöhnlicher Fülle und Schwärze, schön geformt das runde Antlitz ... Groß, dunkelfeurig sind die Augen, voll wunderreichen Glanzes. Wie schön geformt ist die Nase, der Mund von geringer Größe, die Lippen von Natur gefärbt, immer blutrot, die Zähne in höchster Vollkommenheit, schön weiß, gleich groß, wohlgestellt."

Auch andere Zeitgenossen rühmen ihren Charme, ihren Takt. Voltaire war gar der Meinung, dass ihr Geist und ihre Schönheit weltbekannt seien. Sie sprach Deutsch, Schwedisch und natürlich Französisch, die Sprache der Höfe und des Adels. Johann Christoph Gottsched, der große bittere Literaturpapst der deutschen Aufklärung und Herausgeber der ersten deutschen Frauenzeitschrift „Die vernünftigen Tadlerinnen", berichtet in seinem 1760 erschienenen Handlexikon, dass Aurora außer Gedichten auch Lustspiele in französischen Versen und ein deutsches Trauerspiel geschrieben hat. Sie war Mitglied der Fruchtbringenden Gesellschaft, einer literarischen Vereinigung, der auch die Dichter Friedrich Martin Logau und Martin Opitz, der den Text der ersten deutschen Oper „Dafne" schrieb, angehört hatten. Sie kannte das höfische Leben in Stockholm, Hannover, Braunschweig. Nirgends hielt sie sich lange auf. Bis ins hohe

Alter reiste sie in Europa umher. Sie war nicht fähig, eine feste Bindung einzugehen. Sie blieb allein bis zu ihrem Tod, sie starb unbeachtet in Quedlinburg. Die einst Gefeierte und Umworbene, um deren Hand Fürsten und Grafen angehalten hatten, war vergessen.

Mit ihr begann in der kurfürstlichen Residenz der große Liebesreigen der offiziellen Mätressen. Aurora und Friedrich August – wie war das möglich? Die Feinsinnige und Kluge und der auf seine Kraft, auf eine simple Art stolze Kurfürst. Er hatte schon als Jugendlicher den Herkules herausgestrichen, er behauptete, dass ihn seine Eltern mit Löwenmilch großgezogen hätten. Von seiner Unerschrockenheit erzählte man sich die unwahrscheinlichsten Geschichten. So soll er in Madrid in Anwesenheit des spanischen Königspaares einen Stier mit einem einzigen Hirschfängerhieb getötet (Hieb und Stich!!) haben. Die Frau mit Lebenserfahrung und der um etliche Jahre jüngere Kurfürst. Wie können zwei so verschiedene Menschen zueinander finden?

Die Gräfin von Königsmarck bat den Kurfürsten um ein Gespräch. Er empfing sie. Sie setzte ihm ihre Lage auseinander. Der Kurfürst versprach, sein Bestes für ihren Bruder zu tun und vergaß es schnell. Nur die Frau interessierte ihn.

Friedrich Augusts Werben um Maria Aurora begann. Darin war der Kurfürst wohl nicht unerfahren.

Berichtet wird, aber wohl mehr romanhaft als den Tatsachen verpflichtet, dass er in der spanischen Hauptstadt einer gewissen Marquesa von Monzera den Hof gemacht hatte. Als ihn die Dame endlich erhörte, war die Sache ruchbar geworden. Ihr Mann verpflichtete einige beherzte Männer. Sie sollten den Prinzen aus dem Norden beseitigen. Das misslang. Friedrich August, der Herkules, erledigte einige mit eigener Hand, die anderen flohen. Liselotte von der Pfalz schrieb 1697 an die Kurfürstin Sophie von Hannover über Friedrich August und den Versailler Hof: „Wenn die Damen hier dieses Kurfürsten Perfektion und Stärke gewusst hätten, würden sie ihm greulich nachgelaufen sein.“ Auch in Dresden hatte der junge Wettiner inzwischen seine Affäre: mit Anne Eleonore von Kessel. Die Liaison hatte nicht lange gedauert. Jetzt also die Königsmarck. Seine Vertrauten berichten, dass sich Friedrich August mit Ausdauer um eine Frau bemühen, dass er sich in die Rolle eines leidenschaftlichen Liebhabers steigern konnte, dass er erobern wollte wie ein Handwerksgeselle die Meistertochter. Er wusste, was Frauen gefiel. Er beschenkte die Gräfin mit Schmuck. Aurora nahm sein Werben mit Zurückhaltung auf. Auch sie hatte ihre Erfah-

Gräfin Maria Aurora von Königsmarck im Jagdkostüm

rung. Sie hatte erlebt, dass Lieben dieser Art meist kurz waren. Berichtet wird auch, dass sie gegenüber der Kurfürstin Christiane Eberhardine Rücksicht nahm, Takt und Maß zeigte, es vermied, sich am Hof in den Mittelpunkt zu drängen.

Friedrich August richtete Maria Aurora eine komfortable Wohnung ein und erhob sie schließlich zur ersten offiziellen Mätresse. Das war nichts Außergewöhnliches. Auch an den anderen europäischen Residenzen hielten sich Fürsten und Minister Mätressen. Wer keine besaß, galt als Sonderling. Wittelsbacher und Welfen, Hohenzollern und Habsburger, sie alle bekannten sich ebenso zu Gunstdamen wie August der Starke. Sie reichlich zu beschenken und auszuzeichnen galt als ehrenhaft, sie zu achten als Pflicht. Dieses offene Bekenntnis zu einer Frau, um die man geworben und die man erobert hatte, war selbstverständlicher höfischer Lebensstil geworden. Fürsten und Ritter, Grafen und Freiherren, Kurfürsten, Könige und alles, was sich blaublütig nannte, heirateten damals kaum aus Zuneigung. Liebe war nur selten im Spiel. Auch Friedrich August hatte Christiane Eberhardine, die Tochter des Markgrafen Christian Ernst von Bayreuth, nicht aus Liebe geheiratet, auch wenn es anfangs so schien. Der Markgraf war der Vetter des Großen Kurfürsten von Brandenburg, die Ehe also nicht mehr als die nachdrückliche Bestätigung eines freundschaftlichen Vertrages zwischen Brandenburg und Sachsen. Mit der Ehe verband sich meist ein politisches Geschäft. Sie diente der Sicherung dynastischer Ansprüche, diente Machtbündnissen und Gebietserweiterungen. Dafür wurde auch Hässlichkeit und Abneigung in Kauf genommen; Johann Georg IV. zum Beispiel klagte, dass es ihn ekele, sich mit seiner Frau ins Bett zu legen. An den absolutistischen Höfen wurde nach anderen Grundsätzen gelebt als im Bürgertum.

Man erwarb Frauen, wie man Länder eroberte. Sich schöner Frauen zu rühmen galt spätestens seit der Renaissance nicht als anstößig. Insofern hatte das offene Bekenntnis zu einer Frau inmitten höfischer und religiöser Zwänge auch etwas Ehrliches an sich. Es besaß nicht jenen faden Beigeschmack verheimlichter Lieben, die sich später das etablierte Bürgertum leistete. Freilich, das Missverhältnis zwischen Adel und gemeinem Volk war offenkundig. Die Tochter des Bürgers wurde an den Pranger gestellt, wenn sie heimlich liebte, die Prostituierte des Landes verwiesen. Ehebruch konnte sogar mit dem Tode bestraft werden. August der Starke hob dieses Gesetz auf, was durchaus als Zeichen von Einfühlung und Vernunft zu werten ist.

Maria Aurora von Königsmarck, die zu klug war, um auf eine ständige Zuneigung des Kurfürsten zu hoffen, versuchte, seine Gunst zu nutzen. Sie drängte ihn, Auskunft über ihren Bruder einzuholen. Bald erwies sich, dass Friedrich August nicht wirklich bereit war, in Hannover zu intervenieren. Es blieb Aurora nichts anderes übrig als aufzugeben. Ihr Bruder galt als verschollen. Aber eins erreichte sie: Schwester und Schwager erhielten eine Position am Dresdner Hof, und ihr selbst sicherte der Kurfürst die Äbtissinstelle des „freiweltlichen, reichsunmittelbaren“ Stifts Quedlinburg zu, um die sie ihn gebeten hatte. Das Stift versprach ihr für die Zukunft auskömmliche Einnahmen, Sicherheit und eine angesehene gesellschaftliche Stellung. Da Friedrich August Schutzherr des Quedlinburger Stifts war, hatte er bei der Vergabe der Ämter ein gewichtiges Wort mitzureden. Die Äbtissinnen waren den deutschen Reichsfürsten gleichgestellt. Daher war bei einer Neubesetzung auch die Zustimmung des Kaisers notwendig und der Stiftsdamen ebenfalls. Obschon Schwierigkeiten zu erwarten waren, blieb Aurora optimistisch;

auch als sie angefeindet wurde, kämpfte sie mit Geist und Charme um ihr Ziel.

Dieses Ziel stand plötzlich in großer Gefahr. Ein Skandal drohte. Maria Aurora entdeckte, dass sie schwanger war. Auch die Kurfürstin erwartete ein Kind. Die Geliebte verheimlichte die Schwangerschaft. Sie musste mit Anfeindungen rechnen. Der Kurfürst, der sich hätte schützend vor sie stellen können, hielt sich in Österreich und Ungarn auf. Als ihr Zustand nicht mehr zu verbergen war, verließ die Königsmarck Sachsen.

Ihr Kind, ein Junge, wurde am 28. Oktober 1696 in Goslar geboren; elf Tage vorher hatte Eberhardine einen Thronfolger entbunden. Maria Aurora verschwieg den Vater und ihren richtigen Namen. Offenbar wollte sie eine Kränkung der Kurfürstin vermeiden, vielleicht auch Friedrich August nicht öffentlich bloßstellen. Eines aber ließ sie festhalten und bezeugen: die Geburt ihres Sohnes, den Ort, die Zeit. In der Taufe erhielt er den Namen Moritz. Kuriere überbrachten Friedrich August die Nachricht von der zweimaligen Vaterschaft. Er nahm sie zur Kenntnis und ließ sich mit der Rückkehr aus Wien Zeit, eine andere Frau hatte dort seine Aufmerksamkeit gefunden. Europas Höfe hatten ihren Klatsch. Liselotte von der Pfalz schrieb nach Hannover: „Die Königsmarck muss eine wunderliche Kreatur sein und ganz ohne Schamhaftigkeit, dass sie Bürgermeister und Syndikus einer Stadt zu Zeugen nimmt, wie sie einen Bastard auf die Welt bringt."

Maria Aurora, die nichts von Friedrich Augusts neuer Geliebten wusste, bereitete die Rückreise nach Dresden vor. Bestimmt nicht ohne Sorgen. Der Wettiner hatte ihr keine Nachricht zukommen lassen. Kinder von Mätressen belasteten oft das Verhältnis, führten zu Krisen. Dennoch zögerte sie nicht zurückzukehren. Sie wollte die Äbtissinstelle trotz des Kindes. Unter diesen Bedingungen ein ungewöhnlicher Wunsch. Und: Sie wollte die Anerkennung ihres Sohnes durch den Kurfürsten.

Niemand warnte Maria Aurora, als sie Ende 1696 in Dresden ankam. Es muss für sie erschütternd gewesen sein. Sie hatte dem Kurfürsten einen Sohn geboren, und nun erblickte sie ihn an der Seite einer anderen. Die Gräfin Esterle war eine blonde Dame und verheiratet. Friedrich August hatte sie in Wien einem Grafen ausgespannt.

Der Kurfürst war freundlich zu Maria Aurora. Aber sie sah es auf den ersten Blick: Sie bedeutete ihm nichts mehr. Sie trug es mit Fassung, sie war eine Königsmarck. Sie trat ab, ohne Protest. In einem aber gab sie nicht nach. Sie drängte den Kurfürsten auf die Einlösung seines Versprechens. Er stand dazu, versicherte, die Zustimmung des Kaisers einzuholen. Sie sprach von seinem Sohn, ihrem Sohn. Friedrich August wich aus.

Die Königsmarck blieb in Dresden, mehr geduldet als erwünscht. Ihr Ende als Mätresse wurde bekannt. Bewerber stellten sich ein. Darunter ein Herzog: Christian Ulrich von Württemberg. Es wurde nicht als Schande empfunden, die abgelegte Mätresse eines Kurfürsten zu heiraten. Friedrich August stimmte dem Heiratsantrag des Herzogs nicht zu. Aus den Quellen ist nicht ersichtlich, ob Aurora bereit war, Christian Ulrichs Frau zu werden. Jedenfalls opponierte sie nicht gegen die Entscheidung Augusts des Starken. Hütete sie sich, ihn zu verärgern? Noch war sie nicht Äbtissin, noch war der Sohn nicht legitimiert.

Als die Zustimmung des Kaisers eintraf, glaubte sich Maria Aurora am Ziel. Wohl war die Äbtissinstelle besetzt, aber der Anspruch darauf wurde ihr im voraus verbrieft. Die regierende Äbtissin war alt, ihr Ende abzusehen. Allein – die Königsmarck freute sich zu früh. Die hochadligen Damen des Stifts gerieten in Zorn, als sie hörten, wer ihnen vorgesetzt werden sollte. Von einer Hure wollten sie sich nicht führen lassen, von einer weggeworfenen Mätresse, von einer Intrigantin. Sie waren entschlossen, die Wahl Auroras zu verhindern.

Maria Aurora fuhr nach Quedlinburg. Es gelang ihr, die Sympathie der regierenden Äbtissin Anna Dorothea, der Herzogin von Sachsen, zu gewinnen. Das war ein Erfolg, der bald wenig wog. Friedrich Augusts politische Ambitionen überkreuzten sich mit den persönlichen Wünschen Maria Auroras. Er verkaufte das Stift an Brandenburg. Damit verlor die Schwedin ihren Gönner, und die Stiftsdamen lehnten die Königsmarck endgültig ab.

Eine andere Frau hätte vermutlich aufgegeben. Nicht Maria Aurora. Die Schutzherrschaft für das Stift war mit dem Verkauf auf den neuen Besitzer, auf den preußischen Kurfürsten Friedrich III., später König Friedrich I., übergegangen. Sie fuhr nach Berlin und bat um eine Audienz. Friedrich überblickte, wie verworren die Lage war. Er versprach dennoch zu helfen, wie ein Schreiben belegt. „So wollen wir die Sache bei der Äbtission von Quedlinburg und dem Kapitel daselbst, so viel einen jeden Theiles habenden Rechte zulassen, dahin ermitteln helfen, daß die Gräfin Fräulein Aurora von Königsmarck zu Koadjutorin der Abtei von Quedlinburg möge angenommen und in das jenige, was davon dependiert ist, angewiesen werden ..“

Nochmals also wurde ihr die Nachfolge versprochen.

Der Verkauf der Quedlinburger Abtei und des Stifts hatte die adeligen Damen überaus verärgert. Sie weigerten sich, den neuen Schutzpatron anzuerkennen, und lehnten ab, ihm zu huldigen. Friedrich fackelte nicht lange. Er ließ Quedlinburg besetzen, erzwang die Huldigung und machte dabei nachdrücklich auf Auroras Nachfolge aufmerksam.

Friedrich Augusts ehemalige Geliebte wurde 1700 Pröbstin. Das war viel, aber nicht ihr Ziel. Finanzielle Sicherheit brachte dieses Amt nicht, und geschaffen war sie auch nicht dafür. Ruhelos reiste sie von Hof zu Hof. In Dresden blieb sie meist nur kurz (konnte sie den Glanz ihrer Rivalin nicht ertragen?). Die Königsmarck teilte das Schicksal jener Frauen, deren Stern untergegangen war. Dennoch wird sie noch einmal in Friedrich Augusts Leben treten. Ungerufen, aber nicht unerwünscht. Und Friedrich August, in großen Sorgen und Nöten, wird sie im tiefen Winter zum schwedischen König Karl XII. schicken, damit sie für den Kurfürst-König um Frieden bittet.

Maria Aurora von Königsmarck hatte den Liebesreigen am Dresdner Hof eröffnet, hatte aber kaum mehr als ein Jahr im Mittelpunkt glanzvoller Feste gestanden. Die Gräfin Lamberg, verehelichte Esterle, war die zweite, der sich der Wettiner länger zuwandte. Will man gewissen Quellen glauben, wurde ihr Mann, der sich in finanziellen Schwierigkeiten befand, für eine Abfindungssumme von zwanzigtausend Talern Jahresrente gezwungen, auf seine ehelichen Rechte zu verzichten und Friedrich Augusts Kinder, falls sie sich einstellen sollten, als die seinen anzuerkennen. Aber dies gehört durchaus ins Reich jener Legende, die August dem Starken, dem Grandseigneur, 365 Kinder andichtete. Tatsächlich hatte er nur neun Kinder.

Die polnische Krone

Etwa ein Jahr nach dem Tode des Königs Johann III. Sobieski vermerken die Chronisten den 2. Juni 1697 als einen Tag von geschichtlicher Tragweite. Es war früh am Morgen. Im Badeort Baden unweit von Wien ging eine Gruppe von Männern auf und ab. Man sprach leise und achtete auf die Umgebung. Neugierige waren unerwünscht. Deshalb war man auch aus Wien herausgefahren. In der Kaiserresidenz war man nie sicher, ob nicht jemand mithörte. Geheimnisse waren dort schwer zu hüten. Die Gesandten der europäischen Höfe waren reichlich mit Geld versehen, mit dem sie Informationen erkauften.

Das Zentrum der Gruppe bildeten zwei Männer. Der eine kräftig von Leib, breitschultrig, großköpfig, eine schwere lange Nase über sinnlich wulstigem Mund und schon am Morgen elegant gekleidet, der andere im geistlichen Ornat, der eine ein Mann der Welt, der andere ein Mann der Kirche, Friedrich August, Kurfürst von Sachsen, und Christian August, Herzog von Sachsen-Zeitz, der Bischof der Donaustadt Raab (Györ), ein Vetter des Wettiners. Man war gewissermaßen in Familie und redete vertraulich miteinander. Das Wesentliche war gesagt, das Ritual festgelegt. Ein Pater vom Stuhle Petri hatte Friedrich August zuvor eingewiesen. Der Sachse wusste Bescheid und kannte die Formeln. Die Gruppe näherte sich der Wohnung des Bischofs, die Friedrich August als Protestant betreten und als Katholik verlassen sollte.

Ganz wohl war Friedrich August sicherlich nicht. Bestimmt dachte er an seine protestantischen Sachsen, an seine Eberhardine, die sich täglich frommen und strengen geistlichen Übungen unterzog. Vielleicht sah der Wettiner voraus, was kommen würde. Er kannte seine eifernden Protestanten. Aber er hatte reichlich Zeit zum Überlegen gehabt. Eine Krone winkte. Ging es damit schief, mussten sie von seinem Übertritt nichts erfahren, seine tüchtigen Sachsen, konnte alles bestritten werden.

In seinem Land wurde zur gleichen Zeit das Trinitatisfest, das Fest der Dreifaltigkeit, gefeiert. Das Wort Gottes erscholl von den Kanzeln, drohte und versprach Verheißung und ewiges Leben nach dem Tode, falls man im festen, lutherischen Glauben gelebt hatte. In Dresden wusste man den Kurfürsten außer Landes. Man schloss ihn in das Gebet ein und wünschte ihm Gottes Segen und eine glückliche und gütige Hand beim Regieren. „Ein feste Burg ist unser Gott", sangen die Gläubigen. Dieses schöne Lied, das ihnen der Wittenberger Reformator Martin Luther geschenkt hatte, gab Sicherheit und Vertrauen. „Ein feste Burg ist unser Gott, / ein gute Wehr und Waffen, / er hält uns frei aus aller Not, / die uns itzt hat betroffen." Schön lagen die Dörfer und Städte unter dem Glockengeläut. Die Felder waren sorgfältig bestellt. Die Ernte versprach gut zu werden. Man hatte Grund, dankbar zu sein und den kommenden Wochen und Monaten, wenn auch nicht sorgenfrei, so doch mit Zuversicht entgegenzusehen.

Kerzen flackerten. Ihr Schein tauchte das Marienbild über dem Hausaltar in goldenes, weiches Licht. Leises Gemurmel. Friedrich August beichtete. Und der Vetter erteilte ihm die Vergebung aller Sünden. Dann nahm der Kurfürst das Abendmahl nach römischem Ritus ein. Schriftstücke wurden aufgesetzt, beglaubigt, versiegelt, aber ohne Datum. Die Nachricht der Dokumente war von höchster Bedeutung. Friedrich August, Träger des sächsischen Kurhutes und Landesherr des protestantischen Sachsens, hatte seinem evangelischen Glauben abgeschworen und war zum katholischen übergetreten. Ziel war die polnische Krone. Diese Entscheidung wird zum Ausgangspunkt für Erschütterungen in Sachsen und Polen, ja in Europa. Ihm selbst, dem Wettiner, wird dieser Entschluss mehr Tiefen denn Höhen bringen.

War Polen ein so begehrenswertes Land?

Ende des siebzehnten Jahrhunderts war es etwa zwanzigmal größer als Kursachsen und übertraf das heutige Territorium um das Vierfache. Polens Grenzen im Westen reichten nahe an die Oder, Schlesien und an Ungarn, das Habsburg besaß. Östlich erstreckte sich das Land bis an den Dnjepr. Im Norden umspülten die Ostseewellen, das Mare Balticum, einen Teil des Reiches, im Süden grenzte es an das Osmanische Reich, und im äußersten Südosten war das Schwarze Meer nicht weit. Mit dem Großfürstentum Litauen vereinigt, war es von stattlicher Ausdehnung, war es eines der größten Staatsgebiete Europas.

Arm war Polen nicht, aber wirtschaftlich wenig entwickelt. Es besaß fruchtbare Ackerböden; es war reich an Vieh, Wolle, Pelzwerk und Leder, an Getreide und Holz. Wichtig waren die Bodenschätze Blei, Eisen und Kupfer. Bedeutende Städte gab es: Warschau, Krakau, Wilna, Grodno, Lublin. Etwa dreizehn Menschen lebten in den Weiten des Landes und hinter sicheren Befestigungsmauern in den Städten.

Dieses Reich, in dem Letten, Litauer, Russen, Ukrainer und Deutsche lebten, war schwer überschaubar und noch schwerer zu regieren. Denn in einem unterschied sich Polen gründlich von den meisten europäischen Ländern. Hier gab es kein Erbkönigtum, hier wurde nicht absolutistisch regiert. Polen verstand sich als Adelsrepublik. Der polnische Adel hatte das Recht auf Rebellion. Die Mächtigen im Lande waren die großen Familien und die Bischöfe. Sie bestimmten, was geschah, sie wählten den König, der ihnen genehm war. Versuchte ein König gegen die Übermacht des Adels aufzubegehren, ging das meist nicht gut aus für ihn. Sigismund III. Wasa, ein Schwede, polnischer und zeitweilig schwedischer König, griff zum Schwert, als er im Reichstag angegriffen wurde. Schnell ließ er die Hand sinken, denn eisig klang es ihm entgegen: „König, ziehe nicht das Schwert, damit man dich nicht Gajus Cäsar und uns nicht Brutusse nennt. Wir sind Wähler der Könige, Vernichter der Tyrannen, regiere, aber herrsche nicht!“ Das war eindeutig. Er verstand. Er war schon in Schweden als König abgesetzt worden. Die polnischen Magnaten mussten darum nicht bitten, sie hatten die Macht; das Parlament, das sie beherrschten, entschied, was zu tun war. Der Großadel besaß eigene Heere, schloss Verträge mit ausländischen Mächten, war der Krone nicht Rechenschaft schuldig. Rechenschaft schuldig war der König. Ihm wurde nur eine kleine Leibgarde zugestanden. Ein stehendes Heer durfte von ihm ohne die Zustimmung des polnischen Reichstages nicht unterhalten, Bündnisse durften nicht eingegangen, Steuern nicht erhoben werden. Selbst Land durfte sich der König nicht käuflich erwerben, wenn es der Reichstag untersagte. Ein großes Land und ein schwacher König, viele arme Edelleute, aber ein starkes Selbstbewusstsein, das kennzeichnete Polen am Ausgang des siebzehnten Jahrhunderts. Vor allem Eigennutz und Selbstsucht schwächten den weißen Adler.

Die Kuriere der wichtigen Nachrichten ritten auf sonnenheißen und verstaubten Wegen Warschau entgegen. Sie hatten es eilig und schonten ihre Pferde nicht, denn die Bewerber um die polnische Krone waren angetreten: die beiden Söhne Sobieskis, der Vetter Ludwigs XIV., Francois-Louis Conti; ein Prinz aus der bourbonischen Nebenlinie; der Pfalzgraf Karl von Neuburg; der Markgraf Ludwig Wilhelm von Baden und der Herzog Karl von Lothringen; sogar dem

Neffen des Papstes Innozenz IX., Don Livio Odescalchi, stand es nach weltlicher Macht. Noch ahnten die Polen, die Russen, die Franzosen, die Schweden, die Preußen nicht, dass sich auch der Kurfürst von Sachsen um die Krone bewerben wird.

Friedrich August war Protestant, und das polnische Reichsgrundgesetz bestimmte: „... daß zu ewigen Zeiten kein anderer, als welcher der römisch-katholischen Kirche zugetan, zu einem König von Polen gewählt werden solle". Für einen neuen Kandidaten war es reichlich spät. Aus den fernsten Winkeln des Landes war der Adel zur Wahl gekommen. Sie sollte auf einem großen Feld zwischen Warschau und Wola stattfinden. Man genoss das Für und Wider, den Streit um die Kandidaten, vor allem aber genoss man den Branntwein, den die Bewerber reichlich ausschenken ließen, um Stimmen zu gewinnen. Bei solchen Anlässen spürte auch der arme Adel seine Bedeutung; erfreulich war, dass man nebenbei Geschäfte erledigen konnte, Taufpaten gewinnen, Hochzeiten vereinbaren, Intrigen spinnen, Schulden eintreiben, Beschwerde führen. Noch hatte man sich nicht auf einen Bewerber geeinigt. Die großen Adelsfamilien hielten ihre Bewaffneten im Hintergrund. Falls notwendig, würden sie nicht zögern, sie einzusetzen, damit der ihnen genehme Kandidat gekrönt würde.

In Polen ging es inzwischen wüst zu. Die Soldaten des toten Sobieski meuterten. Sie hatten keinen Sold erhalten und bedienten sich, wo sie Brauchbares fanden. Gesindel bedrohte die Straßen, die Tore der Städte blieben meist verschlossen. Führungslos war das Land, Gesetz und Ordnung waren außer Kraft, Mord und Totschlag nicht selten.

Die Vorgänge auf dem Wahlfeld wurden verwirrender. Der älteste Sohn Sobieskis, Jakob, beanspruchte die Krone und erbat sich Unterstützung und Geld von den Habsburgern. Gegen ihn aber stellte sich seine Mutter, Sobieskis Frau, eine Französin. Sie hatte auf den Jüngeren gesetzt und verkannte die Lage. Der Adel von Wilna ließ ihren Brief, in dem sie die Wahl des jüngeren Sohnes forderte, öffentlich von einem Henker verbrennen. Das war deutlich, das war das Ende des zweiten Sobieski. Die Entscheidung musste verschoben werden. Inzwischen aber gewann eine Partei eine überzeugende Mehrheit. Der Primas, Kardinal Michael Stefan Radziejowski, Erzbischof von Gnesen, der erste Mann der Kirche in Polen, hatte sich für Ludwigs Neffen Conti ausgesprochen. Der französische Gesandte in Warschau hatte gute Arbeit geleistet. Die Mehrheit bejahte den französischen Kandidaten. Schon neigte sich die Waage endgültig zu dessen Gunsten. Man rief ihn ins Land.

Ein Franzose als polnischer König, das war jedoch nicht nach dem Geschmack Russlands. Zar Peter drohte mit Krieg, falls das Nachbarland Conti krönte. Österreich, das mit Ludwig XIV. verfeindet war, wollte einen zu starken französischen Einfluss in Polen unbedingt verhindern und begann zu taktieren. Preußen konzentrierte Truppen an der polnischen Grenze. Offiziell hatten sich die Habsburger für Jakob entschieden, unterstützten ihn aber nicht praktisch. Ihr wirklicher Mann war inzwischen Friedrich August geworden, der noch wenige Monate zuvor mit Ludwig XIV. einen Pakt gegen Habsburg hatte schließen wollen. Für ihn hielt der Habsburger das Geld bereit und nicht für den Polen. Damit war Jacob erledigt. Im Waffengerassel trat er ab.

Einer, der sich im Hintergrund hielt, war der sächsische Oberst Jakob Heinrich von Flemming, ein gewandter Mann, ein guter Redner mit kühlem Verstand und diplomatischem Geschick, ein anderer Berent Lehmann, ein Dresdner Jude und Bankier, der bereit war, Friedrich August Geld zu beschaffen. Flemming, in Polen bekannt, war in erster Ehe mit einer litauischen Prinzessin verheiratet gewesen, seine zweite Frau stammte aus dem angesehenen, reichen Adelsgeschlecht Radziwill. Er hatte beste Beziehungen zu den polnischen und litauischen Königsmachern und war mit deren Mentalität gut vertraut. Er wusste die Kuriere unterwegs und wusste sich der Unterstützung mehrerer Adelsgruppen sicher. Er schürzte den Knoten und brachte den päpstlichen Legaten, der kaum eine Chance hatte, zum Vorschlag. Sollten die Dukaten für ihn fließen, je reichlicher, desto weniger besaß man, wenn die letzte Runde begann. Und tatsächlich schwenkten einige von Contis Anhängern zu Livio über. Erneut verschwand Geld in offene Taschen. Leerer wurden die Kassen der Kontrahenten. Und Flemming wartete, hielt seine Dukaten und Taler zurück. Dennoch hing alles an einem seidenen Faden. Die französische Partei blieb stark. Contis Wahl erschien den meisten als sicher. Der aber war noch in Frankreich. Als das Schriftstück von Friedrich Augusts Glaubenswechsel zirkulierte, trat Flemming an. Er schlug den Wettiner für den Thron vor. Die Überraschung gelang, die Sensation war perfekt. Und nun begann Flemmings Geld zu arbeiten, während die Geldbeutel der anderen beiden nahezu leer waren. Jetzt standen sich nur noch zwei Parteien gegenüber: die sächsische und die französische, die einen wollten Friedrich August, die anderen Conti als polnischen König.

Ein Dutzend polnischer Kompanien und etwa ein Drittel der Wähler erklärten sich für den Wettiner. Die Franzosenanhänger blieben vorerst die stärkeren. Für die endgültige Wahl wurde der 27. Juni festgesetzt. An diesem Tag sollte die Entscheidung zugunsten von Ludwigs Neffen fallen. Der Tag rückte heran. In Schlachtordnung zogen die Soldaten der Kontrahenten auf das Wahlfeld. Sie waren gewillt, ihren Kandidaten notfalls mit Waffengewalt durchzusetzen.

Friedrich August ließ sich vom Geschehen auf dem Wahlfeld laufend berichten. Er wusste, wie es um seine Chance stand, wenn er nicht eingriff. Mit zehntausend Mann näherte er sich der polnischen Grenze. Er war entschlossen, die polnische Krone zu erlangen.

Später meinten manche Historiker, vor allem preußische, der Kurfürst habe voreilig, unüberlegt, aus einer Augenblickslaune heraus die polnische Krone erstrebt. Er sei nicht wirklich Herr seiner Entschlüsse gewesen. Der Kaiser, schöne Frauen und reichlich Wein hätten ihn in Wien gefügig gemacht. Man habe ihn geschickt benutzt und raffiniert die habsburgische Straße geführt. Gewiss, es lag in Österreichs Interesse, den Blick Augusts des Starken nach Osten zu richten. Damit erhoffte man sich zweierlei: Frankreichs Vordringen zu stoppen und den Kurfürsten abzuhalten, auf Schlesien und das Königreich Böhmen zu spekulieren – Gebiete der Habsburger. Wie die anderen Territorialfürsten – die Brandenburger, die Hannoveraner, die Bayern – bemühte sich auch der sächsische Kurfürst um Rangerhöhung, um die Erweiterung seiner Macht. Dieses Ziel war real, aber schwer zu erreichen. Von Brandenburg-Preußen war nichts zu erwarten und von Habsburg auch nichts. An deren Grenzen – das dürfte auch der Kurfürst schnell eingesehen haben – war nicht zu rütteln. Hier Veränderungen zu erzwingen hätte mit Sicherheit einen Krieg bedeutet, dessen Ausgang für Sachsen sehr ungewiss gewesen wäre. So weit ließ sich selbst der Soldat in Friedrich August nicht verführen. In dieser Hinsicht war er durchaus Realpolitiker. Es blieb nur die Möglichkeit, sich nach Osten zu vergrößern. Die polnische Krone bot sich als willkommene Möglichkeit dazu an.

Inzwischen hatte sich die Lage auf dem Wahlfeld zugespitzt. Schon hatte es die ersten Toten gegeben. In beiden Lagern wurden die Chancen fieberhaft abgewogen. Es kam zur Wahl. Der Primas rief Ludwigs Favoriten zum König aus. Der Branntwein floss reichlich. Gesang erscholl in Warschaus Straßen. Die Kneipen dröhnten. Man feierte den neuen König, der noch in Frankreich weilte. Er konnte den Jubel nicht erleben, der ihm gewiss das Herz gewärmt hätte.

Für den Wettiner schien alles verloren. Der Jubel war noch nicht verklungen, da wagten seine Anhänger das Äußerste. Laut polnischer Verfassung genügte eine Gegenstimme, um einen Mehrheitsbeschluss ungültig zu machen. Darauf berief sich die sächsische Partei: Der Erzbischof von Kujawien rief den Kurfürsten zum König von Polen und Großfürsten von Litauen aus.

Unterdessen war Friedrich August in Breslau angelangt. Im schlesischen Tarnowitz ging er zur Messe und wartete auf die entscheidende Nachricht. Die brachte ihm Flemming aus Warschau am 19. Juli (gregorianische Zeit). Als sie ihn erreichte, war er zufrieden. Er brach nach Krakau auf. Dort traf er am 12. September 1697 ein. Warschau mied er. In der Hauptstadt hatten die Contiwähler die Übermacht. Als sie den Sachsen in Polen wussten, verlangten sie seinen sofortigen Rückzug. In aller Eile zimmerten sie eine Konföderation gegen Friedrich August. Dem ungerufenen König wurde der Krieg erklärt. Aber die Kassen der Konföderation waren leer, die Partner unentschlossen. Frankreich, auf das man hoffte, zeigte sich knausrig. Ohne Geld war kein Krieg zu führen.

Der Wettiner hingegen zögerte in keiner Phase, zeigte keine Schwäche. Er wollte die Krone, koste sie, was sie wolle. Er ließ weitere sächsische Regimenter nach Polen einrücken und gewann Teile der polnischen Armee mit klingendem Gold. Sie machten sich nach Krakau zur Krönung auf.

Conti war ahnungslos, als er Ende September die polnische Küste erreichte. Sechs Schiffe gingen bei Oliva, nahe Danzig, vor Anker. Seines Sieges sicher kündigte er den Danzigern seine Ankunft an. Er erwartete ihre Huldigung. Verschlossene Tore waren die Antwort der Bürger. Aus welchen Wolken mag er gefallen sein, als er sich vier sächsischen Kürassier- und Dragonerregimentern gegenübersah? Angeführt von Flemming und Brand, trieben die Soldaten Conti aufs Schiff. Beinahe wäre der Franzose den Sachsen in die Hände gefallen. Am 12. Dezember verließ er Polen, um es nie wiederzusehen.

Nach der Flucht Contis wurden Friedrich Augusts Gegner still. Der Kurfürst gab sich dennoch nicht dem Irrtum hin, die Polen für sich gewonnen zu haben. Lautlos arbeitete sein Geld weiter. Wer sich bisher nicht hatte bestechen lassen, holte das nach. Es wäre ärgerlich gewesen, beim Schacher um die Krone leer ausgegangen zu sein.

Einer der letzten Mutigen, die dem Wettiner entgegentraten, war der Kommandant des Wawels Wielopolsky. Er erklärte, dass er sich weigere, das Schloss dem Ungebetenen zu übergeben. Seine Order sei eindeutig. Er dürfe nur demjenigen die Tore öffnen, den der polnische Adel einstimmig gewählt habe. Friedrich August wusste Wielopolskys Standhaftigkeit zu schätzen. Er schenkte dessen Frau ein kostbares Armband mit Brillanten. Sie bemühte sich, ihren tapferen Helden umzustimmen. Und als dieser selbst eine goldene Dose vorfand und darin zweitausend Dukaten, war sein patriotisches Herz gebrochen. Der Wawel öffnete sich.

Einen gewann Friedrich August nicht, den Kardinal-Primas. Er hatte von Anfang an auf den Franzosen gesetzt und war nicht bereit, klein beizugeben. Ihn bringt Friedrich August vorerst mit hunderttausend Talern zum Schweigen, zu dem sich der Kirchenmann nicht lange verpflichtet fühlen wird.

Da der Primas nicht krönen wollte, fand sich ein anderer, der dazu bereit war: der Bischof von Kujawien. Damit war Friedrich August am Ziel.

Man stelle sich vor, mit welcher Befriedigung Friedrich August im großen Thronsaal des Wawels die Krönungsfeierlichkeiten erlebte, wie er seinen Triumph genoss. Schneller als erwartet war er zur Königskrone gekommen und zu einem großen Land. Zum zweiten Mal hatte der Tod Schicksal gespielt. Zuerst hatte er den Bruder geholt und nun den Sobieski. In nur drei Jahren hatte er, Friedrich August, mehr erreicht als zuvor die Hohenzollern, die Welfen, die Wittelsbacher. Jetzt war er ihnen voraus. Er konnte sich ihren Neid, ihre Missgunst ausmalen. Achtgeben musste er auf sie wie auf die Polen. Aber lag es nicht an ihm, die Polen zu gewinnen, die beiden Länder fest zusammenzufügen, zu Sachsens Nutzen, zu Polens Nutzen, zu seinem Nutzen?

Prächtig stand der Wettiner in seinen Kleidern, in seinem Harnisch, in seinen Mänteln, prächtig und schwitzend. Die Umhänge, die Seiden, der Hermelin drückten den schwergewichtigen Mann. Salbungen und Segnungen ließ der Sachse über sich ergehen. Gebete und Kniebeugen musste er den Polen vorführen. Das zog sich über Stunden hin. Friedrich August wurde müde, die Luft unter den Seiden und dem Harnisch wurde knapp, die Haut konnte vor lauter Wohlgerüchen nicht atmen. Der Wettiner brach zusammen, noch ehe die Krone sein gewaltiges Haupt zierte. Ungarnwein half ihm auf die Beine. Und als er, der neue König, endlich zur Tafel schritt, stellte sich beste Laune ein. Die Welt würde noch Großes erleben. Er aß mit gesundem Appetit, trank reichlich, beobachtete seine Polen, die im Trinken erfahren waren. Er würde sie schon bändigen, diese widerspenstigen Adligen, sie, wie die Sachsen.

Die Krönung fand am 15. September statt. Am 15. Januar 1698 zog der Wettiner in Warschau ein, als König von Polen August II. genannt. Die Hauptstadt empfing Augustus secundus rex Poloniae mit Zurückhaltung.

Im politischen Gefüge Europas war eine neue Situation entstanden. Polen und Sachsen in einer Union vereint, das war eine Größe, mit der die Dynastien rechnen mussten.

Die Krone war teuer geworden. Das flüssige Gold war bald ausgegeben. Der Kurfürst musste auf ungewöhnliche Weise zu Geld gelangen. Für 733.333 Taler verkaufte er die Ansprüche auf das Herzogtum Sachsen Lauenburg an Braunschweig-Lüneburg, für dreißigtausend Reichstaler die Erbvogtei Quedlinburg und das Stift an die Hohenzollern, jenes Stift, das er Maria Aurora von Königsmarck versprochen hatte. Er scheute nicht davor zurück, das Amt Petersberg bei Halle, auf dem sich der Stammsitz der Wettiner befand, an Hohenzollern abzutreten. Verkauft wurden noch weitere Ämter. Auf diese Weise kam August der Starke in den Besitz von 1.235.000 Talern. Das Geld hatte dennoch nicht gereicht. Er nahm Darlehen auf, verpfändete Juwelen im Wert von über einer Million Gulden bei den Wettiner Jesuiten, zwang die Oberlausitzer Städte, ihm dreißigtausend Taler zu leihen, machte Schulden bei Juden. Wog das Erreichte die Verluste auf?

Mit den Landverkäufen wurde, auch wenn er sich das Recht des Rückkaufs ausdrücklich sicherte, ein weiterer großer Widerspruch in der Politik des Wettiners deutlich. Indem er seine Ansprüche auf Lauenburg an die Welfen und Gebiete an die Hohenzollern abtrat, handelte der sächsische Kurfürst gegen sein Programm, das Stammland zu stärken. Mit der polnischen Krone war das Haus Wettin zwar zu einer europäischen Größe geworden, aber Polen blieb ein selbstständiges, von Sachsen unabhängiges Reich, das mit dem Kurfürstentum lediglich durch Friedrich August verbunden war.

Die Zeit musste erbringen, ob der Sachse die Krone zum Nutzen beider Länder tragen würde. Zu Beginn seiner Königsherrschaft jedenfalls floss

Entwurf für den Neubau des Warschauer Schlosses von Matthäus Daniel Pöppelmann, o. J.

viel Geld – etwa vier Millionen Taler – nach Polen. Geld, das in Sachsen erwirtschaftet worden war und dort fehlte. Aber das war erst der Anfang.

Der polnische Adel machte dem Sachsen klar, was er von ihm erwartete. Und das war nicht wenig: die sächsischen Truppen in Polen aus eigener Tasche zu bezahlen (der Wettiner unterschrieb), von Schweden und der Türkei besetzte Gebiete zurückzuerobern (der König nickte), die vernachlässigten polnischen Festungen auf sächsische Kosten wiederherzustellen (Friedrich August bestätigte), niemals das Geld für Krönungsfeierlichkeiten zurückzuverlangen (August der Starke lächelte), das freie Wahlrecht unangetastet zu lassen (der Souverän versicherte es), Ämter und Benefizien nur an Einheimische zu vergeben (der Kurfürst blickte huldvoll). Viel verlangte man ihn ab, aber für weniger wäre die Krone wohl nicht zu haben gewesen. Und es war viel, was er feierlich zu halten versprach, aber ohne diese Zustimmung hätte sich wohl kein Bischof gefunden, der den Sachsen ausgerufen und gekrönt hätte.

Obschon der Kurfürst-König den Polen weit entgegengekommen war, blieben einige einflussreiche adlige Familien misstrauisch, beobachtete die Kirche den Konvertierten. Zwar hatte er sich zu ihrem Glauben bekannt, aber sein Stammland war protestantisch geblieben, ebenfalls seine Frau und sein Sohn. Auch die meisten sächsischen Soldaten blieben Protestanten. Die lutherischen Feldprediger agierten in den Lagern und Kasernen Polens, als seien sie in Sachsen. Das gefiel den strenggläubigen Polen ganz und gar nicht. Sie beschwerten sich beim Wettiner, verlangten ohne Umschweife Zurückhaltung. Sehr beliebt waren die Sachsen ohnehin nicht, vor allem jene, die in die Städte strömten, um dort ihren Schnitt zu machen, die Kaufleute, Handwerker. Und die Polen sahen keinen Grund, taktvoll zu sein. Sie waren ebenso wenig tolerant wie die rechtgläubigen Sachsen. Kirche und Adel duldeten durchaus, dass in Flugblättern gefordert wurde, alle Deutschen am 3. März 1698 totzuschlagen. Soweit musste es ja nicht kommen, aber wissen sollten sie, die Sachsen, wer die wirklichen Herren im Polenlande waren.

Der König indessen richtete sich im baufälligen Warschauer Schloss ein, das ihm die Adelsrepublik zur Verfügung gestellt hatte. Eng ging es darin zu, und wenig freundlich war es; für große Feste, die er seinen Polen vorführen wollte, nicht sonderlich geeignet. Für die polnische Hauptstadt machte er sofort Pläne. Er ließ die besten Architekten von Dresden nach Warschau kommen, verlangte ihnen Entwürfe nach seinen Vorstellungen ab. Er würde den Polen zeigen, dass sie den Richtigen gewählt hatten. Und er träumte sich als Begründer der Wettinerdynastie in Polen, die für alle Zeiten herrschen würde. Berichtet wird von einer Prophezeiung, die Friedrich August bekannt gewesen ist. Es heißt darin, dass 1696 ein Spross des Sachsenstammes halb dänischen Geblüts, mit Namen August, zum König von Polen erwählt würde, und, wenn das Papsttum zugrunde gehe, Römischer Kaiser werden, das türkische Reich, Ungarn und sogar einen Teil Asiens erobern und seinen Thron in Konstantinopel aufschlagen würde. Es ist nicht auszuschließen, dass Friedrich August dies in Stunden des Erfolgs für möglich hielt. Er war abergläubisch, er beschäftigte sich mit Punktierbüchern, die ihm seine Zukunft voraussagen sollten. Er glaube an die Alchimie, Zauberei, Hexen und Teufel. Aufschlussreich ist, dass er sich zum Karneval im Februar 1698, der prächtig begangen wurde, als Sultan verkleidet zeigte, begleitet von Janitscharen. Er, Friedrich August, war unerwartet Sachsens Landesherr geworden, nun saß er auf dem polnischen Thron. Die Götter meinten es offenbar gut mit ihm. „Mein höchster Ehrgeiz ist Ruhm“, hatte er am 8. November 1697 an Flemming geschrieben, „wonach ich bis an mein Lebensende streben werde.“

In den ersten Jahren seiner polnischen Regierung bemühte sich der Wettiner stark um die Polen. Schon 1697 entwarf er eigenhändig ein Programm, in dem er seine Vorstellungen für Polen formulierte. Er schlug vor, Manufakturen einzurichten, den Handel zu fördern, Universitäten und Akademien zu gründen und die Justiz und Verwaltung zu verbessern. Dieses Programm offenbarte durchaus Weitsicht und zielte auf eine gleichberechtigte wirtschaftliche Förderung der Adelsrepublik. Es machte deutlich, dass Friedrich August eine Partnerschaft zwischen Polen und Sachsen erstrebte, die frei war von nationaler Überhebung und kurfürstlichem Egoismus. Tatsächlich förderte er den Handel seiner beiden Länder, begünstigte die Ansiedlung deutscher Handwerker und Kaufleute in den polnischen Städten. Vor allem versuchte er, den Adel an sich zu ziehen und ihn mit einem glanzvollen Leben am Hof zu überzeugen. Was der Sachse anbot, wurde angenommen. Ansonsten war die Adelsrepublik wenig bereit, ihm Sorgen abzunehmen. Im Sommer 1698 klagte er in einem Brief an Fürstenberg, den er in Sachsen als Statthalter eingesetzt hatte: „Sie kenen mir globen, wie mir zuhmutte (ist), den ich die Armee in einem fremden Lande auf dem halß habe und in den 6. Monat gehet, das (ich) vor selbige keinen einzigen groschen habe bekohmen. Also machen Sie, was Sie kehnen, damit ich gelt für die armee bekohme, sonsten ist sie fellig ruiniret und mechten wohl gar auß einander gehen.“ Das klingt bitter. August der Starke musste schon sehr früh erkennen, dass er ein Volk zu regieren versuchte, das sich nicht regieren ließ.

Figurine Augusts des Starken im polnischen Krönungsornat

August und die Stände

Auch die Sachsen bereiteten ihrem Kurfürsten Schwierigkeiten. 1699 rief er die Vertreter der Stände zum Landtag nach Dresden. Es ritten und fuhren über die sandigen und holprigen Wege und Straßen des Kurfürstentums Adlige mit klangvollen Namen; Herzöge und Grafen kamen, es kamen die Ritter, es kamen die Prälaten aus den Domkapiteln Meißen, Merseburg und Naumburg-Zeitz, die Vertreter der Stifte und der Städte, Herren von den Universitäten Leipzig und Wittenberg. Man kam von der Werra und von Thüringen, von Torgau und von Eilenburg, vom Vogtland und aus der oberen und niederen Lausitz. Der Kurfürst hatte sie gerufen. Er brauchte sie. Die Polen setzten ihm zu. Er wollte Geld.

Im Landtag – ihm gehörten etwa fünfhundert Personen an – waren die privilegierten Schichten des Adels und des heranwachsenden Bürgertums vertreten. Er trat in der Regel alle sechs Jahre zusammen und wurde vom Kurfürsten einberufen. Aber in Sachsen hatten sich die Stände auch das Recht ertrotzt, willkürlich, das heißt gegen den Willen der Landesherren, zusammenzutreten. Und sie taten es. 1697 zum Beispiel protestierten sie erfolglos gegen Augusts Religionswechsel. Zwischen den Landtagen konnten Ausschusstage stattfinden. Geleitet wurde der Landtag von einem Erbmarschall. Mit der Regierung wurde schriftlich verhandelt.

Den Ständen stand der Wille des Kurfürsten entgegen. Ihn durchzusetzen war die Aufgabe der Minister und des Geheimen Rates. Sehr früh zeigte sich, dass insbesondere der Geheime Rat, in dem der alte sächsische Adel den Ton angab, nur widerstrebend Friedrich Augusts Befehle ausführte. Daher schuf sich der Kurfürst zu den bereits bestehenden Behörden die Revisionskommission und später das Geheime Kabinett.

Der Landtag im Jahre 1699 bot den Ständen die Chance, August den Starken in die Schranken zu weisen. Er hatte sich viel angemaßt, was ihnen nicht gefiel, was sie in Erregung versetzt hatte, was höchst bedenklich war. Er hatte Länder verpfändet und verkauft, Schulden gemacht, die er nicht zurückzahlte.

War man zum Landtag unterwegs, ließ man es sich gut gehen. Der Hof bezahlte die Reise, die Übernachtungen in den Wirtschaften, das Essen und Trinken. Auf Staatskosten verstand man schon damals gut zu leben. Sieben Tage zum Beispiel ließ man sich Zeit, um von Leipzig nach Dresden zu reisen, sieben Tage für etwa hundertzwanzig Kilometer, von Langensalza gar vierzehn.

Die Stände waren in Sachsen stark. Nur mit ihrer Zustimmung durften wichtige politische Entscheidungen getroffen werden. Sie hatten sich Rechte erzwungen, die ihnen Einfluss und Mitentscheidung sicherten, oft in Zeiten, in denen die Wettiner bedrängt waren. Ohne ihr Einverständnis, das hatten sie sich schriftlich geben lassen, durfte der Kurfürst keine Steuern erheben, kein Land veräußern oder Bündnisse schließen. Das hatte ihnen zuletzt Johann Georg III. zugesichert. Ihnen stand zu, sich über die Arbeit der Kabinette und Konzilien zu beschweren, Rechenschaft von ihnen zu verlangen.

Tonangebend in der Ständeversammlung war der Adel. Wenn die Vertreter auch meist in vielen Fragen unterschiedlicher Auffassung waren, wenn sie auch in drei „Bänken“ (Gruppen) getrennt tagten, oft nur schriftlich miteinander verkehrten, in einem waren sie sich einig: Sie wollten sich auch künftig ihr Mitregieren in Sachsen sichern, wollten einen schwachen Kurfürsten, kein stehendes Heer, wollten Steuerprivilegien. Friedrich August hatte es mit entschlossenen Gegnern zu tun. Das hatten sie ihn wissen lassen, schon 1694, als er zum Kurhut gekommen war.

Gleich nach seinem Regierungsantritt hatte er den Landtag nach Dresden gebeten und mehr Geld verlangt: für Bauten, Soldaten, Festungen. Sie hatten sich knausrig gezeigt. In ein großes Wehklagen waren sie gefallen: Die Wirtschaft liege darnieder, die Kassen seien leer, mehr Steuern aus dem Lande zu ziehen sei ausgeschlossen. 1695 hatten sie erneut opponiert. Es kränke sie tief, schrieben sie ihm, dass der Kurfürst, durch einigen den Ständen feindlich Gesinnte angestachelt (damit waren die Ausländer in seiner Regierung gemeint), seine Forderungen immer höher schraube und gar keine Barmherzigkeit mehr für sie walten lasse; beharre er darauf und entstehe Sachsen daraus Unheil, so müssten sie jede Verantwortung von sich weisen. Das war deutlich. Das war kühn. Es kam noch kühner: Zur Abwehr würden sie alles tun, was ihnen als treuen Vasallen und Untertanen gebühre, und keinen Schritt von der ihnen obliegenden schweren Pflicht abweichen, um ihr Gewissen zu salvieren. Auf dem Ausschusstag im März/April 1696 lehnten sie es ab, zusätzlich zum Kontingent viertausend Mann Soldaten für sein Heer aufzubringen und das Wehrgeld zu zahlen. Der Kurfürst durfte sicher sein, dass sie sich ihm auch diesmal widersetzen würden. War er dennoch überzeugt, dass sie ihm weitere Mittel zur Verfügung stellen werden? Immerhin hatte er dafür gewichtige Gründe: Die Straßen waren schlecht und mussten ausgebessert werden. Härter galt es gegen Banden und Räuber vorzugehen. Die Festungsanlagen in Altendresden und auf dem Königstein mussten modernisiert, die Artillerie auf den neuesten Stand gebracht werden.

Damit er ihnen mit Sachkenntnis entgegentreten konnte, hatte er sich um einen Überblick über die Ämter und Verwaltungen bemüht. Das war ihm nicht leichtgefallen. Fünf oberste Landesbehörden rivalisierten miteinander, in fünf zentralen Landeskassen versickerte das Geld. Um zu wissen, wie wohlhabend sein Sachsen war und was er den Bürgern zumuten könne, ordnete er an, alle Häuser und Einwohner zu zählen. Er ließ die Grundstücke und Güter erfassen, auch die der Adligen, hielt die Anzahl der Ackerhufen fest, die seine Bauern besaßen. Die Ergebnisse sollten eine solide Grundlage für Steuern ergeben. Sofort kam von den „Bänken“ Protest, Protest kam auch von den Städten und den Adligen, von den Herzögen der Nebenlinien, von Weißenfels, Merseburg, Zeitz. Die Herren vom Stande warnten vor solchen Erhebungen. Sie seien gefährlich, meinten sie, und Sachsen abträglich. Andere könnten diese Informationen zum Nachteil Sachsens nutzen. Der Kurfürst war unbeeindruckt geblieben. 1697 gründete er das Revisionskollegium, das die adligen Gemüter in helle Aufregung versetzte. Dieses Kollegium war keiner Behörde unterstellt, keinem seiner Kabinette Rechenschaft schuldig. Nur ihm, dem Kurfürsten, war es verpflichtet. Es stand über allen Kammern, Präsidenten, Konzilien, Kassen, es stand über der Regierung und war mit besonderen Vollmachten ausgestattet. Das Revisionskollegium durfte Vernehmungen, Überprüfungen, Verhaftungen vornehmen, die Finanzen kontrollieren. In einem persönlichen Erlass Friedrich Augusts vom 21. Juli 1698 hieß es: „Es soll kein anderes Kollegium im Lande dem Revisionskollegio entgegenhandeln oder dasselbe an etwas hindern, jedermann auf Verlangen vor ihm erscheinen ...“ Das hatte es in Sachsen bisher nicht gegeben. Adel, Städtebürger, Kaufleute, Ritter, Prälaten, Stifte bliesen zum Sturm, verlangten die sofortige Auflösung des Revisionskollegiums. Aus der Sicht der Stände nicht zu Unrecht. Wer sich in Finanz- und Steuergeschäfte einmischte ohne die Zustimmung und Mitwirkung der Ständevertreter, der verstieß gegen verbriefte Rechte, besonders die des Adels. Aber nicht nur das. Adel und Räte fürchteten in der Tat die Revisoren, denn sie förderten zweifelhafte Geschäfte zutage. Der Rat zu Meißen zum Bespiel verrechnete über elftausend Gulden für Dienerbesoldung, ohne dass Diener eingestellt worden waren, außerdem hatte er dreizehntausend Gulden unterschlagen, in siebzehn Jahren 43 ¾ Fass Wein unverrechnet ausgetrunken, neunzehn Häuser abgebrochen und deren Holz und Steine zu eigenen Bauten benutzt. Der Rat zu Zwickau hatte fast vierzehntausend Gulden ohne Quittung an seine Günstlinge verschenkt, die Steuerumlagen nach seinem Belieben eingerichtet, die Häuser der Bürgermeister nicht in das Kataster eingetragen. Missstände über Missstände, Betrug und Korruption wurden aufgedeckt. Adel und Räte wurden zu Nachzahlungen gezwungen. Bürger und Bauern, Handwerker und kleine Beamte beschwerten sich bei der Kommission über ungerechtfertigte Steuereintreibungen, Arbeitsdienste, Gerichtsurteile. Friedrich Augusts Revisoren wurden beim kleinen Mann beliebt, weil sie gegen reiche Patrizier und Adlige vorgingen, gehasst wurden sie von den Großen. Die Revisionskommission war also eine höchst unangenehme und gefährliche Institution. Schnell war man sich einig: Sie musste weg, unter allen Umständen, sie musste weg. Der Landtag forderte offiziell ihre Auflösung. Die Revisoren maßten sich Rechte an, die ihnen nicht zustanden, griffen gar in die Justiz ein, verunsicherten das Land, verstießen gegen die bestehende gottgewollte Ordnung. Schwere Vorwürfe erschollen von den Bänken, in wohlbedachten Worten. Friedrich August blieb unnachgiebig.

Man reiste also im Jahre 1699 mit festen Vorsätzen in die Residenz. Der Kurfürst war in Nöten. Mit seiner Armee stand es nicht zum Besten. Sie war schlecht bewaffnet, zahlenmäßig schwach. Er würde Geld verlangen.

Es kam, wie es die Herren erwartet hatten. Der Kurfürst bat um Geld. Er müsse, ließ er den Landtag wissen, Soldaten anwerben, um das Heer zu verstärken. Die Ständevertreter lehnten ab, forderten gar die Entlassung der gewaltsam in den Dienst gepressten Landeskinder. Der Kurfürst hielt an seinen Forderungen fest, verlangte eine Million Taler für das Militär. Darauf hatten sie gewartet. Sie sagten nein, nicht endgültig, ließen durchblicken, dass sie unter gewissen Bedingungen zu Zahlungen bereit seien, zeigten sich verbindlich, geschmeidig, wortreich, untertänig, bestanden auf der Auflösung der Revisionskommission, der Einstellung der Untersuchungen, auf der Rückgabe beschlagnahmter Akten.

August der Starke befand sich in einer misslichen Lage. Niemand unterstütze ihn: die Kirche nicht (sie war protestantisch und er katholisch). Wie gut hatte es der Kaiser, mag er bitter gedacht haben, der den Papst und dessen große Kirche hinter sich hatte, wie gut der Hohenzoller, der auf seine Kirchenmänner bauen konnte, der Adel nicht (er war nicht bereit, dem Sachsen zusätzliche Macht zuzugestehen, die er womöglich gegen ihn nutzen würde), das Bürgertum nicht (es vertrat seine eigenen Interessen und musste sich der Übergriffe des Adels und der unzufriedenen Plebejer und Zünfte erwehren). Die Million für den Kurfürsten, dafür künftig ohne Revisionskommission, das war die Bedingung der Stände. Mehr noch: Sie forderten erneut ausdrücklich das Recht auf willkürliche Zusammenkünfte und die Einrichtung einer ständigen Landesdeputation, und sie behielten sich vor, nur solche Adlige zur Landesversammlung zuzulassen, die von väterlicher und mütterlicher Seite mindestens acht Ahnen nachweisen konnten. Damit sollte der neue Adel, der das Adelsprivileg vom Kurfürsten erhalten hatte und daher auf seiner Seite stand, vom Mitspracherecht ausgeschlossen werden.

August der Starke stand sehr allein vor seinem Landtag. Die Herzöge wandten sich gegen ihn. Sie hatten es ihm nicht vergessen, dass er sie bei seinem Machtantritt gerügt, Zahlungen von ihnen erzwungen hatte. Selbst das Geheime Konzilium, eine der obersten Landesbehörden, schlug sich auf die Seite der Stände. Dem Kurfürst-König, der keine finanziellen Reserven besaß, der alles ausgegeben hatte, blieb nichts anderes, als nachzugeben. Die Revisionskommission fiel im März 1700, auch die anderen Forderungen der Stände wurden bewilligt.

Es zeigte sich, wie wenig wunschgemäß sich die realen Kräfte in die Geschichte stellen. Die Stände, darunter besonders der sächsische Adel, der in den Regierungsbehörden das Wort führte, waren nicht schwächer als der nach absoluter Macht und Unabhängigkeit strebende Kurfürst. Der Brandenburger Kurfürst Friedrich Wilhelm hatte da vor Jahren anders reagiert, weil er eine bessere Machtbasis besessen hatte. Als ihm der preußische Landadel und die Königsberger Patrizier die Huldigung und Steuerzahlung verweigerten, ließ er Militär anrücken. Der Führer der Adelsopposition, Christian Ludwig von Kalckstein, wurde hingerichtet, der Königsberger Bürgervertreter und Anführer Hieronymus Roth starb im Gefängnis, der Landtag wurde nach Hause geschickt. Ähnlich entschieden hatten die Könige in Dänemark und Schweden gehandelt, Zar Peter I. ebenfalls. In so starker Machtposition befand sich der Sachse nicht.

Die Herren fuhren besser gelaunt zurück, als sie gekommen waren. Ein wichtiger Sieg nach sechs Jahren Regierungszeit Friedrich Augusts war vom Landtag errungen worden. Dennoch hörte das Kräftemessen nicht auf.

Der Kurfürst dachte sich bald für Sachsen eine neue Steuer aus: die Generalkonsumtionsakzise, so ihr umständlicher Name. Diese indirekte Steuer hatte sich in Brandenburg-Preußen und anderen Ländern bewährt. Sie schien Friedrich August auf Sachsen übertragbar. Mit einer Akzise (Verbrauchssteuer) belegt werden sollten alle eingeführten Waren, auch Grundstücke, Kaufmannsbesitz, der Verdienst der Tagelöhner, Handwerker, Künstler. Wie heute noch im Codex Augusteus nachzulesen ist, wurden genaue Steuerbeträge für die einzelnen Waren festgelegt. Es war eine versteckte Verbrauchssteuer, ein Vorläufer unserer heutigen Mehrwertsteuer. Darüber hinaus war sie auch eine Personen-, Vieh-, Gewerbe- und Grundsteuer. Ihre Sätze waren mäßig. Zur Zahlung war jeder ohne Ausnahme verpflichtet, auch der Adel, der stets steuerbegünstigt gewesen war, auch der Kurfürst selbst, wie er gern betonte.

1703 beschloss Friedrich August die Einführung der Steuer. Erneut hagelte es Proteste. Er nahm sie offiziell nicht zur Kenntnis. Er beauftragte Adolf Magnus Freiherr von Hoym mit der Durchsetzung der Steuerreform. Hoym war schlau und in Geld- und Steuersachen erfahren. Er erprobte sie zuerst in Mansfeld. Diese Grafschaft war nicht im Landtag vertreten, ihr Widerspruch nicht unmittelbar möglich. Es war durchaus nicht so, dass ein Befehl des Kurfürsten genügte, um die lieben Sachsen zum Nachgeben zu bewegen. Schon damals hingen sie sehr am Althergebrachten. Sie lehnten die Steuer ab, obwohl sie Vorteile brachte. Hoyms Kommissionen überzeugten allmählich die Zünfte und Kaufleute. Der ärmeren Bürgerschaft wurde eingeredet, dass die Generalkonsumtionsakzise die reichen Patrizier und Adligen mehr treffe als sie (was zum Teil stimmte), ja, Hoym wiegelte die Plebejer regelrecht gegen die Stadtväter auf und war erfolgreich. Bis 1703 hatten sich 103 Städte und Gemeinden der neuen Steuer angeschlossen. Nur das silberreiche Freiberg und Sachsens Handelshauptstadt Leipzig widersetzten sich der Akzise. Verständlich. Die wohlhabenden Leipziger wurden stärker von der Steuer betroffen. Sie mussten für jeden Ballen Seide und Brokat, für Metallgeräte, Gewürze und Porzellan, für Steinzeug und Schmuck, für all ihr Handelsgut, nun einige Groschen entrichten, was ihren Gewinn jedoch nur geringfügig schmälerte.

Auf dem Ausschusstag im Jahre 1704 verlangten die Ständevertreter die Rücknahme der Generalakzise. Ihr „soziales Gewissen“ war erwacht. Sie verurteilten die Steuer als ungerecht. Arme Familien würden von ihr besonders geschädigt. Das stimmte, denn die Ärmsten hatten die meisten Kinder. Wirtschaft und Handel, behaupteten sie, litten darunter. Das war nicht bewiesen. Sie drohten dem Kurfürsten, die bewilligte eine Million Gulden, deren Zahlung verzögert worden war, nicht herauszurücken.

Friedrich August stand vor einer ernsten Entscheidung. Sein Statthalter Fürstenberg und der Kabinettsminister August Ferdinand von Pflugk ergriffen die Partei der Stände. Sie warnten den Kurfürst-König, sich über das Steuerbewilligungsrecht des Landtages hinwegzusetzen. Besonders aktiv war Anton Egon Fürst zu Fürstenberg. Er, der als Ausländer und Katholik vom sächsischen Adel besonders gehasst worden war, verband sich mit zunehmenden Jahren immer stärker mit den alteingesessenen sächsischen Familien. Sollte Friedrich August wieder nachgeben, wieder Schwäche zeigen? Der Krieg gegen Schweden spielte ihm übel mit. Er brauchte jeden Pfennig für seine Armee. Der Landtag pochte auf seine Rechte, bestand darauf, „dass ohne vorhergehende Bewilligung und gehörige Einrichtung mit Zuziehung derer gesamten Stände weder neue Anlagen gemacht noch der Modus contribuendi geändert werden möge.“ Gewiss wusste der Kürfürst, wenn er einlenkte, wieder dem Druck nachgab, würden Adel und Stände, Städte und Prälaten aufdringlicher werden, selbstherrlicher. Schon kritisierte man ihn offen. Christoph Dietrich von Bose hatte ihn in einer Schrift, die in Sachsen zirkulierte, scharf angegriffen und auf verbriefte Rechte verwiesen, die der Kurfürst zu akzeptieren habe. August der Starke stellte sich gern gegen alle. Und als ihr Protest wuchs, schickte er sie nach Hause und ließ sie wissen, „dass Wir uns nicht durch Widerspenstigkeit und Zwang von Unseren Rechten und gerechten Intentionen ableiten wollen, wohl aber durch Räson und Submission überwinden lassen können“.

Diese Deutlichkeit war nicht erwartet worden. Die Beunruhigung war groß. 1707 schließlich bestätigte der Landtag die neue Steuer. Noch im selben Jahr forderte der Kurfürst-König die Stände erneut heraus. Er setzte eine oberste Rechnungsbehörde ein, die er sich persönlich unterstellte. Die zweite Runde der Auseinandersetzungen zwischen Friedrich August und den Ständen war an den Kurfürsten gegangen.

Ärger mit der Religion

Friedrich August hatte sich nicht nur der Ständevertreter zu erwehren. Nach seinem Übertritt zur katholischen Kirche schien es, als stelle sich sein ganzes Volk gegen ihn. Das Bekenntnis des Kurfürsten zur katholischen Religion hatte wie ein Schock auf die Sachsen gewirkt. Das Land des wahren, rechten Glaubens, für das es sich hielt, schien anfangs wie gelähmt. Von Wittenberg, von Sachsen war Luthers Reformation ausgegangen, die zur Spaltung der Kirche und zur Herausbildung des protestantischen Glaubens geführt hatte. Und nun hatte dieses Land einen katholischen Kurfürsten. Das war vielen unbegreiflich, war Verrat an ihrem Glauben. Die Gemeinden versammelten sich und sangen das Lied: „Ach bleib bei uns, Herr Jesu Christ, weil es nun Abend worden ist". „Es ist ein Jammer", hielt der Kreishauptmann Johann Balthasar von Bose fest, „das Volk auf den Straßen klagen und weinen zu sehen." Im erzgebirgischen Schwarzenberg soll ein Amtmann gesagt haben: „Es wäre besser, sie hätten den König im ersten Bade ersäuft, so hätte er auch nicht können katholisch werden." Wilde Gerüchte gingen um. Es hieß, dass alle Minister, alle am Hof katholisch werden müssten. Die strengen Lutheraner befürchteten, dass die katholischen Rotröcke und Jesuiten in Scharen eindringen, die protestantischen Kirchen verwüsten, ihren Glauben verfolgen würden. Der Dreißigjährige Krieg lag gerade erst fünfzig Jahre zurück. Man befürchtete, dass Katholiken und Lutheraner wieder gegeneinander antreten würden.

Der anfänglichen Verbitterung folgte bald der Zorn. Pfarrer griffen Friedrich August in Predigten an, verurteilten ihn, verdammten den Übertritt, beschimpften die katholische Religion. Im Juli 1697 eilten die Ständevertreter aus eigenem Antrieb nach Dresden und verlangten vom Kurfürsten Garantien, dass der lutherische Glaube unangetastet bleibe.

Die ablehnende Haltung gegen Friedrich August hielt an. Vergessen und bereut war der Jubel, der ihn als Kurfürsten begrüßt hatte. Kaum jemand verstand, dass man der polnischen Krone wegen den angestammten Glauben der Väter verraten konnte. Der Kurfürst-König, der sich in Warschau aufhielt, ließ sich ständig über die Vorgänge in Sachsen Bericht erstatten. Lange sah er tatenlos zu. Gewiss hoffte er, dass sich die Gemüter beruhigen würden. Schließlich ging er gegen die persönlichen Angriffe vor. Er verbot das Singen der Lieder, die zu Protesthymnen geworden waren: „O Herr Gott, dein göttlich Wort" und „Erhalt uns, Herr, bei deinem Wort" – und wies seinen Statthalter Anton Egon von Fürstenberg an: „Wohlferne der geringste, es sey stande, wie es woohlle, auf das seine nur einen schein zur meuterey anlaß gibet, den laßen Sie ohne einigen weiteren Bericht beym Kopf nehmen und einsetzen bis auf weiteren befahl." Diese Drohung wurde öffentlich bekannt gemacht. Die Protestanten, die sich des Ursprungs und der Verpflichtung ihres Namens bewusst wurden, gaben keine Ruhe. Der Verfasser des „Schelmuffsky", Christian Reuter, der sich kurze Zeit in Dresden aufhielt, schrieb ein Lustspiel mit dem Titel „Graf Ehrenfried". Darin verspottete er den Glaubenswechsel des Kurfürsten.

Die Angriffe der Rechtgläubigen nahmen eher zu denn ab. 1698 traf der päpstliche Nuntius, der päpstliche Botschafter, Giovanni Antonio Davia, in Leipzig ein. Er und sein Gefolge wurden auf der Straße belästigt. Ein Jahr später demonstrierte Friedrich August seine Verbundenheit mit den Katholiken in einem Gottesdienst in Leipzig.

Christiane Eberhardine, Kürfürstin von Sachsen, Gattin Augusts des Starken. Ölgemälde von Johann Kupezky, o. J.

Die Messestädter wagten nichts dagegen zu unternehmen. Kaum war der Kurfürst nicht mehr in der Stadt, verbot die Bürgerschaft dem Nuntius, Gottesdienst zu halten. Öffentliche Prozessionen untersagte der Rat grundsätzlich und befahl sogar den Geistlichen, sich nicht im Ornat in der Öffentlichkeit zu zeigen. Sie waren schon rechte Eiferer, die Leipziger.

Als 1701 der Georgenbau und andere Teile des Dresdner Schlosses abbrannten, wurden sofort Katholiken der Brandstiftung verdächtigt. Pogromartige Stimmung zog auf. Erhitzte Dresdner forderten, alle „Römlinge" ins Feuer zu werfen. „Es gibt kein Land", schrieb im Dezember 1703 ein gewisser Pater Ange d'Ombria an den Papst, „wo der Eifer gegen den Katholizismus so stark ist wie (in) Sachsen; jede Unternehmung zugunsten des Katholizismus ist geeignet, Unruhe zu erregen."

Die Sachsen hatten sich schon Jahre zuvor öfter als intolerante Streiter erwiesen. Sie duldeten keine Erneuerung oder Abweichung von ihrer Konfession, versperrten sogar anderen Christen den Zutritt ins Herzogtum. Als die wirtschaftlich starken Hugenotten, die wegen ihres Glaubens verfolgt wurden, aus Frankreich flüchteten, untersagten ihnen die Stände, sich auf dem kurfürstlichen Territorium niederzulassen. Gewiss auch deshalb, weil sie ihre Konkurrenz fürchteten. Brandenburg, das sich von den Hugenotten Aufschwung in Gewerbe und Handel versprach, nahm sie auf und förderte sie. Die französischen Handwerker, Kaufleute, Weber wurden zu einem Segen für die Hohenzollern. Die offizielle protestantische Religion war inzwischen in Sachsen zu einem Dogma erstarrt. Martin Luthers Überzeugung, nur „allein durch den Glauben" Erlösung und Befreiung zu finden, die zu einem neuen geistigen und religiösen Selbstverständnis führte, hatte sich im Gezänk der Theologen abgenutzt. Streitigkeiten beherrschten die theologischen Fakultäten, Pfarrer wurden zu fanatischen Eiferern. Sophismus trat an die Stelle lutherischer Bibelinterpretation und lebendigen Volksglaubens. Man beschäftigte sich mit dem Sündenfall Adams und Evas und erwog, „ob Adam durch den Biss in den Apfel die Sinnlichkeit in die Welt gebracht habe, die auch in der Ehe sündig, viehisch sei; ob Adam vor der Schöpfung der Eva beiderlei Geschlechts gewesen sei und aus sich selbst hätte Kinder zeugen können, wäre er nicht durch Eva verführt worden." Wittenberger Professoren zogen gegen Kopernikus und sein Weltbild zu Felde, bestritten die Bewegung der Himmelskörper. Lutheraner und Reformierte, Calvinisten und Pietisten, Rationalisten und Sektenanhänger bewiesen sich, dass jeder im besseren Glauben lebe. Der große Atem der Reformation, der eine Welt zum Einsturz gebracht, die Menschen zu kühnen Gedanken geführt hatte, war verloschen. Dennoch war das Volk, waren Bürger und Bauern, Handwerker und Adlige tiefer Frömmigkeit ergeben. Sie fürchteten um ihren Glauben. Noch war der Grundsatz, dass die Landeskinder die Religion ihres Herrschers anzunehmen haben, nicht ungültig. Dass Rom dafür arbeiten würde, nahmen sie an. Man blieb misstrauisch, auch wenn sich Friedrich August zu erklären beeilt hatte, dass er nichts gegen die protestantische Kirche unternehmen, niemanden in seinem Glauben behindern werde. Das versicherte er sogar schriftlich. Im Edikt von Lobskowa vom 17. Juli 1697 versprach er, dass „niemand zu dem von ihm angenommen Glauben gezwungen würde ... die Gewissensfreiheit und alle alten Privilegien und Freiheiten weiterhin des Landesherrn Schutz genießen soll." Die Sachsen hatten es schwarz auf weiß und blieben dennoch skeptisch. Man wusste ja, Papier ist geduldig, und die Herrscher vergessen sehr schnell, wenn sie vergessen wollen.

Die Schwierigkeiten nahmen kein Ende. Als Kurfürst von Sachsen hatte Friedrich August das Amt eines Direktors im Corpus Evangelicorum, der Vereinigung der protestantischen Fürsten auf dem deutschen Reichstag, inne. Dieses Direktorium entschied über wichtige religiöse Fragen im Reich. Als katholischer Kurfürst konnte er dieses Amt nicht ausüben. Er zeigte sich einsichtig, wollte aber seinen Einfluss nicht verlieren. Daher übertrug er einem seiner Thüringer Vettern das Amt, später dem Herzog von Weißenfels. Und damit er, Friedrich August, auch künftig gut informiert blieb, ließ er alle wichtigen Fragen von seinem geheimen Konzilium in Dresden bearbeiten. Auf seine Kosten, versteht sich. Fürstenberg, dem Katholiken, verbot er, sich in die Angelegenheiten der Protestanten einzumischen. Geschickt hat er es angestellt, der Wettiner.

Rom versprach sich viel vom Übertritt des sächsischen Kurfürsten zum Katholizismus. Seit der Gegenreformation war Friedrich Augusts Glaubenswechsel sicher einer der größten Erfolge für die Papstkirche. Sie erwartete von ihm sichtbare Ergebnisse. Die Jesuiten drängten, angesehene Persönlichkeiten für den Heiligen Stuhl zu gewinnen, Kirchen zu bauen. Mit Recht. Der Kurfürst-König besaß nicht einmal eine katholische Kirche in seiner sächsischen Residenz. Es entbehrt nicht der Ironie, dass August der Starke ein Opern- und Ballhaus, eine weltliche Vergnügungsstätte, zur katholischen Kirche umbaute. Die Protestanten hätten dies mit Sicherheit als geschmacklos abgelehnt, hätte man ihnen eine solche Kirche zugemutet. Nicht der Vatikan, nicht die Jesuiten. Sie hatten einen längeren Atem, übersahen geduldig auch Missliches, wenn das Ganze gesichert blieb. Es kann Friedrich August nicht leichtgefallen sein, Protestanten und Katholiken gleichermaßen zufriedenzustellen, sich den Vorwürfen des Gottesstellvertreters auf Erden, des Papstes, und der protestantischen Kirchenleitung zu entziehen. Bot sich ihm Gelegenheit, sich zu empfehlen, nutzte er sie weidlich. Als die Schlosskapelle, die er Hauptkirche nannte, eingeweiht wurde, schrieb er einen Brief an den Papst. Wie er ihn formulierte oder formulieren ließ, ist ein Kunststück. Der Jesuit Carl Moritz Vota, der die Eröffnungspredigt in der Kapelle gehalten hatte, hätte das nicht besser tun können. „Mit der Hauptkirche, Heiliger Vater", schrieb der Kurfürst-König, „werde ich, fest entschlossen, unter den heiligen Auspizien (Oberhoheit) Euer Heiligkeit die katholische Religion in allen meinen Staaten wieder aufblühen lassen, meine Aufgabe keinesfalls für erledigt erachten. Diese Mutter wird für kurze Frist, wenn der Himmel seine Bemühungen segnet, viele Früchte haben.“ Herrlich diese blumenreiche unkonkrete Sprache. Sonst ist der Wettiner genauer.

Waren die Sachsen schwierig – die Polen standen ihnen nicht nach. Sie stritten mit Augusts Gefolge. Priester und Pfarrer beschimpften sich. In Warschau wurden fünf königliche Musketiere vergiftet. Zu einem ernsten Zusammenstoß zwischen Protestanten und Katholiken kam es im Juli 1724 in der polnischen Stadt Thorn. Dort waren die beiden Konfessionen bisher friedlich miteinander ausgekommen. Im Juli änderte sich das. Die Protestanten machten sich über den grell-farbigen Aufzug einer Prozession lustig. Götzenglaube war das für sie, Sinnesverwirrung, Irreführung. Gott sei Dank hatte sie ihr Luther davon befreit. Streng, einfach, ohne Gold, ohne Brokat, ohne Purpur und Seide, ohne Samt und Ewiges Licht, ohne Weihrauch und Marienbild sollte die Kirche sein. Nur der Glaube an das Wort der Heiligen Schrift zählte. Streit brach aus, Kot und Schlamm flogen durch die Luft, bald Steine. Die Katholiken waren in der Überzahl. Sie zwangen die Evangelischen auf die Knie. Und was schlimmer war, sie zwangen sie, die Monstranz zu küssen. Welche Beleidigung, welche Schmach für einen rechten Lutheraner! Was mit einer Lappalie begonnen hatte und mit ein wenig Vernunft hätte beendet werden können, wuchs zu einer ernsten Krise heran. Die Deutschen wollten sich die Erniedrigung nicht gefallen lassen. Eine zornige Volksmenge versammelte sich und beschloss, zum Jesuitenkollegium zu ziehen. Die Jesuiten sahen sich bedroht und wurden nervös. Sie schossen auf die Protestanten. Das Kollegium wurde gestürmt. Das im katholischen Polen! Schließlich kam es zum „Thorner Blutgericht!“. Das Warschauer Assessorialgericht sprach Todesurteile aus. Fürst Jerzy Dominik Lubomirski rückte im Auftrag der polnischen Regierung in Thorn mit zweitausendvierhundert Mann ein. Als er es verließ, war Ruhe. Dem Bürgermeister der Stadt und neun weiteren Bürgern wurden die Köpfe abgehackt.

Dieses Ereignis schlug europaweit Wellen. Die Herrscher bedienten sich schon damals jedes Mittels, falls es ihnen gelegen kam, um sich zu profilieren und den Gegner zu diskreditieren. Der König von Preußen zeigte sich aufs äußerste empört. Er schickte Truppen an die Grenze und drohte mit einem Einmarsch in Polen. Er nannte Friedrich August einen Verräter an der Christenheit, einen Protestantenfeind. Auch England protestierte. Voltaire prangerte die religiöse Intoleranz Polens an. Selbst Zar Peter verurteilte die Ereignisse scharf. Die Haltung, die der Kurfürst-König in diesem Konflikt eingenommen hatte, war tatsächlich zwiespältig. Er hatte das Gericht zugelassen. Sollte er nicht die Macht besessen haben, den Prozess niederzuschlagen, oder wenn schon nicht den Prozess, so doch zumindest die Vollstreckung der Todesurteile verhindern?

Auf dem Reichstag in Regensburg musste sich der Wettiner für die Thorner Ereignisse verantworten. Man warf ihm vor, dass er sein Begnadigungsrecht nicht wahrgenommen habe. Er behauptete, dass er nicht in der Lage gewesen sei, die Protestanten zu schützen. Nicht sehr überzeugend klang seine Verteidigung, als die protestantischen Fürsten über ihn herfielen und ihn verurteilten. War er nicht König in Polen?, warf man ihm vor. Regierte er nicht das Land? Dies waren schwere Stunden im Leben Friedrich Augusts. Er wusste, dass man ihn bewusst demütigte, er ahnte, dass vor allem die Hohenzollern die Fäden zogen.

Wie ist sein Verhalten zu erklären? Die Polen erwiesen sich seit Beginn seiner Regierungszeit als schwierig. Seine Position im Weichselland war schwach. Friedrich August brauchte Ruhe. Ihm lag daran, die Nachfolge seines Sohnes als

Der protestantischen Kirche ein Dorn im Auge: die Feste. Aufzug der Wagen und Reiter zum Damenringrennen im hölzernen Amphitheater westlich des Residenzschlosses 1709. Gemälde George Christian Fritzsche, 1710

König von Polen zu sichern und Reformen zu seinen Gunsten durchzusetzen. Was er begonnen hatte, das sollte auch nach seinem Tode in der sächsisch-polnischen Union fortbestehen und gedeihen. Er musste sich mit den Polen arrangieren. Sollte er sich wegen einiger Fanatiker erneut Feinde, zusätzliche Schwierigkeiten schaffen? Vernunft und Realitätssinn ließen es ihm geraten erscheinen, sich nicht einzumischen.

Auch in Dresden nahmen die Querelen kein Ende. In der „Geschichte der deutschen Höfe" berichtet Eduard Vehse, dass der Archidiakon Hermann Joachim Hahn einen Mann namens Laubler vom katholischen zum lutherischen Glauben bekehrt habe. Bald darauf bereute Laubler den Übertritt. Er geriet in Zorn und beschloss, sich an Hahn zu rächen. Er kaufte sich ein Seil, drei lange Nägel und auf dem Neustädter Jahrmarkt ein Messer. Damit ging er zu Hahn, der in der Nähe der Kreuzkirche wohnte. Hahn begrüßte ihn freundlich. Der Gast aber fragte, ob er den Spruch verstehe „Ein guter Hirte lässt sein Leben für seine Schafe". Hahn verstand nicht. Vielleicht blieb ihm keine Zeit dazu. Laubler knüpfte seinen Bekehrer auf. Als der Mord bekannt wurde, geriet ganz Dresden in Aufruhr. Die Fenster katholischer Wohnungen wurden eingeworfen.

Katholiken gerieten in Lebensgefahr, wenn sie auf die Straße traten.

Warum hatte er Nägel dabei?

„Es scheint, als ob der Mörder, wenn ihn der sel. Mann über den Saal und Gang in seine Studier-Stube führen sollen, und er mehr Gelegenheit darzu gehabt, die Creutzigung Christi mit ihm spielen, und daran sein gottloses Gemüth belustigen wollen."

August Christoph von Wackerbarth, Festungskommandant in Dresden und Generalintendant des Bauwesens, sah sich zu ungewöhnlichen Maßnahmen gezwungen. Zwei Regimenter Infanterie und zwei Regimenter Kavallerie rückten in die Residenz ein. Auf dem Altmarkt wurden Kanonen aufgestellt. Hochstehende Geistliche, darunter der protestantische Superintendent Ernst Valentin Löscher, erhielten Schutzwachen. Es sollte zu keinem Zwischenfall mehr kommen.

Zwei Jahre blieben die Kanonen auf dem Altmarkt, dann erst wurden sie weggeräumt. Laubler wurde am 18. Juli 1726 unter großer Anteilnahme der Bevölkerung öffentlich hingerichtet. Zwanzigtausend sollen zufrieden und begeistert zugeschaut haben, wie man den Mörder hängte.

Friedrich Augusts Übertritt zum katholischen Glauben hat Generationen beschäftigt. Historiker und Protestanten haben ihn einen Verräter genannt, ihn verurteilt, angeklagt. Er habe den festen Grund seines Lebens verlassen, habe mit seinem Konfessionswechsel Sachsen großen Schaden zugefügt. Oft waren es Protestanten, meistens Preußen, die den Stab über den Kurfürsten und König brachen. Dass den Preußen jedes Mittel recht war, um den sächsischen Nachbarn zu verunglimpfen, ist verständlich, denn für die Führung in Deutschland kamen damals nur zwei Herrscherhäuser in Frage: die Wettiner und Hohenzollern. Nur diese beiden Mächte, vielleicht noch Habsburg, hätten Deutschland zu einer politischen und wirtschaftlichen Einheit zusammenfügen können. Alle anderen, die Württemberger, die Hannoveraner, die Bayern, waren zu schwach. Je stärker man also den Sachsen verteufelte, desto kräftiger empfahl man sich selbst. Es war einfacher, einen König zum „Großen" zu machen, wenn der andere als „sittenloser Schwächling" galt. Wie stand Friedrich August zu den beiden Glaubensrichtungen?

Schon seine Erzieher klagten, dass er sich wenig für Religion interessierte, dass er vor der Lehre wenig Ehrfurcht zeigte. Auch später lässt sich nichts Genaueres zu Friedrich Augusts religiöser Einstellung sagen. Zur Kirche ging er, das Abendmahl nahm er ein. Besonders in Polen bemühte er sich, ein guter Katholik zu sein. Nahezu frech ist die Bemerkung des Sachsen, als man ihm bei der Krönung den Hostienteller hinhielt: „Man hat mir zu fressen und zu saufen gegeben, und nun macht man mich auch die Schüssel schlecken", soll er gesagt haben. Natürlich dürfte dies nicht wahr sein, natürlich, aber wie entstehen solche Histörchen, die sich über Jahrhunderte halten? Sie müssen wohl zu einem Menschen passen! Berichtet wird auch Folgendes: Friedrich Augusts Beichtvater machte August dem Starken wieder einmal Vorhaltungen, weil er zu viel soff und hurte. Zur Strafe, Pardon, Buße sollte der König zusätzliche Gebete sprechen und sie am Rosenkranz abzählen. Der Bestrafte antwortete, indem er den Rosenkranz seinem Hund um den Hals hängte.

Ein Fanatiker, ein religiöser Eiferer kann August der Starke niemals gewesen sein. Viel versprach er den Jesuiten, seinem Beichtvater Vota, wenig hielt er. Nie wurde seine Frau, nie wurden alle seine Minister und Offiziere katholisch, wie er es dem Papst zugesichert hatte. Schön ist diese Episode. Der Bischof von Raab war eifrig dabei, verlorene Soldatenseelen in den Schoß der katholischen Kirche zurückzuführen. Half das Wort nicht, griff er zum Wirkungsvolleren, zu

Weinbrand, zu Dukaten, zu kleineren und größeren Prämien. Als sein Geld ausging, fand sich kein Konvertit mehr ein. Der Bischof bat Friedrich August um finanzielle Unterstützung. Der Wettiner soll ihm gelassen geantwortet haben: „Lieber Vater! Ich habe meine Soldaten angeworben und bezahle sie dafür, aber ich verlange nicht, dass sie mir ihre Seele verkaufen. Ich überlasse es Ihnen, dafür zu sorgen, dass sie gut bekehrt sind."

Der Schriftsteller und Reisende Johann Michael von Loen, ein Kenner des Dresdner Hofes, bemerkte: „August, sagt man, habe die Religion verändert. Ich würde es zugeben, wenn ich gewiss wüsste, dass er zuvor eine gehabt hätte, er nahm nur eine an." Das ist zutreffend formuliert. Warum er sie annahm, wissen wir. Ohne Weihrauch und Absolution wäre Polen nicht zu haben gewesen. Belegt ist, dass der Kurfürst-König den Langröcken misstraute. In seinem politischen Testament stellt der Wettiner fest, dass es die Geistlichkeit liebe, sich in Staatsgeschäfte einzumischen. Sie begründe es damit, dass dies die Lehre fordere. August kümmerte sich wenig um die Lehre und erteilte seinem Sohn den Rat, den Herren mit dem goldenen Kreuz auf der Brust wenig Macht einzuräumen. Das hat der Sohn, August III., wenig beherzigt. Er hat gern gebetet und sich die Knie wund gestoßen.

Zeit seines Lebens hielt Friedrich August sein Versprechen, das er seinen Protestanten gegeben hatte. In Sachsen wurde niemand gezwungen, zum katholischen Glauben zu konvertieren. Friedrich August bemühte sich, beiden Konfessionen gerecht zu werden, ohne dass man ihm Gerechtigkeit widerfahren ließ. Insofern war der Kurfürst und König toleranter als seine strenggläubigen sächsischen Lutheraner und katholisch-orthodoxen Polen.

Eine Fürstin als Geliebte

Friedrich August war nicht der Mann, der sich von den Schwierigkeiten in seinen beiden Ländern aufreiben ließ. Er fand Freude und Genuss am höfischen Leben. Nach Maria Aurora von Königsmarck und der Wienerin Esterle verliebte er sich in eine dritte Frau, in Fatima.

Ihre Herkunft liegt im Dunkeln. Keine Quelle sagt zuverlässig aus, woher sie wirklich stammt. Wie sie an den Dresdner Hof gelangte, ist ebenfalls ungewiss, weil sich die Berichte widersprechen. Friedrich August persönlich, heißt es, habe sie im Feldzug gegen die Türken erbeutet. Andere wollen wissen, dass Feldmarschall Adam von Schöning, der auch gegen den islamischen Halbmond gekämpft hatte, Fatima nach Dresden mitgebracht hatte. Der alte Chronist August von Haxthausen schreibt in seinen Memoiren, dass Fatima bei der Erstürmung Ofens, eines Teiles von Budapest, von einem britischen Offizier gerettet worden sei. Der Brite habe sie dem Grafen Königsmarck übergeben. Mit ihm sei Fatima in den Norden gelangt, wo sich Maria Aurora des Mädchens angenommen habe. Das ist unwahrscheinlich. In der umfangreichen Korrespondenz Auroras wird Fatima nie erwähnt. Ihre Herkunft wird wohl für alle Zeiten nicht zu erfahren sein. Nur eins dürfte mit hoher Wahrscheinlichkeit stimmen: Fatima kam aus dem Süden, war vielleicht türkischer Abstammung.

Friedrich August könnte Fatima 1700/1701 näher kennengelernt haben. Haxthausen berichtet, dass der Kurfürst sie im Salon der Königsmarck getroffen habe. Hatte ihn Fatimas südliches Temperament entzündet, ihr schwarzes Haar, ihre dunklen Augen? August der Starke war ein fantasievoller Mensch. Er neigte dazu, sich Gutes wie Unangenehmes im Voraus auszumalen, im Kommenden vermochte er zu schwelgen. Stellte er sich Fatima als Tochter eines Sultans vor? In einem Zelt sei sie entdeckt worden, während draußen gekämpft wurde. Kostbare Ketten und schwere Armbänder hätte sie getragen und ein langes, mit Goldfäden durchwirktes Kleid. Sie selbst habe verraten, dass sie aus einem Herrscherhause stamme, in Palästen gelebt habe, in kühlen Gärten. – Lassen wir all diese Geschichten im Reich der Legende. Dort sind sie gut untergebracht.

Fatima wurde Friedrich Augusts Geliebte. 1702 gebar sie dem Wettiner einen Sohn und 1706 eine Tochter. Der Sohn wurde auf den Namen Friedrich August getauft. Er schlug die militärische Laufbahn ein und diente dem Prinzen Eugen von Savoyen, dem Österreich seine großen militärischen Siege gegen die Türken verdankte. Danach trat er in den sächsischen Dienst und veranlasste Militärreformen nach preußischem Vorbild. Der Hohenzoller Friedrich Wilhelm I. war darüber stark verärgert. „Die Kanaille hat uns alles abgestohlen“, schimpfte er.

Kurfürstlich liebte Friedrich August in Dresden; in Warschau ohne Geliebte zu sein war nicht königlich. Dass sie eine Dame aus bestem Hause sein musste, versteht sich. Hierin war der Sachse konservativer als mancher seiner Zeitgenossen. Der Kurfürst Imanuel von Bayern zum Beispiel hielt sich eine Bürgerliche als Mätresse. Und Zar Peter begnügte sich mit Mägden, Bürgerinnen und hochgestellten Damen. Friedrich Augusts Wahl fiel auf die verheiratete Lubomirska, deren Mann Jerzy Dominik Lubomirski dem Rang nach den deutschen Reichsfürsten gleichgestellt war.

Wenigstens die Liebe einer schönen Polin sollte den Sachsen erhöhen, denn allzu viel Erfolg hatte der König, nachdem er sich die polnische Krone aufgesetzt hatte, nicht aufzuweisen. Keinen kriegerischen Ruhm wie Jan Sobieski, den sich der Pole in mehreren siegreichen Kämpfen gegen die Türken erworben hatte, kein großes Stammland. Der polnische Adel ließ es ihn fühlen, hielt den König kurz. 1699 hatte der Reichstag in Warschau den Abzug der sächsischen Truppen aus Polen gefordert. Er gestattete dem König nur eine Leibgarde von zwölfhundert Mann. Nachdrücklich verlangten die Polen die eine Million, die ihnen Friedrich August versprochen hatte, drängten ihn, die verfallenen Festungen auf Sachsens Kosten herzurichten. Friedrich Augusts Gegner hielten ihm vor, dass er die Adelsrepublik zu wenig fördere, die sächsischen Räte bewiesen, dass zu viel Geld ins fremde Kronland fließe. Beide hatten Recht. Der Wettiner stand vor einem unlösbaren Problem. Mit Sachsens Geld allein waren die polnischen Wünsche und Forderungen nicht zu erfüllen. Und: Entzog er seinen Kurlanden zu viel, schwächte er sie, dann war seine Position in Sachsen und schließlich auch in Polen unsicher. Das war der zweite große Widerspruch, in dem er sich befand, größer als jener, der bei der Landveräußerung deutlich geworden war. Ihn zu lösen war ihm aufgetragen, wollte er „Polen in Flor" erblicken und Sachsen in Glanz erstrahlen lassen. Dass er das erstrebte, ist nicht zu bezweifeln. Sollte der Einfluss des Hauses Wettin in Deutschland und am kaiserlichen Hof in Wien steigen, wollte er Sachsen zum ersten Staat im Heiligen Römischen Reich Deutscher Nation machen, vielleicht gar Kaiser werden, dann musste er den polnischen Adel zur Mitarbeit gewinnen, seine eigene Macht in Polen festigen und mit Nachdruck regieren. Daher ging er vorerst den einzig richtigen Weg. Er warb um die polnischen Adelsgeschlechter, verlieh ihnen Ämter und Titel. Diese Ehren erfreuten. Auch in Polen wirkte, was Ludwig XIV. erfolgreich vorgeführt hatte, allerdings auf günstigeren Positionen: Man war etwas durch

Gräfin Ursula Katharina Lubomirska. Gemälde von Rosalba Carriera, o. J.

die Gunst des Königs. Seine Auszeichnungen zählten, seine Gnade erhob.

Polen zu regieren war schwerer, als Sachsen zu führen. Dass sich Friedrich August bis 1706 vorwiegend in Warschau aufhielt, bewies, dass er sich redlich bemühte, das Land nach seinen Vorstellungen zu gestalten. Er sprach nicht polnisch. Geschichte und Kultur des Landes waren ihm wenig vertraut, daraus ergaben sich weitere Schwierigkeiten. Andererseits war es nicht ungewöhnlich, dass führende Adelshäuser die Krone anderer Länder trugen. Zwischen den europäischen Dynastien bestanden enge Kontakte. Hausmacht- und Heiratspolitik hatten zu vielfältigen Verflechtungen geführt. Die Adeligen fühlten sich oft einander enger verbunden als dem Land, in dem er geboren war. Ungeachtet der territorialen Grenzen verfolgte er durchaus gemeinsame Ziele: Machtausübung, Unabhängigkeit von der zentralen Gewalt, wirtschaftliche Stärke, die einherging mit der Bedrückung der Landbevölkerung. Da man sich französisch verständigte, war die Kommunikation gesichert. Dem Adel bedeutete also die nationale Einheit weniger als seine Hausmachtpolitik.

August der Starke wollte nicht nur Erster unter Gleichen sein, er wollte unumschränkt regieren, den Staat zu einem ihm ergebenen Instrument machen. Dagegen wehrten sich die sächsischen Stände und mehr noch die Polen. Sie bestanden darauf, dass er die polnische Verfassung einhielt, den Willen der polnischen Adelsrepublik respektierte und den Beschlüssen des Reichstages nachkam. Den großen polnischen und litauischen Adelsfamilien waren Freiheit und Unabhängigkeit wichtiger als ein starker polnischer Staat, dem sie sich hätten unterordnen müssen. Daher blieb die Adelsrepublik in der staatlich-nationalen Entwicklung hinter Österreich, Brandenburg-Preußen und Russland weit zurück, die im ersten Drittel des achtzehnten Jahrhunderts ihre zentrale Gewalt festigten. Die Schwäche des polnischen Adlers sollte einige Jahrzehnte später zu einer nationalen Katastrophe führen: zur ersten Teilung Polens. Friedrich August hatte nicht die Macht, mit dem selbstbewussten, aufsässigen polnischen Adel fertig zu werden, obschon ihm Peter I. geraten hatte, was zu tun ist: „Nur etliche Köpfe der Großen herunter, ohne Zeitverlieren, denn ich weiß, was hilft!“ Der Russe hatte so gehandelt, der Sachse traute sich das nicht. Also blieb ihm vorerst nichts anderes übrig, als mit Glanz, Festen und Hofstellungen die Polen zu gewinnen, ihnen auf diese Weise seine Bedeutung vor Augen zu führen.

Das Warschauer Schloss erstrahlte im Licht, seit August II. regierte. Im tausendfachen Kerzenschein führte der polnische Adel seine Frauen und Mätressen zum Menuett auf das Parkett. In zierlichen Schritten bewegten sich die Schönen. Der Champagner perlte in geschliffenen Gläsern. Herren in Wadenstrümpfen und Kniehosen parlierten. Die Damen lächelten und ließen ihre japanischen Fächer sprechen. Was lag näher, als dass sich Friedrich August eine polnische Geliebte suchte, um seine Verbundenheit mit Polen vorzuführen? Wenigstens darin widersetzten sich die Polen ihrem König nicht. Im Gegenteil: Sie sahen es gern, dass er einer Polin den Hof machte.

Die Geschichte, wie Ursula Katharina, geborene von Boccum, und Friedrich August aufeinander aufmerksam wurden, ist rührend. Sie lässt die Herzen schneller schlagen. August der Starke liebte Ritter- und Kampfspiele. Sie fanden auch in Warschau zur Erbauung des Hofes statt. In klassischen Rüstungen und Schuppenpanzern zeigten sich die Lanzenreiter. Der König ließ es sich nicht nehmen, auf diesen Turnieren, die Mut und Geschicklichkeit erforderten, vor den Polen zu brillieren. Bei einem solchen Turnier passierte ein Unglück, das sich im Nachhinein als wunderbarer Zufall erwies. Dem Wettiner, von seinen Zeitgenossen übereinstimmend als guter Reiter bezeichnet, ereilte ausgerechnet in Polen ein Missgeschick. Er stürzte vom Pferd und lag eine Weile benommen da. Als er zu sich kam, sah er, wie man sich um eine Dame mühte, die zwar nicht vom Pferd, aber in Ohnmacht gefallen war. Berichtet wird auch, dass Katharina vorausgesehen hätte, dass der Sachse stürzen würde. Deshalb sei sie schon vorher zu Boden gesunken, und Friedrich August habe das wohl bemerkt. War er vielleicht deshalb beim Reiten unachtsam gewesen, weil ihm die Polin gefallen hatte? Dort lag sie und fürchtete um sein Wohlergehen. Sie musste die Richtige sein.

Das Wunder begann zu wirken. Die beiden waren füreinander geschaffen. Das erste Stelldichein versprach es. Es war Karnevalszeit. Sie trafen sich in einem Kloster, der König als Kapuzinermönch verkleidet, sie unter undurchsichtigem Schleier, so berichtet es Karl Ludwig von Pöllnitz in seinem romanhaften Buch „La Saxe Galante", das voller Erfindungen ist und zum Ausgangspunkt vieler Legenden wurde. Die Lubomirska war einem strengen und hochfahrenden Mann angeehelicht, dem polnischen Fürsten Lubomirski, war die Nichte des Primas Radzijewski, des erbitterten Gegners des Wettiners vor dessen Wahl zum polnischen König. Radzijewskis Stillschweigen nach Friedrich Augusts Einzug in Warschau musste nicht ewig dauern. Was, wenn er auf der Kanzel gegen den König predigte, ihn des Ehebruchs bezichtigte? Sie waren mächtig, die polnischen Kirchenmänner, schon damals hatte es die Obrigkeit zu bedenken, wenn die Gläubigen zum Aufruhr aufgefordert wurden. Vielleicht aber hatte auch jemand die Ohnmacht der Katharina inszeniert, vielleicht versprachen sich adlige Kreise aus der Beziehung zwischen Friedrich August und der Polin Vorteile, Kenntnisse, Ämter. So anders war der polnische Adel nicht als der sächsische. Was die Sachsen nicht erreichten, gelang den Polen.

Die beiden trafen sich oft. Bald fiel ihre Vertrautheit auf, und der Familienskandal war perfekt. Der Fürst machte Schwierigkeiten. Er war von anderem Holz als Esterle. Er ließ sich nicht mit Talern abfinden. Davon hatte er genug. Der Ehebund war fürs ganze Leben und vor Gott besiegelt worden. Der Fürst beschloss, dem Warschauer Hofleben zu entsagen und sich auf sein ländliches Schloss zurückzuziehen. Katharina weigerte sich, ihm zu folgen und auf die Freuden des neuen Lebens zu verzichten. Sie liebte Friedrich August. Aus solchen Verwirrungen und Schwierigkeiten fand nur eine einen Ausweg: die große Mutter der Gläubigen, die katholische Kirche. Der Vater der Sündigen und Stellvertreter Gottes auf Erden, der Papst, verantwortete es, den Bund vor Gott zu scheiden.

Katharina und Friedrich August hatten hinfort schöne Tage. Friedrich Augusts sächsisches Französisch klang lieblich in ihren Ohren. Der König war von ausgesuchter Freundlichkeit und Höflichkeit. Sie ritten in polnischen Wäldern und gingen auf Jagd. Die Polen waren zufrieden. Der Sachse feierte gern mit ihnen. Friedrich August wird das Polenland etwas weniger schwierig erschienen sein, als er die Lubomirska liebte, die er - nachdem sie ihm einen Sohn geboren hatte - vom Kaiser Leopold I. zur Fürstin von Teschen ernennen ließ. Ihr zeigte er seine Residenz und sein Sachsen. Beides muss ihr gefallen haben, als die Liebe zu Ende war, zog sie es vor, vorerst in Sachsen, in Dresden zu bleiben. Friedrich August stand in ihrer Schuld. Sie hatte ihm eine Viertelmillion Taler geliehen und dafür die Herrschaft Hoyerswerda erhalten. Sie soll August ermutigt haben, sich gegen die Polen stark zu machen. Der Wettiner nahm seine sächsischen Truppen nicht aus Polen zurück, wie es der Reichstag gefordert hatte, sondern schickte sie nach Livland. Schnell sollte Europa erfahren, was sie dort vorhatten.

Dem sächsischen Adel, der von der polnischen Mätresse erfuhr, stieg die Galle hoch. Einer Schwedin hatte der Kurfürst den Hof gemacht, einer Wienerin, einer Orientalin und jetzt einer Polin. Waren ihm die sächsischen Töchter nicht gut genug? Überhaupt verübelte man es ihm, dass er Sachsen vernachlässigte und es von einem katholischen Statthalter, Fürstenberg, regieren ließ.

Wenn es stimmt, dass die Polinnen nicht nur schön, sondern auch gescheit sind, dann dürfte die Fürstin von Teschen auf Friedrich Augusts Politik Einfluss genommen haben. Sie gehörte zu jenen Frauen, die tieferen Anteil an seinem Schicksal nahmen. Als der Sachse gegen Schweden in den Krieg zog, begleitete sie ihn mehrere Male und nahm die Strapazen des Feldzuges auf sich.

1704 gebar die Lubomirska August dem Starken einen Sohn. Sie nannte ihn Johann Georg, eingedenk der seligen anderen vier Johann George, die Sachsen vor August regiert hatten. Bekannt wurde er unter dem Namen „Chevalier de Saxe“ und als Militär. Als Friedrich II. die sächsische Residenz im Siebenjährigen Krieg zusammenschießen ließ, erwarb der Feldmarschall für Sachsen keinen Siegeslorbeer.

Der Lubomirska erging es wie ihren Vorgängerinnen. Sie wurde aus ihrem Amt als Mätresse entlassen. August dem Starken ging eine neue Liebe auf: Die Zeit der Gräfin Cosel begann. Ursula Katharina heiratete heimlich den Prinzen Friedrich Ludwig von Württemberg, der zehn Jahre jünger war als sie. Nach seinem Tode - er fiel als Soldat - zog es sie wieder öfter nach Dresden, was August dem Starken durchaus willkommen war. Damit war sie nach ihrer Liaison ebenso geduldet wie Fatima, der Friedrich August persönlich einen Mann aussuchte, seinen Kammerdiener Spiegel, den der Wettiner später adelte. Der Kurfürst soll selbst dann Madame von Spiegel des Öfteren besucht, gelegentlich sogar nach Warschau gebeten haben.

Der Nordische Krieg

Am Neujahrstag 1699 trafen sich in der Zitadelle von Grodno (heute in Westen Weißrusslands gelegen, damals polnisch) Friedrich August und Johann Reinhold Patkul, der König von Polen und der adlige Livländer, ein Herrscher und ein von Schweden durch Europa Gejagter. Patkul, in Schweden zum Tode verurteilt, ein entschiedener Gegner der schwedischen Krone und ihrer absolutistischen Bestrebungen, war Sprecher des baltischen Adels, dem die schwedische Besetzung nicht behagte. Die Zusammenkunft dauerte anderthalb Stunden. Was im Einzelnen verhandelt wurde, blieb unbekannt. Nicht das Ergebnis und die Folgen.

Tags darauf überreichte Patkul dem Wettiner eine Denkschrift. Darin wurde zum Kampf gegen Karl XII. aufgefordert und den Sachsen und seinen Verbündeten, Dänemark und Russland, ein leichter Sieg in Aussicht gestellt. Nach nicht sehr rühmlichen Feldzügen des Kurfürsten gegen die Türken in den Jahren zuvor musste den König eine solche Voraussage locken. In der Denkschrift wurde als erstes Angriffsziel Riga vorgeschlagen, das die Schweden besetzt hielten. Eigenhändig hatte Patkul den Grundriss der Festung aufgezeichnet, als Orientierungshilfe für die Kämpfer.

Schweden hielt um die Jahrhundertwende Territorien besetzt, die gleich mehrere Mächte beanspruchten. Die Dänen wollten Schleswig. Die Preußen hatten nur Zugang zur Ostsee über Pommern, die Mündungen von Oder und Elbe waren in schwedischer Hand, auch Rügen, Wismar und Stralsund. Das zu korrigieren war Brandenburgs Ziel. Russland sann auf das südliche Ufer der Ostsee, auf das Baltikum. Auch das war nur von Schweden zu haben. Nahezu völlig vom Meer war die sächsisch-polnische Union abgeschnitten, die wenigen Zugänge unsicher. Gründe zum Kampf gegen Schweden gab es demnach genug, und für August den Starken besonders. Er hatte den Polen bei der Krönung in der Pacta conventa versprochen, Liv- und Estland zurückzuerobern, das die Schweden seit dem Frieden von Oliva 1660 für sich beanspruchten. Ein Sieg hätte ihm vielleicht die Hegemonie im europäischen Nordosten gebracht. Erneut kam es zu einem Treffen. Diesmal waren es drei, die zusammenkamen: der Russe Peter I., Friedrich August und Patkul. Als sie sich trennten, war ein folgenschwerer Beschluss gefasst. Die südlich der Ostsee von den Schweden besetzten Gebiete erschienen ihnen eine leichte Beute. Auch der dänische König schloss sich dem nordischen Bündnis an. Er gedachte in Holstein und Norwegen einzufallen. Der König von Schweden war kaum achtzehn Jahre alt. Man hielt ihn nicht für fähig, große kriegerische Leistungen zu vollbringen. Man irrte sich wie meistens, wenn es um Eroberungen ging. Heimlich wurde mit der Vorbereitung des Krieges begonnen.

Flemming, der Königsmacher von Warschau, erhielt den Oberbefehl über die sächsischen Truppen. Am 12. Februar 1700 drangen sächsische Truppen in Livland ein. Die Schweden wurden vom Angriff überrascht, der auf die Festung Riga vorgetragen wurde. Ihr Fall schien bevorzustehen. So hoffte August. Allein – es kam anders. Die Schweden leisteten hartnäckigen Widerstand. Der polnische Adel war nicht mehr so begeistert, dass der König sein Versprechen einzulösen gedachte. Er war über den Sachsen erbost. Der Wettiner hatte Krieg begonnen, ohne die Republik zu fragen, was die Verfassung ausdrücklich verbot. Dennoch wollte er ihre Hilfe und ihre Kampfkontin-

Schlacht bei Narva mit Bildnis Karls XII. Radierung von Romeyn de Hooghe, um 1700

gente. Nachträglich verweigerten sie ihre Zustimmung zum Krieg und waren nicht bereit, Schweden offiziell den Krieg zu erklären. Auch der livländische Adel, vor die Tatsache gestellt zu kämpfen, versagte dem polnischen König militärische Unterstützung. Statt energisch vor Riga nachzusetzen, zögerten die Angreifer, stritten mit den Polen und Balten – Zeit für Schweden, Nachschub herbeizuholen und den Kampf auch gegen die Dänen zu eröffnen, die Karl den Krieg erklärt hatten.

Am 16. August traf Friedrich August persönlich auf dem Kriegsschauplatz ein. Am 21. August stand er mit weiteren Truppen vor Riga. Er forderte den schwedischen Kommandanten auf, die Festung zu übergeben. Der tat ihm nicht den Gefallen. Der Angriff begann. Er war miserabel vorbereitet. Den Sachsen fehlten weitreichende Geschütze, um die Festungsmauern zu zertrümmern. Bald ging den Angreifern das Pulver aus, die Kugeln wurden knapp. Im September wurde die Belagerung ergebnislos abgebrochen. Friedrich August kehrte nach Warschau zurück und ließ die Truppen ins Winterquartier ziehen. Wieder war der Feldherrenlorbeer dürr geraten. Der achtzehnjährige König war über den Rückzug erfreut. Er war inzwischen mit fünfzehntausend Mann bei Kopenhagen gelandet. Dänemark musste Frieden schließen, noch ehe der Krieg richtig begonnen hatte. Damit besaß Karl XII. nahezu freie Hand. Im November tauchte er überraschend vor der Festung Narva auf, die von russischen Truppen belagert wurde. Ehe sich die Russen besannen, war ihre Niederlage perfekt, die Artillerie verloren gegangen. Peter floh. Russland schien für lange Zeit geschwächt und unfähig, einen Krieg zu führen. So dachte Karl. Auch er sollte sich irren.

In Polen indessen hatten sich die Fronten endgültig verhärtet. Wieder einmal! Die Mehrheit des Reichstages forderte die Beendigung des Krieges, die Minderheit die Fortführung. Friedrich Augusts alte Gegner witterten eine Chance, den Sachsen loszuwerden. Sie versagten ihm jegliche Unterstützung. Das hätte für den König ein deutliches Signal sein müssen, die Lage zu überdenken.

Es ist unverständlich, warum Friedrich August dennoch den Krieg fortführte. Die Dänen waren besiegt, Peter I. auch, Brandenburg-Preußen, das Friedrich August zu gewinnen versucht hatte, war nicht in den Krieg eingetreten. Warum schloss der Kurfürst-König nicht Frieden, der vielleicht zu diesem Zeitpunkt noch möglich gewesen wäre? Verpflichtet war er den Polen nicht mehr, denn auch sie hatten ihn im Stich gelassen. Also warum? Es kann nur eine Erklärung geben, die freilich Vermutung bleibt. Er muss sich maßlos überschätzt haben, muss von einer unglücklichen Ruhmsucht befallen gewesen sein, muss auf sein Kriegsglück gehofft haben wie ein Spieler.

Vom russischen Zaren ermuntert, der die Schweden mit Hilfe Friedrich Augusts besiegen wollte, begann die zweite Runde des Krieges, die dem polnischen König nichts als Niederlagen einbrachte. Danach erst war er bereit zu verhandeln.

Als sich August der Starke in diesen Schwierigkeiten befand, trat seine erste Geliebte von Rang, Maria Aurora von Königsmarck, erneut in sein Leben. Diesmal als weitsichtige Frau, bereit, alles zu versuchen, um den Krieg zu beenden. Sie hielt sich im Winter 1701/02 in Breslau auf. Dort erreichte sie die Nachricht von der Niederlage des Wettiners bei Riga und vom Vormarsch Karls XII. auf Warschau. Sie reiste in die Hauptstadt. Friedrich August empfing sie. Beredet wurden der Krieg und dessen Ende.

Am 29. Dezember 1701 verließ die Schwedin die polnische Residenz. Nur wenige Eingeweihte wussten von ihrer Mission. Ihr Ziel war das schwedische Kriegslager. Wo es sich genau befand, war unbekannt, wo sich Karl XII., Friedrich Augusts Vetter, aufhielt, wusste sie nicht.

Die Reise war beschwerlich, zumal für eine Hofdame. Der polnische Winter war kalt, der Schnee lag hoch. Die Straßen waren unsicher, Wegelagerer lauerten allerorten. Sie musste durch schwedisch besetzte Gebiete. Und mit sich führte sie Briefe, darunter vom polnischen König eigenhändig geschriebene Briefe verräterischen Inhalts. Immerhin war August der Starke Russlands Verbündeter; immerhin hatte er sich verpflichtet, gegen Schweden zu kämpfen, bis zu Karls Vernichtung, bis zum gemeinsamen Sieg. Und nun konspirierte er hinter dem Rücken des Zaren. „Ohne den geringsten Widerwillen schreibe ich Eurer Majestät“, ließ Friedrich August seinen Vetter wissen, „und erneuere den seit einiger Zeit unterbrochenen Briefwechsel. Dieser Schritt wird Ihnen ungewöhnlich scheinen wegen der noch zwischen uns obwaltenden Spannungen (eine einfallsreiche Umschreibung für Krieg, R.D.), welche einige unruhige und eigennützige Menschen zur Beförderung ihrer Privatinteressen zu verlängern wünschen." In diesem Brief beschimpfte der polnische König und Kurfürst von Sachsen seine treulosen Untertanen, die polnische Republik und jene, die aus „unserem Zwist" Vorteile ziehen möchten. „Diese Gründe veranlassen mich", versicherte er seinem lieben Verwandten, „Ihnen selbst Friedensanträge zu machen, in der Hoffnung, daß die Vorteile unserer Wiedervereinigung solche sehr erleichtern werden, indem sie uns für jeden durch den Krieg erlittenen Verlust entschädigen."

Maria Aurora fand nach langem Suchen das schwedische Lager. Es befand sich in Kurland bei Mittau. Der Minister Karls, Graf Carl Piper, für den sie ebenfalls Nachrichten mitführte, empfing sie. Für Piper gab es keinen Zweifel. Der polnische König bot seinem Souverän Frieden an, und diese Frau war berechtigt, im Auftrage Friedrich Augusts mit seinem Herrn zu reden. „Ich bitte Sie", konnte er lesen, „allen Zusicherungen, welche Ihnen die Gräfin Königsmarck in meinem Namen macht, Vertrauen zu schenken." Das war eindeutig. Piper, dem der Krieg zuwider war und der Karl empfohlen hatte, ihn zu beenden, versprach Aurora Unterstützung.

Die Geschichte hat ihre Zufälle. Sie laufen oft der Vernunft entgegen. Oft geben persönliche Wünsche und Ambitionen einzelner Persönlichkeiten, vorausgesetzt, sie besitzen Macht, Armeen und Kanonen, der Zeit Richtung und Ziel. Karl XII., den seine Biografen als Frauenverächter dargestellt haben, weigerte sich, Maria Aurora von Königsmarck zu empfangen. Er nahm Friedrich Augusts Friedensangebot überhaupt nicht zur Kenntnis. Einem Brief an Ludwig XIV. ist zu entnehmen, dass er den Friedenszusicherungen des polnischen Königs misstraute. Man würde „zuletzt betrogen" sein. Karl wollte den Verbündeten Russlands besiegen, um danach nach Moskau zu marschieren. Maria Aurora ließ sich nicht entmutigen. Stets hatte sie sich für Frieden zwischen Sachsen und Schweden eingesetzt. Bekannt ist ihre Empfehlung an August den Starken, „den Frieden dem zweifelhaften Erfolg des Krieges vorzuziehen". Den Polen als Augusts Verbündeten traute sie nicht. „Binnen kurzem werden Sie sehen", schrieb sie an Friedrich August, „welcher Verlass auf die Polen ist. Hüten Sie sich, von ihnen betrogen zu werden."

Maria Aurora griff zur List, um Karl zu einem Gespräch zu zwingen. Karls Biografen berichten, dass sie den König in einem Hohlweg erwartete, durch den er zu reiten pflegte. Als er sich der Kutsche näherte, in der sie auf ihn wartete, stieg die Gräfin aus und stellte sich ihm in den Weg. Er jedoch zog nur den Hut und ritt davon. Voltaire meint in seinem Buch über Karl XII., nicht ohne Sarkasmus: „Alle Reize der Weiblichkeit waren bei einem Mann, wie dem König von Schweden, verloren... So gewann die Gräfin auf ihrer Reise nichts als die Genugtuung, sich einbilden zu können, der König von Schweden fürchte nur sie..."

Friedrich August, unzufrieden mit dem Scheitern der Mission, schickte einen seiner Minister mit neuen Friedensangeboten zu Karl. Die Antwort des Schweden war unmissverständlich: Er ließ Augusts Unterhändler Vitzthum von Eckstädt auf der Festung Riga einsperren. Ein späteres Friedensangebot des Zaren lehnte der schwedische König ebenfalls ab. Bekannt geworden ist seine Antwort: „Ich verhandle grundsätzlich nur in den Hauptstädten meiner Feinde, ich werde also die Gelegenheit haben, in Moskau auf die Vorschläge des Zaren zurückzukommen."

Maria Aurora verließ Polen und kehrte nach Sachsen zurück. Ihr Misserfolg wurde bekannt.

Dafür erntete sie Spott und Gelächter. Der preußische König sah sich genötigt, sie an ihre Pflichten als Pröbstin zu erinnern. Sie versuchte sich in ihrem Amt. Die adligen Damen mochten die Schwedin nicht. Aurora war ihnen zu weltlich. Der Geruch von Abenteuer umgab sie.

1704 starb die Äbtissin des Stifts. Damit war das Aurora von Preußen zugesagte Amt frei. Es schien, als sollte sich ihr Wunsch doch noch erfüllen, eine angesehene Stellung zu erhalten, die ihr die nötigen Einkünfte sichern würde. Während sie hoffte, formierten sich ihre Gegner. Als sie wieder einmal auf Reisen war, wählten die Stiftsdamen eine andere zum Oberhaupt. Aurora protestierte. Es protestierte auch der Kaiser, auch Friedrich I., sie alle erklärten die Wahl für ungültig. Es half nichts. Aurora wurde niemals Äbtissin in Quedlinburg.

Nach ihrem Tod im Frühjahr 1710 hinterließ Maria Aurora von Königsmarck in einer Schatulle zweiundfünfzig Taler, zehn Groschen, acht Pfennig und eine Kette. Das Geld reichte nicht für ein standesgemäßes Begräbnis. Eins war ihr aber gelungen. Der Kurfürst-König hatte ihren Sohn als den seinen anerkannt. Als Marschall von Frankreich ging der begabte Feldherr unter Ludwig XV. in die Geschichtsbücher ein.

Der Nordische Krieg indessen dauerte nach ihrer Rückkehr aus Polen an. Bei Klissow unweit von Krakau kam es im Juli 1702 zu einer denkwürdigen Schlacht. Auf der sächsisch-polnischen Seite standen dreißigtausend Mann, darunter zehntausend Mann polnische Reiterei, den Schweden gegenüber. Angeführt wurden die Polen von dem Krongroßhetman Hieronim Lubomirski. Zwischen den Gegnern lag ein Sumpfgebiet. Die sächsische Artillerie eröffnete das Feuer. Die Kugeln flogen nicht weit genug. Sie versanken im Sumpf und richteten keinen Schaden an.

Bevor es zum entscheidenden Kampf kam, der anfangs für die Sachsen und Polen nicht erfolglos verlief, verließen die polnischen Soldaten ihre Stellungen und nahmen Reißaus. Johann Matthias von der Schulenburg, Oberkommandierender der Infanterie, verhinderte, dass die sächsischen Truppen gänzlich aufgerieben wurden. Die Schweden, stark an Zahl unterlegen, gewannen die Schlacht. Zweitausend Sachsen starben, elfhundert gerieten in Gefangenschaft (Friedrich Augusts mitgeführtes Tafelsilber fiel den Schweden in die Hände und die mitgereisten Damen in schwedische Soldatenarme). Schadenfroh berichten die Berliner „Ordinari- und Postzeitungen“ am 26. Juli 1702, „daß zwischen der schwedischen und sächsischen Armee, nachdem die Polen den Anfang des Ausreißens gemacht, in die Flucht geschlagen und den rechten Flügel in Confusion gebracht, wobey der General Flemming und der General Steinau tödtlich blessirt seyn sollen. Den König kann man dato nicht finden, und wird vermuthet, daß er sich incognito umb die Grentzen von Schlesien aufhalten soll“.

Seit Klissow hetzte Karl XII. August den Starken durch Polen. Wo die Sachsen auch auftauchten, sie verloren. Als August II. die polnische Hauptstadt räumte, öffneten die Warschauer dem Schweden die Tore. Die Absicht des Schwedenkönigs wurde deutlich: Frieden mit Polen, aber ohne Friedrich August als König von Polen. Der letzte Versuch, Krakau zu halten, misslang. Die Opposition gegen den Wettiner in Polen wuchs. Der Reichstag war nicht bereit, den König zu unterstützen. Dass es August dennoch gelang, große Teile des polnischen Adels zu einer Konföderation gegen die Schweden zusammenzuschließen, spricht von seinem diplomatischen Geschick. Klug nutzte er die Unzufriedenheit der Polen mit den Schweden aus, die das Land verwüsteten, Städte in Asche legten und die Dörfer ausplünderten. Den polnischen Reichstag brachte er nicht auf seine

Der entschiedenste Gegner Friedrich Augusts: König Karl XII. von Schweden. Gemälde von David von Krafft, 1700

Seite. Der Reichstag trat im Februar 1704 zusammen. August der Starke wurde „zum Feind des Vaterlandes“ erklärt, und eine Minderheit sprach ihm die polnische Krone ab. Der Wojewode von Poznán, Stanislaw Leszczynski, ein Mann der polnisch-französischen Partei, wurde unter dem Druck Karls XII. im Oktober 1705 zum polnischen König gewählt. Er verpflichtete sich, gemeinsam mit Schweden gegen Russland und Sachsen zu kämpfen. Friedrich August war nicht ohne Anhänger. Sie bildeten eine Gegenpartei, verbanden sich mit Russland und erklärten ihrerseits Karl XII. den Krieg. Wieder einmal war die Adelsrepublik gespalten.

Das übrige Europa, das sich mit dem Spanischen Erbfolgekrieg noch einen zweiten Krieg leistete, schaute mit Genugtuung zu, wie der schwedische König seinen Vetter in Atem hielt. Auch der Kaiser, um die spanische Erbfolge mit Frankreich kämpfend, sah zu, wie der Sachse gebeutelt wurde. Offenbar hatte der Habsburger vor dem jungen Schweden Angst. Als der päpstliche Nuntius Kaiser Joseph kritisierte, weil er den Forderungen Karls nachgekommen war, die Protestanten im österreichischen Schlesien frei und ungehindert den Glauben ausüben zu lassen, antwortete ihm die Majestät: „Ich bitte Euch, Monsignore, ... wenn dieser Schwedenkönig verlangt hätte, dass ich selbst zum Luthertum übertrete, ich weiß nicht, was ich getan hätte, um meine Länder vor ihm zu bewahren!“ Und Preußen, inzwischen seit 1701 Königreich, verhielt sich weiterhin neutral. „Wie der König von Polen seinen Krieg ausführen wirdt, da laße ich ihn führ sorgen“, schrieb der König Friedrich I. und fuhr fort: „... und bin zufrieden, dass ich nicht darmit zu tun habe, den ich will stille sitzen und zusehen.“ An dieser Haltung wird ein wesentlicher Zug preußischer Politik gegenüber Sachsen deutlich, der sich in den folgenden Jahren noch verstärken wird. Den Hohenzollern erschien es wichtiger, den südlichen Nachbarn am Boden zu sehen, als die von Schweden besetzten Flussmündungen der Elbe und Oder zu erobern. Brandenburg-Preußen setzte auf die kommende Zeit und auf günstigere Bedingungen.

August der Starke kehrte nach Sachsen zurück. Militärisch war er am Ende. In seinem Stammland erwartete ihn Verbitterung. Eine Medaille zeigte einen Bauern, wie er seine Frau auf einem Karren zu Markte fuhr. Zu lesen war auf dem Metall: „Ich fahre Sachsen nach Polen.“

In Sachsen war die Lage ernst. Die Schweden bedrohten das Kurfürstentum. General Matthias Johann von Schulenburg sollte die Gefahr abwenden und sich den Schweden entgegenstellen. Der Auftakt war schlecht. Als ein Truppenkontingent Dresden verließ, kam es zu einer Meuterei. In einer Einheit Franzosen, die angeworben worden war, zertrat ein Grenadier sein Gewehr. Ein Offizier spaltete ihm mit dem Säbel den Rücken. Da legten am Stadttor weitere Grenadiere die Gewehre nieder. Oberst Ponty gab den Offizieren Befehl, auf die Soldaten zu schießen. Die Grenadiere waren schneller. Sie legten die Gewehre auf die Offiziere an, zögerten jedoch mit dem Schießen. Die Offiziere wurden Herr der Lage und zwangen die Männer zum Weitermarsch gegen die Schweden.

Bei Fraustadt (Wschówa) kam es am 3. Februar 1706 zur entscheidenden Schlacht. Was die Offiziere und Minister, Friedrich Augusts engste Vertraute, befürchtet, aber nicht zu glauben gewagt hatten, trat ein. Obwohl sich Schulenburg mühte, die schwedischen Verbände aufzuhalten, gelang ihm das nicht. „Ein feste Burg ist unser Gott", sangen die Schweden, „macht alles nieder", schrien die sächsischen und russischen Korporale, „mit Gottes Hilfe zum Sieg" antworteten die Schweden. Als der Pulverdampf der sächsischen Artillerie verzogen war, standen die Schweden vor Sachsens Verteidigern. Die Kavallerie am linken Flügel flüchtete, ohne einen Schuss abzugeben, ihnen folgten die Berittenen an der rechten Flanke. Die schweizerischen und französischen Kontingente – 2 400 Mann – liefen zum Gegner über.

Die Ursache für die vernichtende Niederlage sah Schulenburg so: „Unter den sächsischen Truppen ist keine Spur von Ehrgefühl; der Dienst geschieht ohne Zuneigung, ohne Eifer, ohne Kraft, ohne Übung, ohne Kenntnis und Subordination." Warum auch? Viele der Soldaten waren zwangsrekrutiert worden. Viele Adlige, die sie befehligten, verstanden besser die Uniform zu tragen, denn Verbände zu führen. Oft wurde der Sold nicht ausgezahlt. Die Kampfmoral war schlecht.

Die Schweden marschierten im August in Sachsen ein, ohne auf Widerstand zu stoßen. Der Geheime Rat hatte gegen den Befehl Friedrich Augusts, der sich in Polen aufhielt, beschlossen, Sachsen nicht zu verteidigen. Er stimmte dem Waffenstillstand zu, ohne das Einverständnis des Kurfürsten einzuholen. Als Friedrich August die Bedingungen erfuhr, die seine Unterhändler ohne seine Billigung ausgehandelt hatten, war er erbost. Man hatte sich über seinen Befehl hinweggesetzt, Sachsen zu verteidigen. Dass dies geschehen konnte, spricht für seine Schwäche zu diesem Zeitpunkt. Er war tief getroffen, „... ich will den Frieden zerreißen und die Fabricanten auf Königstein setzen lassen", drohte er. Und: „Wenn ich im Thurm gesessen hätte, so hätte ich keinen schlimmeren Frieden machen können."

Das Jahr 1706 brachte die schmerzlichste Niederlage, die der Kurfürst in seinem Leben hinnehmen musste. Von Polen war der Krieg ausgegangen, nach Sachsen kehrte er zurück. Das war bitter für Friedrich August, der von großen Siegen geträumt hatte. Dass ihn die Polen nicht besonders liebten und den Krieg nicht zu ihrem machten, obschon er auch für sie geführt wurde, war verständlich, dass es aber einige sächsische Dörfer und Städte gab, die seinen Feind, den Schwedenkönig, mit Glockengeläut begrüßten, muss den Kurfürsten verletzt haben. Mit dem Geläut hießen die Menschen Karl XII. als Protestanten willkommen, als Beschützer ihres Glaubens. Sie sahen in ihm den Nachfolger Gustav Adolfs, der auf der Seite der Protestanten im Dreißigjährigen Krieg gegen die katholischen Kaiserlichen gekämpft hatte und für Luthers Glauben und Schwedens Krone gefallen war.

Karl umging die größeren sächsischen Städte, auch Dresden. Seine Soldaten waren erschöpft, zerlumpt, hungrig. Er konnte sie nicht mehr ernähren. Schweden war nahezu ruiniert. In Altranstädt, unweit von Lützen, wo Gustav Adolf begraben lag, schlug der König im Schloss sein Feldlager auf. Dort erhielt er weitere Vorschläge von Friedrich August zu einer Friedensregelung. Der Kriegsheld aus dem Norden lehnte sie ab. Er behielt sich vor, dem Vetter seine Bedingungen zu diktieren.

Der Frieden von Altranstädt war hart für den Sachsen und sein Volk. Der Sieger bat Friedrich August zu sich, was als Befehl zu verstehen war. Leicht wird dem Sachsen der Weg zu Karl nicht gefallen sein, zu dem jungen Schweden, vor dem Europa zitterte. Dachte der Kurfürst daran, wie ihn sein Vater gedemütigt hatte? Seine Unterhändlerin Aurora hatte er nicht empfangen, Vitzthum hatte er einsperren lassen. Elegant gekleidet, im Rock aus blauem Samt, die Unterarme in Spitzenmanschetten, an der Seite einen mit Brillanten besetzten Galanteriedegen, gepudert und gesalbt, erschien der Sachse am 17. Dezember vor Karl. Er wollte seinen schwedischen Vetter mit Liebenswürdigkeit und Charme gewinnen. Daraus wurde nichts. Karl XII., der dafür berühmt war, dass er kaum aus den Stiefeln kam, hatte sich nicht die Mühe gemacht, den sächsischen Kurfürsten standesgemäß zu empfangen. In dreckiger Uniform und in Stiefeln trat er ihm entgegen. Sie umarmten und küssten sich, als sei nichts gewesen. Schweigend hörte sich Karl die Komplimente des Geschlagenen an und lehnte es ab, über die Umstände eines Friedensschlusses zu sprechen. Das sei Aufgabe seiner Minister, meinte er. Damit räumte er Friedrich August nicht die geringste Chance ein, etwas zu Sachsens Vorteil zu erreichen. Graf Piper handelte die Bedingungen aus. Macht bedarf nicht der Erklärung. Sie kann es sich leisten, zu verletzen. Nüchterne Rigorosität stand hier barocken Wortkaskaden entgegen, der Wille des Siegers der fatalen Lage eines Besiegten, der überlegene Soldat dem Verlierer, der den Krieg gegen ihn begonnen hatte. Vielleicht schwang auch Hass mit, und wenn nicht Hass, dann zumindest Verachtung, die aus der unterschiedlichen Lebensweise resultierte.

Karl kannte nichts anderes als Strapazen und Entbehrungen; er führte das ruhelose Leben eines Soldaten, hatte seine Einheiten durch Schleswig, Finnland, Dänemark, Polen, Livland, Russland, Sachsen getrieben. Der andere, Friedrich August, gewiss nicht feige, liebte das Hofleben, war nicht fähig, lange Entbehrungen auf sich zu nehmen, liebte geschmeidige Gespräche, Frauen, Wein, Kunst, gutes Essen, Theater, Müßiggang. Demgemäß waren Karls Forderungen.

Friedrich August musste auf die polnische Krone verzichten und Stanislaw Leszczynski die Königsinsignien, die zu beschützen August dem Starken besser gelungen war als sein Polenreich, vollständig ausliefern. Das war legitim. Aber Karl forderte mehr, er demütigte seinen Vetter. Er zwang ihn, an Leszczynski einen Brief zu schreiben, in dem er dem Polen zur Krone gratulierte. Der Kurfürst kam diesem Wunschbefehl nach. Fehlte ihm die Zivilcourage, dies auszuschlagen? Er hatte doch die Friedensbedingungen zerreißen wollen. Karl XII. forderte vom sächsischen Adel anderthalb Tonnen Gold und von den Ständen 625.000 Taler monatlich. Die Stände lehnten ab. Daraufhin beschlagnahmten die Schweden alle Kassen und Einnahmen. Friedrich August musste sich verpflichten, alle früheren Bündnisse aufzukündigen, auch die mit Russland, und die schwedischen Truppen auf Sachsens Kosten zu verpflegen. Und das war nicht wenig. Täglich erhielt jeder schwedische Soldat 850

Gramm Fleisch, 850 Gramm Brot, 2 ½ Liter Bier, 200 Gramm Butter oder Speck, 1 ½ Liter Erbsen oder Grütze, Salz, Tabak, Branntwein. Schweden behielt sich vor, so lange im Kurfürstentum zu bleiben, bis sämtliche Forderungen erfüllt waren, darunter auch die nach Auslieferung Patkuls und der beiden Söhne Sobieskis, die Friedrich August hatte festnehmen lassen.

Patkul stand schon lange nicht mehr in sächsischen Diensten. Inzwischen war er russischer Gesandter geworden. August der Starke hatte keinen Grund, den Livländer anfangs auf dem Sonnenstein, später auf dem Königstein in Haft zu halten. Angeblich sei das aus Sicherheitsgründen geschehen, um Patkul zu schützen. Ein altes Argument. Als Karl Patkul forderte, hätte der Wettiner den Gefangenen freilassen müssen, denn er wusste, was dem Livländer drohte. Zeit und Gelegenheit wären dazu gewesen. August der Starke versagte feige, sehr feige. Er übergab Patkul den Schweden. Das kam einem Mord gleich. Spätere Rechtfertigungen klangen kläglich, denn es gab nichts zu rechtfertigen. Friedrich August war an der Ermordung Patkuls schuld. Eigene Minister und viele europäische Höfe waren über die Auslieferung entsetzt. Patkul wurde auf Befehl Karls XII. gerädert und danach hingerichtet.

Mit dem Frieden von Altranstädt schied Sachsen vorerst aus dem Nordischen Krieg aus. Beendet war damit der Waffengang noch lange nicht. Er sollte, mit Unterbrechungen, noch vierzehn Jahre dauern.

Karl XII. setzte den Kampf gegen die Russen, die Zar Peter inzwischen aufgerüstet hatte, mit anfänglichem Geschick und Glück fort. Im Juni 1708 standen die Schweden an der Beresina. Im September des gleichen Jahres besiegten sie bei Smolensk mit siebentausend Mann sechzehntausend Russen und Kalmücken. Karl schien unschlagbar. Und wie so oft in solchen Fällen überschätzte sich der Eroberer.

Friedrich Augusts Verbündeter: Zar Peter I., o. J.

Bei Poltawa, halbwegs in der Mitte zwischen Donez und Dnjepr, kam es zur entscheidenden Schlacht im Nordischen Krieg. Am Morgen des 27. Juni 1709 standen dreißigtausend Schweden zweiundvierzigtausend Russen und anderen Völkern des Zarenreiches gegenüber. Die Schweden griffen die Schanzen an. Peter ließ Karl kommen und schlug zurück. Als der Pulverdampf verraucht war und die Artillerie schwieg, lagen neuntausend Schweden auf dem Kampffeld. dreitausend gingen in Gefangenschaft. Karl floh zu den Türken, den damaligen Feinden Russlands. Russland stand am Anfang seines Aufstiegs zur Großmacht.

Der Zar, nun der große Sieger, verlangte ziemlich ultimativ Augusts Rückkehr nach Polen. Falls

August dazu nicht bereit sei, sollte er endgültig auf die polnische Krone verzichten. Im August 1709 brach Friedrich August mit einem ansehnlichen Truppenkontingent nach Thorn auf. Seine Legitimation klang so: „Nehmen Wir also dasjenig wieder an Uns, was Uns Gott und Rechts wegen gehört." In Thorn vereinigten sich Friedrich Augusts Soldaten mit denen des Zaren. Auf der Mitte der Weichselbrücke umarmten sich der Sachse und der Russe. Sie söhnten sich aus und erneuerten ihr Bündnis. Ihre Entscheidung war eindeutig: Sie beschlossen, in das schwedische Pommern einzufallen. Auch der dänische König Friedrich IV. schloss sich ihnen wieder an. Der Warschauer Reichstag anerkannte Friedrich August zum zweiten Mal als König von Polen.

Karl wollte sich nach Poltawa nicht endgültig geschlagen geben. Nach der Rückkehr von den Türken suchte er erneut den Erfolg. Aber alle seine Bemühungen, das Kriegsglück wieder zu seinen Gunsten zu wenden, misslangen. Karl fiel bei einer Belagerung in Norwegen. Pommern ging den Schweden verloren, das Südufer der Ostsee im Baltikum, auch Stralsund, Wolgast, die Oder- und Elbemündung. Schweden - vor dem Staatsbankrott stehend - sank endgültig zur zweitrangigen europäischen Macht herab. Das wurde am Ende des Nordischen Krieges 1721 vertraglich fixiert.

Friedrich Augusts Handeln nach der Schlacht bei Poltawa zeigt, welches große politische Ziel er noch immer verfolgte: die Ausdehnung Sachsens zur europäischen Größe. Um mehr Macht zu erreichen, war August dem Starken jedes Mittel recht: er brach Verträge, setzte das Leben seiner Soldaten aufs Spiel, das Wohl und Wehe seines Stammlandes. Ein weiterer Grund für Friedrich Augusts Beteiligung am Nordischen Krieg lag wohl auch im Wesen des Kurfürsten begründet. Die polnische Krone verdankte er seinem Geld und der Bestechlichkeit des polnischen Adels, dem Geschick Flemmings und den unterschiedlichen politischen Interessen in Europa. Aber eine Krone allein machte einen König noch nicht zu einem allgemein anerkannten und überzeugenden Souverän. Schon gar nicht in der Adelsrepublik Polen. Mit einem Sieg und der Rückeroberung Livlands hätte er Erfolg aufweisen, sich feiern lassen können. Das sind wesentliche Antriebe für August den Starken gewesen, sich auf den Nordischen Krieg einzulassen. Dazu kamen handfeste wirtschaftliche Gründe. Der Zugang Polens und Sachsens zum Meer, wollten sie ihren Handel ausdehnen, war notwendig. Da sich Brandenburg-Preußen immer weniger geneigt zeigte, dies zu garantieren, musste es dazu gezwungen werden. Es war also ein Krieg, der mit Bedacht erwogen und kalkuliert worden war. Und er wurde von August dem Starken fortgeführt, obwohl ihm klar geworden war, dass er, wie er selbst festhielt, „zu einem Spektakel vor der ganzen Welt aus einem Winkel in den anderen sich herum jagen" ließ.

Dieses Spektakel kostete Sachsen viel Geld. Tote vor allem brachte es dem Land, verwüstete Landstriche in Polen. Eine amtliche Aufstellung gibt 34 876 583 Reichstaler an, die Sachsen allein aus dem „Besuch" der Schweden an Kosten erwuchsen. Als Karls Armee im September 1707 das Kurfürstentum verließ – sie war in kurzer Zeit von rund zwanzigtausend auf zweiunddreißigtausend Mann angewachsen -, war sie wohlgenährt, gut gekleidet und aufs Beste gerüstet. Umso erstaunlicher ist es, dass die wirtschaftliche Entwicklung des Kurfürstentums nicht völlig zum Erliegen kam. Vielleicht auch deshalb nicht, weil der Kurfürst nun Zeit fand, sich stärker um Sachsen zu kümmern. Als Förderer des Gewerbes und der Manufakturen war er erfolgreicher denn als Soldat.

Weisses Porzellan

Im Oktober 1701 floh ein Apotheker namens Johann Friedrich Böttger von Berlin nach Wittenberg, von hohenzollernschem Gebiet auf sächsisches. Gerade noch rechtzeitig war er Friedrich I. entkommen. In Wittenberg glaubte sich Böttger sicher. Doch der König verlangte die Auslieferung des Entflohenen. August der Starke ließ sich über Böttger berichten. Was er erfuhr, interessierte den Kurfürsten und König, interessierte ihn sehr. Er lehnte die Auslieferung ab und befahl, Böttger „unter genugsam sicherem Geleit von Wittenberg nach Dresden und daselbst in ein wohlverwahrtes Hauß" zu bringen.

Wer war dieser Mann, um den sich Könige stritten? Zu diesem Zeitpunkt nicht mehr als ein Scharlatan. In Berlin hatte sich Böttger mit alchimistischen Experimenten beschäftigt. Bald war durchgesickert, dass er dem Arkanum, der Grundsubstanz, aus der man Gold machen könne, auf der Spur sei, Böttger sollte auch zu dem geheimnisumwobenen fahrenden Mönch Lascaris Kontakt gehabt haben, von dem behauptet wurde, dass er das Arkanum besitze. (Ob es ihn wirklich gegeben hat, ist nicht sicher.) Schließlich sollte Böttger vor Zeugen bewiesen haben, dass er Gold herstellen kann. Selbst Gottfried Wilhelm Leibniz, der Begründer der preußischen Akademie der Wissenschaften, war von diesen aufsehenerregenden Nachrichten beeindruckt. Im November 1701 schrieb er an die Kurfürstin Sophie von Hannover: „Ich bin außerordentlich neugierig, was sich daraus entwickeln wird. Denn ich zögere, allem Glauben zu schenken, wage jedoch nicht, so vielen Zeugen die Stirn zu bieten, da ich absolut keine gültigen Gründe finden kann, die ihre Aussagen widerlegen könnten." Und er fuhr fort: „Ich hoffe, daß weder der junge Mann noch eine andere verdächtige Person die Goldstücke in den Tiegel gelegt hat, sonst wäre das Experiment zweifelhaft." Der Ruf, goldverdächtig zu sein, wurde Johann Friedrich Böttger zum Verhängnis.

Die Vorstellung, dass man unedle Metalle in edle verwandeln könne, sofern man im Besitz des Arkanums sei, war auch noch Anfang des achtzehnten Jahrhunderts in Europa verbreitet, obwohl sie 1530 von Georgius Agricola, dem Begründer der modernen Mineralogie und Bergbaukunde, in seinem Werk „De re metallica" wissenschaftlich widerlegt worden war. Er, der rastlos Forschende, hatte schon damals der Welt mitgeteilt, dass Silber Silber und Gold Gold bleibe, eine Umwandlung eines Metalls in ein anderes unmöglich sei. Oft ist die Wissenschaft schwächer als die Dummheit. Der Geldbedarf an den Höfen war groß. Die Hoffnung, über einen Goldmacher zu unerschöpflichem Reichtum zu kommen, war verlockend und jede Vernunft dahin. Daher wollte der Preuße den Entflohenen wiederhaben, daher lehnte der Sachse ab.

Böttger wurde in aller Eile in die sächsische Residenz überführt. Da saß er nun in Dresden nahe am Schloss, der Freiheit beraubt, aufmerksam bewacht und die Order im Nacken, Gold und Silber zu machen. Der Statthalter Anton Egon Fürstenberg verlangte ihm eine Probe Arkanum ab, um sie dem König nach Warschau zu bringen. Dort probierten sie gemeinsam das Goldmachen. Hatte sich Böttger im Voraus abgesichert, als er dem Statthalter die Empfehlung mit auf den Weg gab, dass man „mit aufrichtiger Gottesfurcht und Frömmigkeit ans Werk gehen" müsse, wenn Gold gelingen soll? Es gelang nicht. Am 28. Dezember 1701 schrieb Fürstenberg aus Warschau an Böttger, „daß der König selbst über zwei Stunden am Feuer gesessen hat". An gehöriger Frömmigkeit habe es nicht gefehlt, da der König zwei Tage zuvor das heilige Abendmahl eingenommen und er, Fürstenberg, seine Gedanken einzig auf Gott gerichtet habe. Da saß er nun in Dresden, der Apotheker von dem das Wunder erwartet wurde. Neunzehn Jahre alt war er. Zu essen und zu trinken hatte er genug. Auch das Beste an Kleidung stand ihm zur Verfügung. Er konnte das Leben eines Herrn vom Stande führen, und er führte es, soweit es die Umstände erlaubten. Gelegentlich speiste er im Roten Salon des Schlosses, spielte Billard in der großen Opernstube. Er ließ sich kostbare Möbel kommen, bestes Geschirr, Tafelsilber, machte beträchtliche Schulden und bekam mehrfach einen Tobsuchtsanfall, weil er ständig bewacht wurde. Er war ein teurer Gefangener. Seine Eigenheiten wurden hingenommen. Der König hatte sogar angewiesen, den Goldmacher freundlich, entgegenkommend zu behandeln. Schließlich erwartete Friedrich August Gold von Böttger. Bald, sehr bald, ließ er ihn wissen. Der Nordische Krieg kostete Geld.

Johann Friedrich Böttger. Stich von Baisch, o. J.

Zwischendurch wurde Böttger auf den Königstein gebracht. Aus Sicherheitsgründen, auch: weil das Labor, in dem das Gold wachsen sollte, noch nicht eingerichtet war. Böttger missfiel zunehmend die Gefangenschaft. Und er ließ es seine Bewacher erleben. In einem Bericht über ihn im April 1702 hieß es: „Er hat geschäumt wie ein Pferd, geschrien und gebrüllet wie ein Ochße, so man von weitem hören können, erschrecklich mit den Zähnen geknirscht, den Kopff an die Wand (gestoßen), mit Händen und Füßen hefftig gearbeitet…, auch an den Wänden von einem Ort zum anderen herumgekrochen, am ganzen Leib gezittert und gebebet, dass zwei starke Kerls von der Wache ihn nicht halten konnten." Im Frühjahr 1703 begann Böttger mit größeren Experimenten. Was muss in ihm vorgegangen sein? War er vom Wahn besessen, anmaßend, krankhaft davon überzeugt, den Urstoff zu finden? Die Versuche schlugen fehl. Böttger versprach dennoch Erfolg, schien unbeirrt. Er muss Friedrich August überzeugt haben, denn er ließ seinem Münz- und Zahlmeister mitteilen, dass er sich auf einen bald zu erwartenden Goldregen einzustellen habe. Im Juni 1703 floh Böttger unter mysteriösen Umständen. Fürchtete er um sein Leben? Ihn muss panische Angst erfasst haben. Denn die Flucht war das Äußerste, was der Alchimist wagen konnte, und er musste mit dem Äußersten rechnen, wenn man ihn ergriff.

Als Böttgers Flucht entdeckt wurde, begann man ihn zu jagen. In Enns an der Donau, auf habsburgerischem Gebiet, etwa 150 Kilometer von Wien entfernt, wurde er im Gasthof „Zum Goldenen Ochsen“ überwältigt und nach Dresden zurückgebracht. In einem Brief an den Kurfürsten bat Böttger um Freiheit. August der Starke lehnte ab. Und nun geschah das Wunder. Obwohl Böttger mit seiner Flucht indirekt sein Versagen bestätigte, passierte ihm nichts. Hatte sich Fürstenberg, der auch an den Goldmacher glaubte, für ihn eingesetzt? Oder schon Tschirnhaus, mit dem sich Böttger bald eng verbunden fühlen sollte? Offenbar glaubte Friedrich August mit Böttger einen Mann gefunden zu haben, der Bedeutendes zu leisten imstande sein würde. Dafür hatte der Kurfürst ein Gespür. Oder gab es zwischen dem Kurfürsten und seinem Goldmacher eine besondere Affinität? Zum Beispiel versprach August der Starke in einem Brief, „in allem nach Gottes Willen und Böttgers Verlangen zu handeln“. Trotzdem wurde Böttgers Lage immer ernster. Ende 1703 traf der Wettiner wieder in Dresden ein. Er besuchte den Goldmacher. Der hatte nichts aufzuweisen und flüchtete erneut in Versprechungen. Gewiss war er froh, als der König am 28. Januar 1704 Sachsen verließ. Kurz danach trat eine Wende in Böttgers Arbeit ein. Der sächsische Gelehrte und Forscher Ehrenfried Walther von Tschirnhaus, der sich um die Herstellung von Porzellan mühte, gewann den misstrauischen Böttger für sich. Gemeinsam begannen sie zu experimentieren. Bald wurden sie von erfahrenen Freiberger Berg- und Hüttenleuten unterstützt. Ihr Ziel war weißes Porzellan. War diese Aufgabe leichter zu lösen – zumal für Böttger, der dafür nur wenige wissenschaftliche Voraussetzungen und Kenntnisse mitbrachte? Immerhin war bewiesen, dass Porzellan herzustellen ist. Seit der Tangzeit (618 bis 906) wurde es im fernen China gebrannt und seit Beginn des siebzehnten Jahrhunderts in der japanischen Stadt Arita. Holländische Schiffe brachten etwa ab 1650 asiatisches Porzellan nach Europa. Bestand bei den neuen Experimenten also größere Aussicht auf Erfolg?

An den Höfen von Versailles und Wien, Hannover und Warschau, Madrid und Dresden träumten die Souveräne, das Porzellan nachzuerfinden. Bisher waren alle Mühen in Europa ergebnislos geblieben. Hätte man damals orakelt, wo die Erfindung glücken könnte, wäre man auf Italien oder Holland gekommen. Holländer brannten die berühmten Delfter Kacheln. Ihre Fayencen standen im besten Ruf. Dort verstand man sich auf hochgebrannte Keramiken, auf die Konstruktion von Öfen, auf das Einbrennen der Farben, und man hütete die Technologie vor Fremden. Eben deshalb hielten sich dort Fremde auf, um die Techniken zu erkunden, darunter auch Tschirnhaus. Doch nicht im bürgerlichen Holland, sondern im feudalabsolutistischen Sachsen sollte das europäische Hartporzellan erfunden werden. Dies wohl vor allem, weil im Kurfürstentum günstige hüttentechnische Voraussetzungen, Erkenntnisse und Erfahrungen mit Schmelzprozessen vorhanden waren.

Kein anderes Material kam barocker Repräsentation so entgegen wie Porzellan. Es eignete sich für festliche Tafeln und half, den höfischen Geschmack zu verfeinern. Hart im Stoff, erzeugten Glasur und Dekor die Illusion von Geschmeidigkeit. Die großen Feste und Aufzüge, die Maskeraden und funkelnden Säle erhoben den Adel über die alltägliche Wirklichkeit. Das Porzellan verschönte und steigerte diese Augenblicke, ließ Kaffee und Schokolade, die an den Höfen zu trinken in Mode gekommen waren, erst richtig munden. Leidenschaftlich wurde das Porzellan gesammelt. Es war teuer und wurde gleichsam mit Gold aufgewogen. Verständlich, dass man seiner Herstellung auf die Spur kommen wollte. Aber wie?

In China und Japan ruhten die Geheimnisse, die kein Europäer genau kannte. Die Porzellanzentren durfte kein Fremder betreten, auch nicht die holländischen Schifffahrer. Eigens für sie wurde in Japan eine kleine künstliche Insel in der Nähe Nagasakis aufgeschüttet, damit die Seeleute dort vor Anker gehen konnten. Nur von dort aus nahm das Porzellan seinen Weg nach Europa. Ja, Böttger stand vor einer schwierigen Aufgabe. Als Apotheker verstand er nicht viel von Physik. Wissenschaftliche Arbeit dürfte ihm fremd gewesen sein. Diese Mängel glichen andere, ebenso wichtige Eigenschaften Böttgers aus. Neugier, Leidenschaftlichkeit, Gespür für Erfolg, Besessenheit. Und er hatte Tschirnhaus, einen Mann, der sich auf der wissenschaftlichen Höhe seiner Zeit befand und in der Folgezeit mehrere Manufakturen in Sachsen gründen sollte. Tschirnhaus unterwies den ehemaligen Apotheker, lieh ihm neueste wissenschaftliche Bücher, führte den Goldmacher in die Mathematik ein, für die Böttger Talent aufbrachte. Tschirnhaus war es, der Böttger mitteilte, was er in Holland gesehen hatte. Und Tschirnhaus' Einfluss ist es zu verdanken, dass August der Starke seinem Goldmacher gestattete, sich mit der Herstellung von Porzellan zu beschäftigen. 1706 brannten Böttger, Tschirnhaus und ihre Mitarbeiter eine hochgebrannte Keramik, das sogenannte Jaspisporzellan, auch Böttgersteinzeug genannt. Das war nicht viel, das hatte nichts mit Porzellan zu tun. Was trieb Böttger weiter? Erfinderdrang? Angst? Der Wunsch des Kurfürst-Königs, Porzellan zu besitzen? Viele Berichte besagen, dass Böttger wie ein Besessener arbeitete, dass er sich nicht schonte, dass er bis zur Erschöpfung experimentierte. Die Ergebnisse blieben vorerst mager. Dennoch gelangten Böttger und seine Mitarbeiter zu einer wesentlichen Einsicht. Sie erkannten, dass gewisse Tone fließen, wenn man ihnen kalkhaltige Ingredienzen beimischt. Es kam nur auf das richtige Verhältnis an. Das war das Problem, das zu lösen war. Versuch reihte sich an Versuch. Hunderte Versuche im Rauch der Öfen, in der schlechten Luft der Labors. Als die Schweden in Sachsen einfielen, fürchtete Friedrich August um seinen Porzellanmacher. Böttger wurde am 5. September 1706 wieder auf den Königstein gebracht. Dort hielt ihn August der Starke vor einem eventuellen Zugriff Karls XII. sicher. Als die Schweden abzogen, kehrte Böttger am 22. September 1707 nach Dresden zurück und nahm in der Jungfernbastei, auf der sich heute eine Gedenkstele befindet, die Arbeit wieder auf. Er gönnte sich keine Ruhe, trieb seine Gehilfen an, hielt subalterne Beamte in Atem, verlangte Geld, Material. Er muss überzeugt gewesen sein, das Porzellan herstellen zu können, denn mit Angst allein ist diese kräftezehrende, die Gesundheit verderbende Experimentierlust nicht zu erklären.

Ende Dezember 1707 besuchte August der Starke mit Fürstenberg die Jungfernbastei. Dort in der Tiefe der Kasematten, in denen das Labor untergebracht war, führte Böttger ein Experiment vor. Friedrich August erlebte den ersten erfolgreichen Probebrand eines Teekännchens aus weißem Porzellan. Friedrich August konnte zufrieden sein. Zum ersten Mal hatte sein Goldmacher Wort gehalten. Der Kurfürst gab sich huldvoll. Man kann sich vorstellen, dass er nun auch darauf hoffte, dass dieser Böttger, den er eingefangen hatte, ihm auch noch Gold machen werde und er gab Befehl, alle Wünsche Böttgers zu erfüllen, diesen Mann in keiner Weise zu verärgern, ihn aufs Beste zu beschützen.

Mit dem Brennen des Teekännchens war das europäische Porzellan erfunden worden. Der Streit über das exakte Erfindungsdatum hält unter den Experten an. Dieser Streit ist unerheblich, vergleicht man die Zeitdauer, die Europa benötigte, um das Porzellan nachzuerfinden. Immerhin vergingen etwa zweihundert Jahre. Ebenso streiten sich die Gelehrten, wessen Anteil bei

Meißen mit Albrechtsburg und alter Elbbrücke. Kupferstich von Alexander Thiele, 1726

der Erfindung des Porzellans größer sei – Böttgers oder Tschirnhaus'? Vielleicht könnte man antworten: Böttger, Tschirnhaus, die Freiberger Hüttenleute, darunter besonders der Bergrat Pabst von Ohain, und andere haben das Porzellan erfunden, wobei Böttgers Anteil überragend zu sein scheint. Erst am 28. März 1709 legte er das Ergebnis seiner Arbeit August dem Starken und einer Kommission vor. Sie überprüfte das Porzellan und den Vorschlag, eine „Dreßdner Porcellein-Fabrique" einzurichten. Die Herren hatten mehr Bedenken als Lob, mehr Vorbehalte als klare Argumente. Sie behaupteten, Böttgers Porzellan „springe wie Glaß ..., seye eine Arth von Glaß, das indianische (also das fremde) eine wahrhaffte Erde". Böttger hingegen war sich seiner Sache sicher. Er bot den vorsichtigen Herrn, die Verantwortung hätten übernehmen müssen, eine Wette von fünfzig- zu zweitausend Talern an, dass sein Porzellan ebenso gut wie das „indianische" sei. Im November des gleichen Jahres entwarf Böttger sein künftiges Programm: „Es sind drey Sachen, durch welche die Begierde der Menschen sonderlich auffgemundert werden, dießes oder jenes zu begehren, welches sie sonsten zu ihrem nöthigen Gebrauch noch wohl entrathen könnten: alß erstlich die Schönheit, zum anderen die Rarität und drittens die mit beyden verknüpfte Nutzbarkeit. Solche drey Qualitäten machen die Sache angenehm, kostbar und nöthig ... Alle drei Eigenschaften besitzen die hier vorgestellten Gefäße." Daraus spricht ein gesundes Selbstbewusstsein. Schließlich wusste er den König auf seiner Seite. Und er verlangte Platz und Raum zur „völligen Etablierung" der Porzellanfabrik. Auch Friedrich August hatte es nicht eilig, die Erfindung bekannt zu geben. Erst am 23. Januar 1710 teilte er der Welt in vier Sprachen, deutsch, französisch, holländisch und italienisch, mit, dass er in Dresden eine Porzellanmanufaktur gegründet habe. Er versprach, sie zum allgemeinen (er meinte: zu seinem) Nutzen zu fördern. Europa horchte auf.

Den Erfinder des Porzellans verschwieg er zunächst in diesem Manifest. Befürchtete er, dass man den Porzellanmacher abwerben, ihn entführen könnte? Wahrscheinlich. Oder wollte er den preußischen König nicht verärgern, dem er Böttger nicht ausgeliefert hatte?

In der Meißner Albrechtsburg wurde auf Befehl Augusts des Starken im Juni 1710 die Manufaktur eingerichtet. Böttger forderte für sie „Goldschmiede, Bildhauer, Wax und anderer Bossierer dergl. sowohl künstliche als auch gemeine Topfer", denn er will „gantze Service an Schüsseln, Dellern, Leuchtern, Tischen, Gueridons, Spiegel, Rahmen, Aufsätze, Statuen und dergl. ebenso köstlich als in Silber" präsentieren. Und er verkündete stolz, dass die „unveränderliche Schönheit" seines Porzellans „allen metallischen Geschirren weith vorgehen" werde. In dem Goldschmied Johann Jakob Irminger fand Böttger einen Mann, der das frühe, „rothe und weiße Porcellain" künstlerisch meisterhaft gestaltete.

Bereits zur Leipziger Neujahrsmesse 1710 wartete August der Starke mit einer Überraschung auf. Er hatte dazu Männer von Rang eingeladen: den Herzog von Braunschweig-Wolfenbüttel, den Preußenkönig Friedrich I. und den Kronprinzen Friedrich Wilhelm und viele andere. Ihnen präsentierte der Kurfürst Proben weißen Porzellans und rotes geschliffenes Böttger-Steinzeug und beschenkte seine Gäste mit besonders gelungenen Stücken. Friedrich I., dem August der Starke den Erfinder des Porzellans nannte, soll geäußert haben: „Der heillose Apotheker-Bursch hätte wohl auch in meinen Landen bleiben können. Das braune Zeug ist besser, als ich mir's imaginieret..."

Zur Ostermesse wurde zum ersten Mal Meißner Porzellan zum Verkauf angeboten, vor allem aber das rote Böttgersteinzeug. Das Brennen von weißem Porzellan gelang noch nicht zufriedenstellend. Die Käufer hatten dem Meißner gegenüber – Tee- und Kaffeekannen und andere Trinkgefäße – Vorbehalte. Es wurde wenig gekauft. Das asiatische Porzellan sei besser, wurde behauptet, was 1710 durchaus stimmte.

Böttger drängte auf eine entschiedenere Förderung der Manufaktur. Neue Brennöfen waren nötig. Er verlangte eine stärkere finanzielle Unterstützung. Der sächsische Amtsschimmel tat sich schwer. Streit in der Leitung der Manufaktur schuf zusätzliche Probleme. 1711 kam es zu einer ernsten Krise in Meißen. Löhne wurden nicht gezahlt. Die Mitarbeiter der Manufaktur waren unzufrieden. Das Betriebskapital reichte nicht. Die Manufaktur arbeitete unrentabel, was vorerst verständlich war. Dem Kurfürsten, der zwischen Warschau und Dresden umherreiste, war anderes wichtiger. Wieder König in Polen, arbeitete er an der Festigung seiner Macht. Die Warschauer Hofhaltung verschlang Unsummen von Geld, das Sachsen, der Manufaktur fehlte. Die sächsischen Stände bereiteten ihm Sorgen, das Reichsvikariat beschäftigte ihn. Geld war also wie üblich knapp. Aber ohne Zuschüsse war die Manufaktur nicht zu entwickeln. Böttger drängte den König persönlich, Geld zur Verfügung zu stellen. Er schrieb ihm Briefe, forderte kategorisch Unterstützung – eine schöne, unerschrockene Haltung im sächsischen Residenzschlendrian. Schließlich gelang es Böttger, den König stärker für seine Manufaktur zu erwärmen. Er ordnete Untersuchungen an, einige Missstände wurden ausgeräumt. Unermüdlich arbeitete Böttger an der Vervollkommnung des Porzellans, obschon sich sein Gesundheitszustand zusehends verschlechterte.

Ab 1713 gelang die zuverlässige Herstellung des weißen Porzellans. Der Absatz auf der Leipziger Ostermesse war gut. Die Nachfrage stieg, auch im Ausland. Eine umfassende Erweiterung der Produktion schien geraten. Sie kam vorerst nicht zustande. Böttger wurde angefeindet. Er machte Schulden und lebte auf großem Fuß, lieh sich aber auch Geld, um es in die Manufaktur zu stecken. Die Hofbehörden scheuten sich nicht, den Erfinder des Porzellans ins Schuldgefängnis zu sperren. Friedrich August, der sich in Warschau aufhielt, erfuhr davon. Er befahl Böttgers unverzügliche Freilassung. Hatte der König ein schlechtes Gewissen? Erinnerte er sich an den Brief, den ihm Böttger 1709 geschrieben und in dem er ihm die Erfindung des Porzellans offiziell vorgestellt hatte? „Ob aber der achtjährige Verlust meiner Freyheit“, hieß es in dem Brief, „so beschaffen gewesen, daß ich als ein Mensch niemals Ursache gehabt habe, betrübt zu seyn, überlasse ich dem höchsterleuchtenden Nachdenken von Ew. Königl. Mayst. und einer stillen unpartheyischen Beurtheilung der ganzen Welt…“ 1714 endlich gab der König Böttger die volle persönliche Freiheit zurück. Es war höchste Zeit. Der Erfinder des Porzellans sollte nur noch wenige Jahre leben.

Besorgniserregende Nachrichten drangen aus Meißen in die Residenz. Verrat schien im Spiel. Kein Wunder bei den vielen Rivalitäten in der Manufaktur. Zwar war das Geheimnis der Herstellung des Porzellans streng gehütet worden, dennoch muss einiges davon hinausgedrungen sein. War es Böttger selbst, der ungewollt Rezepte verraten hatte? Er rühmte sich gern seines Könnens. Jedenfalls war, unterstützt von Samuel Kempe, einem entflohenen Böttger-Mitarbeiter, 1713 im preußischen Plaue an der Havel eine Fabrik gegründet worden. Sie stellte rote Tonware her, die Böttgers Steinzeug sehr ähnelte. Helle Aufregung in Dresden. 1715 boten die Preußen ihre Ware, die von minderer Qualität war, gar zur Leipziger Messe an. Erneut machte die Meißner Manufaktur eine Krise durch. Unter den Arbeitern wuchs die Unzufriedenheit. Gewaltsam drangen sie in die Zahlstube ein und forderten die rückständigen Löhne. Schon 1711 war ein gewisser Christoph Conrad Hunger, der Böttgers Mitarbeiter gewesen war, nach Wien geflohen. Ihm folgte 1719 ein weiterer Meißjaner, Samuel Stöltzel, der sich in der Massezubereitung des Porzellans gut auskannte. Hunger und Stöltzel halfen, die Porzellanmanufaktur in Wien zu gründen. Zum Glück für Sachsen misslangen dort die ersten Versuche, Porzellan nach Meißner Vorbild herzustellen. Als schließlich Böttgers Stiefbruder Johann Friedrich Tiemann mit einem Pappmodell des neuen von Böttger entwickelten Brennofens in der Kaiserstadt eintraf, glückte den Wienern Porzellan. Vermochte August der Starke die Gefahr richtig einzuschätzen, die sich aus dieser Konkurrenz ergab? Wahrscheinlich, denn endlich wurde mit dem Residenzschlendrian Schluss gemacht, jetzt begriffen die Behörden und Parteien, was die Stunde geschlagen hatte, jetzt endlich wurde stärker investiert. Neue Brennöfen wurden konstruiert und gebaut. Die Produktion des „Weißen Goldes“ stieg, der Ruf des Meißner Porzellans festigte sich. Ab 1720 trug sich die Manufaktur selbst. Die folgenden Jahre brachten Gewinn. 1726 wurden 17.451 Taler investiert und 23.463 Taler eingenommen.

Böttger selbst erlebte den Aufschwung nicht mehr. Wenige Jahre vor seinem Tode muss in ihm etwas Seltsames vorgegangen sein. Er wandte sich wieder alchimistischen Versuchen zu. Böttger, der auf empirische Weise, über Tausende Versuche eine bedeutende Erfindung gemacht hatte, begann sich erneut mit dem Goldmachen zu beschäftigen, sicher auch deshalb, weil ihn Friedrich August dazu drängte. Auch der Wettiner glaubte bis an sein Lebensende, dass das möglich sei, ebenso Fürstenberg, der gelegentlich sogar selbst experimentierte. Böttger starb am 13. März 1719, gerade siebenunddreißig Jahre alt. Er hinterließ stattliche Schulden: 22.536 Taler, die in den nächsten Jahrzehnten mit Porzellan abgegolten wurden.

Bedeutungsvoll für die weitere Entwicklung der Meißner Porzellanmanufaktur wurde das Jahr 1720. Der geflohene Stöltzel wurde in Wien zur Rückkehr nach Dresden überredet. Er machte sich auf den Weg in die sächsische Residenz. Das war riskant. Immerhin lagen Flucht und Geheimnisverrat vor. Stöltzel wurde großzügig vergeben, da man sich viel von ihm erhoffte. Mit ihm nach Dresden war der Maler Johann Gregorius Höroldt gereist, ein Mann, der sich im Bemalen von Porzellan auskannte. Damit war man in Dresden kaum weitergekommen.

Proben von Höroldts Können wurden Friedrich August nach Warschau gesandt. Der König zeigte sich zufrieden, sehr zufrieden. Höroldt wurde als unabhängiger Künstler von der Manufaktur eingestellt. Belohnt wurde er nach Stückzahl. Das bekam seinem Geldbeutel. Bald wurde Höroldt zur maßgebenden Person in allen künstlerischen und gestalterischen Fragen der Manufaktur. Er entwickelte die Meißner Porzellanfarben. Anfangs kopierte er, dem Zeitgeschmack folgend, Chinoiserien. Angeregt von europäischen Stichen und Gemälden der Rokokomalerei, vor allem der Holländer und Franzosen, fand er schließlich zu einem eigenen Stil. Er entwarf jene Dekors, die das Meißner unverwechselbar machten, und erzog und bildete eine junge Generation von Künstlern für die Manufaktur. Höroldt wurde zum bedeutenden Maler der Meißner Porzellanschule, Johann Joachim Kaendler zu deren Formgestalter. Es gehört zu den Merkwürdigkeiten, dass sich diese beiden Künstler nicht verstanden und sich gegenseitig das Leben schwer machten. Der eine, Kaendler, fand an den Gefäßen der Manufaktur „keinen rechtschaffenen Henkel“ vor, als er Formen für das Tafelgeschirr zu entwickeln begann, dem anderen, Höroldt, war der von Kaendler bevorzugte plastische Stil des Rokoko zuwider.

Kaendler war gebürtiger Sachse. Als Bildhauer war er im Grünen Gewölbe im Schloss beschäftigt. August der Starke wählte den Fünfundzwanzigjährigen aus einer Schar junger Künstler in der Hoffnung aus, dass er seine Wünsche erfüllte. Lebensgroße Tiere, Thron, Kanzel, Apostel, Glockenspiele sollte Kaendler aus Porzellan in Meißen bilden und brennen. Das waren ungewöhnliche, bisher noch nie ausgeführte Aufträge. Kaendler war nicht sicher, ob sie sich überhaupt in Porzellan umsetzen ließen. Bisher hatte Kaendler in Stein und Holz gearbeitet. Er enttäuschte den König aber nicht. 1731 gelangen die Porzellanplastiken Adler, Fischreiher, Wasserhuhn und Auerochse im Kampf mit Eber. Damit war eine neue Tradition für die europäische Tierplastik begründet.

Die Manufaktur prosperierte. 1722 wurde das Markenzeichen für das Meißner Porzellan eingeführt, die gekreuzten Schwerter, um es vor anderen Porzellanen zu schützen und hervorzuheben. 1731 hatte die Manufaktur 86 Mitarbeiter. Ihr Gewinn belief sich in diesem Jahr auf sechzehntausend Taler. Das war für die damaligen Verhältnisse viel Geld. Der Weltruf des Porzellans aus Meißen war gefestigt.

Friedrich August übernahm in den letzten Lebensjahren persönlich die Oberleitung über die Manufaktur. Kenner, der er war, formulierte er mehrfach seine Vorstellungen von gutem Porzellan. Er verlangte lockere Dekore. Sie sollten so verteilt werden, dass die schöne weiße Glasur noch genügend zur Wirkung kommt. Auf das Weiß war er sehr stolz.

Er und sein Hof wurden zum besten Kunden der Manufaktur. Friedrich August förderte die „Borzeliner", indem er die Gesellen besser bezahlen ließ, als es die Stadtväter taten (hatte der Kurfürst aus den schlechten Erfahrungen gelernt?); zum Verdruss des Meißner Stadtrates befreite er die Manufakturisten von der Fleischsteuer und vom Brückenzoll. Als der Kurfürst starb, war er nicht nur zum ersten Förderer, sondern auch zum ersten Schuldner seiner Manufaktur geworden. Der Zahlungsrückstand des Dresdner und Warschauer Hofes belief sich auf 47.926 Taler.

Das Dresdner Schloss vom Zwinger aus gesehen

Die Augustusbrücke

Das Kronentor des Zwingers

Zwinger, Kaskade im Nymphenbad

Kathedrale, ehemals katholische Hofkirche

Reiterstandbild Augusts des Starken, der Goldene Reiter, die Dresdner Altstadt mit Frauenkirche und Rathausturm

Schlossstraße Dresden, Statue des Zwingerbaumeisters Matthäus Daniel Pöppelmann

Stallhof, Bogenhalle des Langen Ganges

Maria am Wasser

Das Palais im Großen Garten

Das Marcolini-Palais, Gartenseite, heute Krankenhaus, Dresden Friedrichstadt

Pavillon im Barockgrundstück auf der Hauptstraße 17

Japanisches Palais, Elbseite

Schloss Pillnitz, Bergpalais

Burg Stolpen

Der Schlosspark Großsedlitz, Gartenanlage mit der unteren Orangerie

Das Jagdschloss Moritzburg

Schloss Diesbar-Seußlitz

Wackerbarths Ruhe, Gartenpavillon

Jagdschloss Hubertusburg in Wermsdorf

Kurfürstliches Stallgebäude, Altes Schloss im Barockgarten Zabeltitz

Der Förderer

Gottfried Silbermann, der schon zu Lebzeiten ein geachteter und anerkannter Orgelbauer in Sachsen war, wandte sich in einem Brief an den Kurfürsten. Darin ließ der Kleinbobritzscher, der im engen Zunftdenken befangen war, seinem Ärger über einen gewissen Ernst Hähnel freien Lauf. Dieser Mann hatte sich erlaubt, ebenfalls Orgeln zu bauen. Silbermann war dagegen. Er bat seinen Landesherrn, dies zu verbieten. Seinen Wunsch begründete er mit einem Schutzprivileg, das seiner Arbeit zuerkannt worden war und anderen den Bau von Orgeln untersagte. Die Beweggründe Silbermanns waren kleinlich. Er fürchtete die Konkurrenz des anderen. Zu Unrecht, wie die Zeit bewies. Es fand sich keiner, der dieses Handwerk besser beherrschte als er.

August der Starke überlegte sich seine Antwort gründlich, denn kränken wollte er den bekannten Orgelbauer nicht. Der Wettiner empfand Hochachtung vor handwerklichem Können. Dennoch fiel die Antwort des Kurfürsten zu Silbermanns Nachteil aus. Würde er, so argumentierte Friedrich August, Hähnel verbieten, sein Handwerk auszuüben, wäre jener genötigt, „aus dem Land zu gehen". Das könne niemand verlangen. Silbermann wurde aufgetragen, Hähnel „ungehindert fertigen und verkaufen zu lassen". Dies war nicht nach dem Geschmack des in Freiberg Tätigen. Ähnliche Entscheidungen Friedrich Augusts stießen in vielen Zünften und Städten auf Ablehnung. Gegen den Protest der Dresdner und Leipziger Räte ließ er in beiden Städten neue Apotheken zu. In Torgau siedelten sich einige Hugenotten an. Sofort protestierte der Torgauer Rat. Dessen Begründung war mehr als fadenscheinig. Torgau, so schrieben sie, sei eine Bierbrauerstadt und bestreite ein Großteil ihres Einkommens aus dem Gerstensaft. Die Hugenotten würden nur ganz dünnes Bier trinken, sie also schädigen. Deshalb müsse man ihnen die Ansiedlung verbieten. In Wahrheit fürchteten die Bürger den Gewerbssinn und das Geschick der Franzosen.

Friedrich August handelte oft weitsichtiger als die Zünfte. Diese hatten einst die handwerkliche Entfaltung und das Selbstbewusstsein der Bürger gefördert. Jetzt, an der Schwelle zum Zeitalter der Manufakturwirtschaft, erwies sich das starre Zunftdenken der frühkapitalistischen Entwicklung als hinderlich, weil es zu sehr auf die Erhaltung des alten Zustandes gerichtet war. Misstrauisch wachten die Zünftler, dass fremde Handwerker nicht in der Stadt sesshaft wurden. Gesellen, die ihre Ausbildung in Dresden vervollkommnen wollten, wurde nur wenig vermittelt. Gut ausgebildet hätten sie zu Konkurrenten werden können. Der Widerstand der Handwerker, die an überalterten Zunftordnungen festhielten, war beträchtlich.

1705 sah sich der Kurfürst zu einem Dekret veranlasst. Darin heißt es: „In meinem Land soll einem jeden verstattet sein, die Profession, die er erlernt und womit er sich zu ernähren gedenkt, zu treiben, als wodurch ja unter den Leuten eine honette Amulatio (benachbarte Dinge) erwecket und das Monopolwesen verhütet wird." Diese Anordnung stieß ebenfalls auf Kritik. Friedrich August kümmerte sich nicht darum. Er wollte eine florierende Wirtschaft und rentabel arbeitende Manufakturen. Erst dann rollte der Steuergroschen, erst dann konnten Importe reduziert und das Geld im Lande gehalten werden – so das wirtschaftliche Ideal der damaligen Zeit. Daher förderte Friedrich August Handwerk und Gewerbe, Handel und Manufakturgründungen.

Bergbau und Hüttenwesen gediehen, der Silberwagen aus Freiberg lief regelmäßig in

Dresden ein. Zu Beginn des achtzehnten Jahrhunderts trat Sachsen in seine eigentliche Manufakturperiode. Damit entwickelte sich das Kurfürstentum ähnlich wie die anderen deutschen Territorialstaaten. Diesen wirtschaftlichen Aufschwung begünstigte eine Reihe technischer Erfindungen. Leibniz konstruierte 1675 die erste Rechenmaschine für alle vier Grundrechnungsarten, 1685 eine Stecknadelmaschine. Bessere Bohr- und Drehbänke entstanden. Im Bergbau und in der Eisenerzeugung kam es zu spürbaren technischen Verbesserungen. Erfunden wurde der Band- und Webstuhl, in Sachsen wurde ein Vermessungswagen konstruiert, der eine bessere kartografische Erfassung des Landes ermöglichte; England besaß um 1710 die erste Dampfmaschine, sieben Jahre später schmolz man Metall zum ersten Mal mit Koks. Diese Neu-

Auerbachs Hof in Leipzig. Kupferstich von Johann August Rosmäsler, 1778

erungen ermutigten die Weitsichtigen. Viele waren es jedoch nicht, die bereit waren, Geld in Manufakturgründungen zu investieren. Die Zeiten waren unsicher, schwer zu überschauen.

Die Polenpolitik des Kurfürsten stieß auf Vorbehalte. Sie fand in seiner Zeit mehr Ablehnung denn Zustimmung, obschon sich Friedrich August gerade aus ihr günstige wirtschaftliche Ergebnisse für Sachsen versprach. Er sah in Polen einen aufnahmefähigen Markt für Sachsens Produkte, hoffte, über Polen den Handel zwischen Russland und Westeuropa in die Hand zu bekommen.

Friedrich August wurde zum ersten Förderer bürgerlicher Manufakturen. Eine florierende Wirtschaft deckte die Bedürfnisse der Residenz und seine kostspielige Hofhaltung. Höhere Einnahmen machten ihn von den Ständen unabhängig und vergrößerten seinen politischen Spielraum nach innen und nach außen. Wie sich das Wachstum der Produktion für ihn auszahlte, soll nur ein Beispiel verdeutlichen. 1718/19 wurden in Plauen 16.000 Halstücher, 26.000 Flore und 960 Schleier hergestellt. Friedrich August kassierte dafür 532 Gulden als Steuer, also etwa einen Pfennig pro Stück. Politischen Spielraum brauchte der Kurfürst unbedingt, wenn er Sachsen zu einem der ersten Länder in Deutschland machen wollte. Außerdem verfolgte er ehrgeizige Baupläne. Man darf durchaus sagen: Die allgemeine Entwicklung im Kurfürstentum fiel mit den persönlichen Wünschen und Vorstellungen Friedrich Augusts zusammen und wirkte als wichtige Triebkraft. Förderlich war, dass Friedrich August Sinn und Verstand für Technisches und Handwerkliches, für Neuerungen und neue Erkenntnisse besaß. Sich damit zu beschäftigen bereitete ihm Freude. Dass der Kurfürst zeitweilig Ehrenfried Walther von Tschirnhaus an seiner Seite hatte, einen Mann, dessen umfassende Bildung ihn zum großen Anreger werden ließ, war ein Glücksfall, nicht nur für die Erfindung des Porzellans. Ehrenfried Walther von Tschirnhaus, 1651 in Kieslingswalde bei Görlitz, heute Polen, geboren, war königlicher und kurfürstlicher Geheimer Rat. Er hatte an der holländischen Universität Leiden Physik und Mathematik studiert. Auf mehreren Reisen durch Frankreich, Holland und Italien hatte er sich Kenntnisse zur Einrichtung und Arbeitsweise verschiedener Manufakturen angeeignet. Dass sein Interesse auch dem Brennen von Keramiken gegolten hatte, überrascht nicht, da man diese Technik in Deutschland nur schlecht beherrschte. Tschirnhaus wandte seine wissenschaftlichen Erkenntnisse praktisch an. Er konstruierte große Hohlspiegel- und Brennlinsensysteme, mit denen er verschiedene Minerale schmolz; er baute Öfen, um Gussglas herzustellen, große Linsen für Mikroskope und Fernrohre. August der Starke hatte also einen klugen und weitsichtigen Berater an seiner Seite, der weit mehr hätte leisten können, wenn der Kurfürst ihn noch stärker finanziell unterstützt hätte.

Friedrich August förderte viele Initiativen. Die Freifrau Benedicta Margaretha von Löwenhalt erbat sich von ihm die Konzession, die Rasenerzlager in der Gegend der heutigen Stadt Lauchhammer abzubauen. Sie erhielt sie. Wenig später wurde dort der erste Hochofen angeblasen. Hammerwerk und Ziehhütten folgten. Das damals gegründete Werk, besonders dessen Kunstguss, wurde mit dem Wirken der Bildhauer Daniel Rauch und Ernst Rietschel weltbekannt. Eine Verfügung von 1701 wandte sich an junge Leute. Wollten sie heiraten, mussten sie vorher Obstbäume pflanzen bzw. aufpfropfen. Die Stückzahl wurde jährlich neu festgelegt. Auf guten Straßen gedieh der Handel besser. Der Kurfürst gab bereits zu Beginn seiner Regierungszeit entsprechende Befehle. Der Pfarrer Adam Friedrich Zürner aus Skassa bei Großenhain, der auch Geograf war, wurde mit der Vermessung der wichtigsten

Überlandstraßen beauftragt. Schon 1695 erging das Dekret, Säulen und Armsäulen aufzustellen, die die Entfernungen zwischen den Ortschaften angaben. Was wichtig ist, ist nicht immer populär. Dörfer, Adlige, die Stände protestierten gegen dieses Dekret. Der Grund: Bezahlen musste die Postsäulen der, auf dessen Territorium sie aufgestellt wurden. Anfangs waren sie aus Eichenholz, später aus Sandstein. Entworfen hat sie vermutlich Mattäus Daniel Pöppelmann, der Architekt des Königs.

Größer wurde der Protest, als Friedrich August die Erneuerung verschiedener Brücken anordnete. So in Waldheim, Nossen, Grimma, Zwickau, Torgau, Dresden. Auch für diese Kosten – so alte Absprachen – hatten die Städte und Gemeinden aufzukommen. In seiner Residenz sahen sich Rat und Bürgerschaft außerstande, eine neue Steinbrücke über die Elbe zu finanzieren. Er musste selbst dafür sorgen.

Die Weberei, die seit Jahrzehnten in Sachsen stark entwickelt war, litt in zunehmendem Maße unter holländischer und englischer Konkurrenz. Friedrich August erließ mehrere Dekrete, um die Qualität der sächsischen Gewerbe zu erhöhen, und verbot die Einfuhr bestimmter Garne und Stoffe. Damit erzwang er den Kauf eigener Produkte. Auf diese Weise bildeten sich frühe Zentren kapitalistischer Produktionsweisen heraus, Chemnitz zum Beispiel. Dort gab es um 1710 neben 111 Brauern und 96 Handwerkern 333 Weber und Wirker. Überhaupt standen in den 98 Städten des Kurfürstentums die Wirker und Weber mit 4.957 Mann an erster Stelle in der Gewerbestruktur. Ihnen folgten die Bierbrauer mit 3.545, die Handelsleute mit 1.235 und die Handwerker und Künstler mit 2.162 Leuten.

Wie ernst es dem Kurfürsten mit der Förderung von Gewerbe und Handel war, beweist ein Erlass von 1711. Obschon um die Erweiterung seiner Armee bemüht, untersagte er die Anwerbung von akademisch Gebildeten, von Kaufleuten, Förstern, Berufsjägern, Verwaltern, Gutspächtern, Apothekern, Goldschmieden. Auch Handwerker durften nicht eingezogen werden, Müller, Bäcker, Brauer, Mälzer ebenfalls nicht.

Das besondere Interesse des Kurfürsten galt sein Leben lang den Handels- und Finanzgeschäften. 1698 gründete er in Leipzig eine Bank. Ihr Kapital betrug zwei Millionen Taler. Wer einzahlte, erhielt sechs Prozent Zinsen, wer lieh, hatte sieben bis neun Prozent zuzulegen. Dieses Unternehmen war die erste deutsche Staatsbank. Angeregt hatte sie ein Italiener, der auch ihre Geschäfte übernahm.

August der Starke war nicht nur Förderer bürgerlicher Unternehmen. Er selbst ging mit Beispiel voran. Die Meißner Porzellanmanufaktur war nicht die einzige kurfürstlich-staatliche Gründung. Auf der großen Ostrawiese, unmittelbar vor den Toren der Residenz, dem Territorium der heutigen Friedrichstadt etwa, entstanden kurfürstliche Steinschneide- und Poliermühlen. Eine Glashütte, die Tschirnhaus errichten ließ, kam hinzu, auch eine Kristall- und Spiegelmanufaktur und eine Edelsteinschleiferei. Wichtig war, dass all diese Manufakturen staatliche Aufträge erhielten. In Olbernhau fanden Leute in einer neuen Stahlfabrik Arbeit, in großen Manufakturen wurden Wolle und Seiden verarbeitet, Damaste, Tuche und Barchent gewebt. Der Kurfürst forderte den Anbau von Maulbeerbäumen und die Züchtung von Raupen. Er rief deshalb eigens den Franzosen Jean-Francios Debournonville nach Sachsen, damit er eine Seidenweberei begründe. Ziel war es, teure Naturseideimporte aus China einzusparen. Als Preußen den Handelskrieg gegen Sachsen forcierte, die Einfuhr sächsischer Waren verbot oder diese mit hohen Zöllen belegte, ließ Friedrich August günstigere Absatzmärkte erkunden und fand sie in Holland und Spanien. Der Bau von Musikinstrumenten nahm im Vogtland zu. Stark stieg die

Herstellung von Luxusartikeln für die Hofhaltung. Besondere Aufmerksamkeit widmete August der Starke dem Hüttenwesen und dem Bergbau. Er ließ vieles reorganisieren und drängte auf die Verbesserung der Schmelzverfahren. Erfolge blieben daraufhin nicht aus.

Zwischen 1681 und 1780 verdoppelte sich die Silberproduktion in Sachsen, erreichte jedoch nicht die Fördermenge der Blütezeit in der Renaissance. Blei und Zink überstiegen den Wert des abgebauten Silbers.

Der Abbau von Kobalt, damals als Blaufärbemittel genutzt, nahm zu. Das Metall wurde vor allem nach Holland exportiert. Im Plauenschen Grund bei Dresden wurde 1713 Steinkohle abgebaut.

Titelblatt vom „Atlas Augustens Saxonicus" von Adam Friedrich Zürner, um 1732

Wirtschaftlichen Weitblick kann man dem Kurfürst-König nicht absprechen. Er schickte Leute auf Reisen, damit sie sich in der Welt umsahen. Handwerker und Spezialisten wurden für Sachsen angeworben. Ihnen sicherte er zehn Jahre Steuerfreiheit zu, ließ ihnen das Bürgerrecht kostenlos verleihen. Ab 1685 mussten die Hugenotten Frankreich verlassen. Die sächsischen Städte und die Kirche hatten ihnen eine Ansiedlung in Sachsen, wie wir wissen, untersagt. Friedrich August versuchte, den Fehler seiner Vorgänger gutzumachen. Er entsandte Werber nach Preußen, sie sollten Hugenotten zur Übersiedlung nach Sachsen bewegen. Die Hohenzollern, die schnell davon erfuhren, verboten jede weitere Aktivität. Neben Dresden galt Friedrich Augusts besonderes Augenmerk Leipzig. Er versäumte kaum eine Messe, die damals dreimal im Jahr stattfand. Sehr oft waren die Messen Anlass zu Begegnungen. Zur Michaelismesse 1709 war König Friedrich I. von Preußen gekommen. Vierundvierzig Prinzen und Prinzessinnen erlebten diese königliche Zusammenkunft. Friedrich August nutzte die Messen, um die Waren seiner Manufakturen vorzustellen und für sie zu werben. Auf Leipzig, das Anfang des achtzehnten Jahrhunderts Frankfurt am Main den ersten Rang im Buchgewerbe abgelaufen hatte, das eine Mittlerrolle im Handel zwischen dem europäischen Osten und Westen einnahm, war der Kurfürst sehr stolz. In keiner Weise tastete er die Leipziger Handelsprivilegien an, die die Stadt wohlhabend gemacht hatten; so den Bannkreis von fünfzehn Meilen. Wer ihn berührte oder durchfuhr, hatte seine Waren in Leipzig zum Verkauf anzubieten und Zölle zu zahlen, von denen auch der Kurfürst einen Zuschlag erhielt.

Vieles freilich, was der Kurfürst in Wirtschaft und Handel vorhatte oder versuchte, gelang ihm nicht. Ausgerechnet die Leipziger Kaufleute blieben gegen die von ihm gegründete Bank skeptisch eingestellt. Mit ihr war der Kurfürst den sächsischen Verhältnissen vorausgeeilt. Das Geldgeschäft stagnierte. 1706 befahl er die Auflösung der Bank. Der Verlust, der der Staatskasse entstanden war, betrug 11.276 Taler. Ohne Erfolg blieben auch die Bemühungen, eine gemeinsame sächsisch-polnische Handelskompanie ins Leben zu rufen, weil Geld und Förderer fehlten. 1702 regte Friedrich August in Sendomirez, in einem Gespräch mit Tschirnhaus, die Gründung einer sächsischen Akademie an. Weder Tschirnhaus noch Leibniz, der 1704 heimlich nach Dresden kam, gelang die Gründung. Es fehlte an Geld – es sollte aus Steuern auf Tabak und Papier eingenommen werden – und zuletzt an einer entschiedenen Unterstützung durch den Kurfürst-König. Auch der Vorschlag, ein Kommerzkollegium einzurichten, das künftige Projekte auf ihre Nützlichkeit zu überprüfen und nach positiver Einschätzung dem Kurfürsten zur Bestätigung vorzulegen hatte, wurden von den Ständen nicht akzeptiert. Sie waren gegen eine finanzielle Unterstützung aus der Staatskasse. Die Summe, die der Wettiner 1728 für ein solches Kollegium forderte, war lächerlich: dreitausend Taler. Auch sie wurde abgelehnt.

Dennoch waren die Fortschritte im Kurfürstentum Sachsen unübersehbar. Zwischen 1660 und 1720 entstanden mindestens 34 zentralisierte Manufakturen. Neugründungen in Freiberg, Leipzig, Pretzsch, Wittenberg, Torgau, Zittau belebten den Austausch von Waren. Im Zwickauer Revier wurde die Grundlage für die spätere industrielle Entwicklung gelegt. Die Landesstände klagten trotzdem, dass es mit Sachsen schlecht bestellt sei. Tatsache ist auch, dass Korruption und Willkür am Hof, Günstlingswirtschaft und Behördenschlendrian zu großen Geldverlusten führten. Die Auffassung des sächsischen Hofes, dass auch Feste und Feiern den Mann ernähren, weil ihnen Leistungen und Waren abverlangt werden und damit Geld in Bewegung brachten, entsprach ohnehin dem Geist der Zeit.

Die Einstellung des Kurfürsten zum Geld ist am besten aus folgender Bemerkung zu ersehen. 1730 hielt sich der preußische König Friedrich Wilhelm I. in Sachsen zu einem Besuch auf. Während des Zeithainer Lagers, einer groß angelegten militärischen Zurschaustellung, meinte August der Starke zum Hohenzollern: „Wenn Ew. Majestät einen Dukaten einnehmen, so legen Sie ihn in Ihren Schatz, ich aber gebe ihn aus, so kehrt er dreimal zu mir zurück.“ Was der Soldatenkönig, der bereits als Zehnjähriger ein Ausgabenbuch „Rechnung über meine Dukaten“ angelegt hatte, darauf erwiderte, ist nicht bekannt. Friedrich Augusts Worte jedenfalls offenbaren frühkapitalistisches Denken. Bezeichnend ist Michael von Loens Feststellung: „Viele meinen, August habe das Geheimnis, Gold zu machen ... Ich bin aber der Meinung, dass diese Destillierer nichts dazu beitragen, wohl aber die stattliche Handlung, die reichen Bergwerke, der gesegnete Ackerbau und eine Menge Volk, das sich durch Fleiß und Arbeit nähret.“

Die Gräfin Cosel

Anna Constance von Brockdorff war bis zum 8. Januar 1706 mit Friedrich Augusts Kabinettsminister und Finanzexperten Magnus von Hoym verheiratet, der sich mit Tatkraft für die Steuerreformen des Kurfürsten einsetzte. Das hinderte ihn nicht, sich für dessen Frau zu interessieren, auch nicht, als ihn Hoym vor ihr warnte. Sie sei trunksüchtig und boshaft, ließ er Friedrich August wissen.

Anna Constance war fünfundzwanzig Jahre alt, der Freiherr achtunddreißig, als die Ehe geschieden wurde. Die Ehe hatte zwei Jahre und sieben Monate gedauert. Das Gericht warf der Fünfundzwanzigjährigen „bösliches Verlassen" des Mannes vor, sprach ihr alle Schuld zu, verbot ihr, künftig zu heiraten, und befahl ihr, das Kurfürstentum zu verlassen. Ein hartes Urteil.

Geheiratet hat Anna Constance auch wirklich nicht wieder. Aber bald fühlte sie sich als die rechtmäßige Ehefrau Augusts des Starken. Ihr Aufstieg zur ersten Dame, zur Geliebten des Kurfürsten, erfolgte in einer Zeit, in der es dem Sachsen schlecht ging. Aus Polen verjagt, waren alle seine politischen Träume zerronnen. Um Friedrich Augusts Geliebte winden sich Legenden und Anekdoten. Die Gemälde zeigen sie als eine schöne, nachdenklich-ernste Frau. Pöllnitz beschreibt sie so: „Sie hatte ein längliches Gesicht, eine zierliche Nase, einen kleinen Mund, prachtvolle Zähne, große, schwarze, feuchte Augen. Alle ihre Gesichtszüge waren weich, ihr Lächeln war bezaubernd und zu Herzen gehend. Sie hatte schwarze Haare, der Teint blendend weiß. Ihre Erscheinung war majestätisch, auch tanzte sie vollendet."

Erzählt wird, Friedrich August habe von Annas Schönheit gehört und wünschte, sie kennenzulernen. Er gab Befehl, sie an den Hof zu bringen, notfalls auch gegen ihren Willen. Ob sie sich geweigert hat? Niemand hat uns das verraten. Jedenfalls soll sie dem Kurfürsten sofort den Kopf verdreht haben. Mit Sinn für Dramatik berichtet Pöllnitz: Hoym, ihr Mann, hielt die Schöne auf einem Gut außerhalb der Residenz verborgen. Eines Abends zechten der Kurfürst und Fürstenberg mit ihm. Den Minister überkam die Sehnsucht nach seiner Frau. Er vergaß seine Vorsicht und rühmte sie als die schönste Frau zwischen Paris und Warschau. Der Kurfürst und Fürstenberg äußerten Zweifel. Es kam zur Wette. Hatte Hoym Recht, wollten sie zahlen. Hoym gewann die Wette und verlor seine Frau.

In Wirklichkeit ging es wohl weniger dramatisch zu. Anna Constance wohnte in Dresden und keinesfalls in einem verborgenen Gässchen. Sonderlich angetan dürfte Hoym von seiner Frau nicht mehr gewesen sein, da sie sich ihm verweigerte und nicht mit ihm leben wollte. Aus einem ihrer Briefe an Hoym geht hervor, dass ihr „in der Welt nichts lieber widerfahren" könne, „als wenn euher Bedrohung nach unser gänzlichen Seperation bald befördert würde".

Bald war es im Schloss bekannt, wusste es Dresden: Der Kurfürst machte Anna Constance von Brockdorff den Hof. Zum Leidwesen der anderen, der Lubomirska, die der König von Polen in den großen Tagen der Liebe zur Fürstin von Teschen hatte erheben lassen.

Als der Kurfürst in Nöten war, hatte ihn die Lubomirska getröstet. Er hatte Ruhm und fremdes Land begehrt, von großen Eroberungen und Siegen geträumt. Nun saß er in Dresden und malte sich voller Grimm die Schadenfreude der Hohenzollern aus, die zugesehen hatten, wie ihn der Stiefelkönig Karl XII., sein Vetter, durch Polen gejagt hatte; Friedrich August hatte Phantasie

Gräfin Cosel mit Sohn als Venus und Amor im Muschelwagen. Stich von Simon de la Vallée nach Francois de Froy, o. J.

genug, sich das Gelächter an den Höfen Bayerns, Württembergs, Hannovers vorzustellen. Die Polin war Zeugin seiner Niederlage gewesen, sie hatte ihn in seiner Schwäche gesehen, in seinem Zorn, in seiner Niedergeschlagenheit. Er mochte sie nicht mehr, er wollte die andere.

Anna Constance von Brockdorff habe sich spröde, verschlossen, ja abweisend gezeigt, heben zeitgenössische Quellen hervor. Sie habe sich nicht gleich mit dem Kurfürsten eingelassen. Das soll Friedrich August gefallen haben. Flemming berichtete, dass es der Kurfürst gern hatte, wenn sich ihm die Frauen verschlossen, vorerst. Auf diese Weise gewann der Sachse die Überzeugung, so Flemming, dass er sie erobern musste wie jeder andere, dass sie seinem Drängen, seinem Ungestüm, dem Manne erlagen und nicht aus berechnender Einsicht dem Kurfürsten.

Anna Constance von Brockdorff stellte Forderungen, ehe sie die Geliebte des Kurfürsten wurde. Schluss mit der Lubomirska war die erste. August der Starke erfüllte sie. Der Kurfürst kaufte seinem ehemaligen Kammerherrn Friedrich Adolf von Haugwitz das Haus am Taschenberg für 10.500 Taler ab und erwarb ein anderes auf der Kleinen Brüdergasse für 8.000. Beide Häuser wurden im Laufe der Jahre zum Palais Taschenberg umgebaut, das Friedrich August seiner Geliebten schenkte. Der Hofkalender meldet am 24. August 1705, also noch vor der Scheidung, dass „Madame Hoymin, ihr Hauß aufm Taschenberge“ bezogen hat. Friedrich August überschüttete Anna Constance mit Aufmerksamkeiten. Er soll ihr das Silberzeug, das sich im Grünen Gewölbe befand, zur Verfügung gestellt haben. Um der Frau seine Achtung offen zu zeigen, ließ er Doppelposten vor ihrer Wohnung aufstellen. Eine solche Ehrenwache hatte sonst niemand in Dresden aufzuweisen. Offiziell wurde sie zur Mätresse ernannt. Gesandte anderer Höfe machten ihr Anstandsbesuche. Am 22. Februar 1706, nur wenige Wochen nach der Scheidung, erhielt sie den Titel Gräfin von Cosel.

Kritiker haben die Cosel als geldgierig, herrschsüchtig, berechnend, haben sie als Verschwenderin dargestellt. Man warf ihr vor, dass sie Geld, Schmuck, Luxus forderte, ehe sie Friedrich Augusts Geliebte wurde. Zitieren wir einen, Cornelius Gurlitt, der viel Verständnis für den Sachsen aufbrachte: „August war schwach gegen die Cosel.“ Und: Sie liebte ihn „nicht mit der Liebe, die zu Opfern bereit ist, sondern mit kluger Berechnung“. Welch ein böses Weib! Während der Coselära sei „Unterrockpolitik“ betrieben worden.

Teuer war sie, teuer waren die Mätressen, teuer war das Hofleben. Es gab in jener Zeit kaum einen Souverän ohne Mätresse. Selbst Preußens erster König Friedrich I., verwachsen, kränkelnd, kraftlos, aber ganz von barocker Prachtentfaltung geprägt, hielt sich eine Geliebte. Er zeigte sich mit ihr auf Spaziergängen. Im Winter in Sälen, im Sommer in Gärten. Nicht lange, eine Stunde etwa. Mehr war ihm zu anstrengend. Die Gräfin Cosel hat Friedrich August und damit Sachsen viel gekostet, das ist unbestreitbar. Für sie erbaute er das Taschenberg-Palais, an dessen Architektur spätere Generationen ihre Freude hatten. Eine Pension von einhunderttausend Talern jährlich setzte er ihr aus, überschrieb ihr einen Weinberg in der Lößnitz, überhäufte sie mit Schmuck, schenkte ihr das Gut Pillnitz.

Bei den Wettinern wiederholt sich manches. Auch Friedrich Augusts Bruder hatte seiner Geliebten Pillnitz vermacht. Er hatte von den Sachsen verlangt, dass sie seine Beziehung zu Sibylla von Neitschütz als rechte Ehe zu betrachten hätten. Soweit ging Friedrich August nicht, aber er versicherte der Cosel, „daß Wir in Kraft eines ehelichen Eides versprechen und halten wollen, dieselbe herzlich zu lieben und beständig treu zu verbleiben, dahero wollen Wir solches hiermit vor Unserm Geheimen Rath declariren und die mit Unserer geliebten Gräfin von Cosel künftig erzeugenden Kinder männ- und weiblichen Geschlechts vor Unsere rechte natürliche Kinder kraft dieses erkennen." Schriftlich versprach er der Cosel die Ehe, falls Eberhardine vor ihm sterben sollte.

Das Eheversprechen, das die Brockhoff am 12. Dezember 1705 noch vor ihrer Scheidung erhielt, ist makaber. Eberhardine war jünger als Friedrich August. Für die Cosel bestand kaum eine Chance, jemals die rechtmäßige Frau des Kurfürsten zu werden. Mätressen wurden nicht geheiratet. Warum dann hat sie dem Kurfürsten diese Versicherung abverlangt, die er ihr nur widerstrebend gegeben hat?

Schnell wechselten die Sympathien an den Höfen, schnell stieg man auf, und schnell fiel man. Beging Anna Constance von Brockdorff den Fehler, zu glauben, dass ihr ein Eheversprechen mehr Sicherheit bieten würde? Nahm sie sich vor, den Kurfürsten gegebenenfalls unter Druck zu setzen, falls er sich ihrer entledigen wollte? Sie hat es versucht. In ihrer Verzweiflung wird sie ihm drohen, das Versprechen öffentlich bekannt zu geben.

Die Cosel dürfte von den großen Tagen der Königsmarck und ihrem Ende gehört haben, sie hatte die goldenen Zeiten der Lubomirska erlebt, die Dresden verlassen musste, weil sie, die Brockdorff, es so gewünscht hatte. Mätresse zu sein war ein öffentliches Amt, aber keins auf Lebenszeit. Das Schicksal der anderen vor sich, dachte die geschiedene Frau an sich. Sie arbeitete intensiv an der Festigung ihrer Position. Sie ließ sich Exzellenz nennen und scharte Vertraute um sich, die sie förderte. Als Mätresse stand sie dem Rang nach, obwohl das nirgends juristisch festgeschrieben war, über den Ministern. Und da sie von allen die engste Beziehung zum Kurfürsten hatte, war sie umworben und gehasst. Der Kurfürst bestätigte ihr, dass ihr Vermögen für alle Zeiten unantastbar bliebe. Ihr Einfluss beim Kurfürsten war gefürchtet. Betrug und Korruption waren unter den Kabinettsministern und „Geheimen" Räten, den wirklichen und nichtwirklichen, üblich. Jeder versuchte, auf Kosten Sachsens, auf Kosten der kurfürstlichen Landeskassen schnell reich zu werden. Als Flemming, der allmächtige Premierminister, starb, hinterließ er ein Vermögen von sechzehn Millionen Talern. Friedrich August zog Flemmings Witwe acht Millionen ab. Seine Begründung: So viele Millionen können nicht rechtmäßig erworben sein – was durchaus stimmte. Die Cosel war eine kluge Frau. Sie wird manche Manipulation durchschaut haben. Man fürchtete sie. Die einflussreichsten Minister – Flemming, Fürstenberg – warfen ihr vor, dass sie sich in Staatsgeschäfte einmische, dass sie Vertraute fördere, Hofbeamte stürze. Das Letzte zumindest ist übertrieben, da es dafür keine Beweise gibt. Eingemischt hat sie sich, das ist belegt. Die Cosel blieb Protestantin. Sie lehnte einen Übertritt des Kurprinzen zum Katholizismus, den Friedrich August plante, entschieden ab. Sie hielt nicht viel von Polen. Sie drängte den Wettiner, auf die Krone zu verzichten. Ein Protokoll, das Flemming nach einem Gespräch mit ihr aufzeichnete, belegt ihre Meinung: „Ich weiß nicht, was die Absicht des Königs ist. Er hat nichts von Polen und kann nicht hoffen, dass sein Sohn ihm nachfolgen wird. Die Polen müssten närrisch sein, wenn sie dem zustimmen nach so einer unglücklichen Regierung wie der des Königs. Die Polen müssen einen Polen zum König haben, ebenso wie die Engländer einen König aus dem Volke … Nichtsdestoweniger will der König seinen Sohn zum Opfer bringen und ihn auf ganz eitle und unbegründete Hoffnungen hin zur katholischen Kirche übertreten lassen." Die Gräfin Cosel verlangte von Flemming, dass er in diesem Sinne auf Friedrich August einwirkte, denn auch er hatte inzwischen gewisse Vorbehalte Polen gegenüber. Erwiesen ist auch, dass sich die Cosel gegen ein allzu enges Verhältnis Sachsens zu Russland aussprach.

Flemming wurde später zu ihrem Gegner, auch Fürstenberg, der Statthalter. Glaubt man Flemming, dann hatte der Kurfürst überhaupt mehr Ärger mit den Frauen als Vergnügen. „Der König liebt die Frauen, das ist wahr", bestätigte er, „wer sollte sie nicht lieben." Warum er sie liebt, weiß der Premier genau: „Er liebt sie aber, um sich von der Last der Geschäfte zu erholen und keineswegs mit romantischer Glut. Doch haben sie infolge des verbindlichen und liebenswürdigen Benehmens des Königs … in den Kopf gesetzt, sich ganz zu Herrinnen seines Willens zu machen und sogar die Geschäfte beherrschen zu wollen. Der Übelstand war", fährt Flemming fort, sich ins rechte Licht zu setzen, „dass einige der Minister aus höfischer Politik sich so gefällig zeigten, den Wünschen der Favoritinnen entgegenzukommen. Ich habe dieses von meiner Seite stets ihnen verweigert, jedoch unter dem Erbieten, es zu tun, wenn ich einen Befehl meines Herrn deshalb erhalte. Da mir niemals ein solcher zugegangen ist, habe ich auf keine Weise mich zur Erfüllung solcher Wünsche verstanden." Wie recht er tat!

Die Gegner der Cosel hatten vorerst wenig Erfolg, sie dem Kurfürsten zu entfremden. Viele Jahre erhielt sie sich die Gunst des Sachsen. Die erste Krise zwischen ihr und ihm trat 1708 ein. Sie gebar ihm die erste Tochter. Friedrich August reiste noch im gleichen Jahr nach Brüssel. An der Seite des österreichischen Prinzen kämpfte der Kurfürst, allerdings nur kurz und lustlos, wie es hieß, gegen die Franzosen. Die Cosel begleitete ihn nicht. Das war ein Vorfall, der Aufsehen erregte. Bisher war sie auf jeder längeren Reise dabei gewesen. Am Hof begann man zu spekulieren. War der Kurfürst der Cosel überdrüssig? Die Vermutungen schienen sich zu bestätigen. Kurz nach der Rückkehr Augusts des Starken trafen zwei französische Schauspielerinnen in Dresden ein. Es fiel auf, dass sich der Kurfürst oft bei ihnen aufhielt. Viele frohlockten zu früh. Die Gräfin behauptete sich. Wie sicher sie sich fühlte, wurde beim Besuch des dänischen Königs 1709 in Dresden allen vorgeführt.

Mehrfach, wenn auch unterschiedlich, wird berichtet, dass sich die Kurfürstin die Anwesenheit der Gräfin Cosel beim Empfang des dänischen Gastes verbeten hatte. August soll ihren Forderungen zugestimmt haben. Anna Constance von Brockdorff setzte sich über den Wunsch Eberhardines hinweg und erschien zum Fest. Die beiden Könige sollen nur noch Augen für sie gehabt haben. Am nächsten Tag im Festzug fuhr die Gräfin als erste in einem Wagen, den der dänische Gast lenkte, während August der Starke zu Pferde der Cosel vorauseilte. Erst nach der Mätresse kamen die anderen, auch die Kurfürstin. Es schien als würde Friedrich August nicht von Anna Constance lassen. Ihre Gegner hofften auf die Zeit.

Nach der Wiederwahl zum polnischen König hielt sich Friedrich August oft und lange in Polen auf. Seine Berater meinten, es sei nunmehr angebracht, dass sich der König eine polnische Mätresse nehme. Auf diese Weise verflocht sich das persönliche Schicksal der Gräfin Cosel mit geschichtlichen Vorgängen und Machtkämpfen.

Am 4. Juli 1713 schrieb Graf Vitzthum von Eckstädt an Flemming: „Mit der Gräfin Cosel scheint es wohl aus zu sein ...“ Eine Polin war ihr zur Rivalin geworden: Die Gräfin Maria Magdalena von Dönhoff, die Tochter des polnischen Oberhofmarschalls Kazimierez Bielinski, keine Geringe also, eine Adlige aus bekanntem Hause. Angeblich soll ihr Vater, der die sächsische Partei in Polen stützte, sie als Mätresse für Friedrich August vorgeschlagen haben.

Maria Magdalena war etwa zwanzig Jahre alt, als der Kurfürst-König sie kennenlernte. Sie war, wie die Lubomirska, verheiratet. Ihr Mann, Graf Bogislaw Ernst von Dönhoff, war gut zwanzig Jahre älter als Maria und in Geldschwierigkeiten. Die Ehe wurde geschieden, auch diesmal mit Zustimmung der katholischen Kirche.

Über die Dönhoff sind mehr Geschichten denn verbürgte Tatsachen bekannt. Fast hatte es den Anschein, als sei der Wettiner der Mätressen müde geworden. Er war inzwischen vierzig Jahre alt, wog über 120 Kilogramm und hatte sich mehrfach in Karlsbad Kuren unterziehen müssen. Maria Magdalena, weiß wieder Pöllnitz zu erzählen, stand August dem Starken nicht gleich

Maria Magdalena von Dönhoff.
Gemälde von Adam de Manyoki, o. J.

an. „Die ihm gefallen sollte, musste Leibhaftigkeit und Feuer haben, und eben dieses fehlte der Madame Dönhoff...“ Das änderte sich.

Den Polen gefiel die Cosel nicht. Sie war evangelisch und hatte, als sie in Warschau weilte, daraus keinen Hehl gemacht. Der polnische Adel wollte eine polnische Mätresse für Augustus Rex. Das war auch Flemming, Vitzthum, Fürstenberg lieber. Man wurde sich also einig: die Cosel musste fallen, die Dönhoff aufsteigen. Daher galt es Gelegenheiten zu schaffen, damit sich der König und die Polin näherkamen. An einem Abend sang die Dönhoff für den König und sang sich ihm ins Herz, obwohl er zuvor gar nichts an ihr finden konnte. Pöllnitz, der nicht dabei war, wusste es genau: „Der König wurde erweicht und fing an, ganz verliebt mit ihr zu sprechen, worauf sie aber nur mit zärtlichen und matten Blicken antwortete.“ Augusts späterer Minister Ernst Christoph Graf von Manteuffel schrieb in einem Brief: „Die Gräfin ist wie ein Kind, das nicht allein laufen kann und das auf die Nase purzelt, sobald man aufhört, es zu führen…“ Berichtet wird, dass sich die Dönhoff gern mit Affen und Papageien beschäftigte.

Die Cosel im fernen Dresden erfuhr von Friedrich Augusts polnischer Mätresse. Sie war nicht bereit, einer Zwanzigjährigen zu weichen. Schon mehrfach hatte sie als Siegerin triumphiert: Jahre zuvor über die französische Tänzerin Angélique Duparc, die der Kurfürst nach Dresden eingeladen hatte, über andere Liebschaften des Kurfürsten hatte sie hinweggesehen. Stets hatte sie seine Zuneigung zurückgewonnen. Sie glaubte auch jetzt an ihren Erfolg. Haxthausen, ihr Vertrauter, berichtet: „Vierundzwanzig Stunden meiner Gegenwart genügen“, sagte sie ihm, „um alles im Herzen des Königs über den Haufen zu werfen, was meine Feinde in einem Jahr gegen mich gebaut haben.“

Sie gab Befehl zur Reise. Das Ziel verschwieg sie. Sie traute ihren Gegnern nicht. Vielleicht auch wollte sie Friedrich August überraschen. Er würde sie in die Arme schließen. Sie war optimistisch. Andere gaben auch Befehl, als ihr Ziel bekannt wurde. Kuriere gingen auf den Weg. Sie hatten mitzuteilen, was die Cosel vorhatte. Es heißt, Flemming hätte dem Kurfürsten die Nachricht von der zu erwartenden Ankunft Anna Constances mitgeteilt. Er wird das Seine getan haben.

Anna Constance von Brockdorff machte sich auf den Weg zum König. Unweit von Lodsch in Polen, traf sie auf Offiziere Augusts des Starken. Im Namen des Königs wurde ihr die Weiterfahrt verboten. Sie protestierte, drohte. Sie soll sogar eine Pistole gezogen haben. Es nutzte ihr nichts. Sie musste unter Bewachung nach Dresden zurückkehren. Auf diese Weise zog sich August vorerst aus der Affäre – nicht sehr ehrenhaft.

Der Dresdner Hof weidete sich am Missgeschick der Cosel. Hoffte sie trotzdem, dass nicht alles verloren war? Schon einmal war ihr eine Polin im Weg gewesen, die Lubomirska. Gleichaltrig waren sie. Und sie, nicht die schöne Polin, hatte gewonnen. Anna Constance mag unruhig, grübelnd in ihrem weiträumigen Taschenberg-Palais umhergegangen sein. Prächtig war es ausgestattet. Kühle Räume für den Sommer, mit schönen Teppichen geschmückt für den Winter. Hier hatte er sie besucht, hier hatte sie ihn empfangen, hier hatten sie gefeiert. Noch war es möglich, hoffte sie, zu Friedrich August zu gelangen, wenn er wieder in Dresden weilte.

Die Cosel musste erfahren, dass diesmal die Dönhoff forderte, was sie einst von der Lubomirska gefordert hatte. Magdalena bestand darauf, dass Friedrich Augusts Dresdner Mätresse die Residenz verließ, bevor sie an der Elbe eintraf. Angeblich hatte sie Angst, von der Cosel erschossen zu werden.

Constance wird sehr ratlos gewesen sein. Niemand hielt zu ihr. „Man braucht die Laterne des Diogenes, um einen wahren Charakter zu finden“, klagte sie. Und verbittert fuhr sie fort: „Der Königstein ist besser, als in aller Welt bekannt zu sein als Person, die wegen schlechter Aufführung ins Exil gejagt wird…“ Sie lehnte es ab, die Stadt zu verlassen, obschon dies der Wunsch des Königs war. Mitte Dezember 1713 traf ein Befehl Friedrich Augusts in Dresden ein. Darin wurde angeordnet, den Gang zwischen Schloss und Taschenberg-Palais abzubrechen und die Doppelposten vor der Wohnung der Gräfin abzuziehen.

Flemming gab sofort Anweisung, mit der Arbeit zu beginnen. Selbst nachts gingen die Abbrucharbeiten weiter. Was Anna Constance empfand, steht in einem Brief an ihre Mutter: „Der König ist sehr zu beklagen, da er in üblen Händen ist, von Leuten, die nur ihre Fortune machen wollen. Ich bin vielleicht die einzige, die es recht zu Herzen nimmt, weil ich ihn mehr geliebt habe als meine Seele und ihn auch in Ewigkeit nicht vergessen werde." Einen Tag vor Heiligabend verließ die Cosel Dresden. Die Stadt zu betreten war ihr künftig verboten. Sie ging nach Pillnitz, das ihr August der Starke in den großen Tagen der Liebe geschenkt hatte. Die Dönhoff hatte ihr Ziel erreicht. Ungestört konnte der Kurfürst-König mit ihr Einzug halten und sie seinen Sachsen präsentieren.

Ende 1715 erschien Anna Constance unerwartet im Schloss. Sie übergab den Schlüssel zum Taschenberg-Palais. Zu dieser Zeit deutete nichts auf ihr kommendes Schicksal hin. Friedrich August hatte ihr Anfang Dezember ein Dekret zukommen lassen. Danach wurde ihr gestattet, sich an allen Orten ungehindert zu bewegen, sofern sich der König dort nicht aufhielt. Die persönliche Freiheit wurde ihr zugebilligt. Aber es gab in dem Dekret auch Forderungen. Die Cosel sollte Pillnitz und die ihr überlassenen oder geschenkten Häuser dem König zurückgeben. Hatte er nicht versprochen, sogar schriftlich, dass ihr Besitz und ihr Vermögen unangetastet bleiben, ganz gleich, wie sich alles entwickeln wird? Friedrich August sicherte ihr für die Rückgabe zweihunderttausend Taler zu, die er in zehn Jahresraten abzahlen wollte. Und er verlangte das „contract"-Papier, das Eheversprechen, zurück, auf das sie seinen Worten zufolge voller „Anmaßung" bestanden hatte. „Das Dokument werde ich keinesfalls herausgeben", ließ sie Flemming wissen, „und ich bitte den König, nicht darauf zu bestehen. Denn es ist die Grundlage, auf der mein ganzer Anspruch beruht, da das Talent meiner Person und das meines Herzens nicht mehr zählen." Bald drohte sie, den Inhalt des Versprechens öffentlich bekannt zu geben, was sie nie tun wird. Als Friedrich August die Papiere ultimativ zurückforderte, behauptete die Cosel, dass das Eheversprechen außerhalb Sachsens, im Familienarchiv der Brockdorffs in Drage, aufbewahrt sei. Ohne Zustimmung eines gewissen Verwandten, der in Berlin in der Festung Spandau einsaß, würde sie nicht in den Besitz der Papiere gelangen. Eine seltsame Begründung! Sie bat, nach Berlin reisen zu dürfen. Christian Heinrich von Watzdorf, den der König mit der Klärung der Coselaffäre beauftragt hatte, erlaubte ihr die Reise, nachdem sie ihm versichert hatte, zurückzukehren und die Papiere auszuliefern. Am 12. Dezember 1715, auf den Tag zehn Jahre nach dem Erhalt des königlichen Eheversprechens, verließ die Cosel die Residenz.

Fürstenberg vermutete sofort Flucht. Schnell wurde seine Annahme bestätigt. Trotz häufiger Aufforderungen kehrte die Cosel nicht nach Sachsen zurück. Hatte sie Watzdorf bewusst getäuscht? Dafür spricht einiges. Es gibt keinen überzeugenden Grund, warum sie nicht direkt nach Drage fuhr, um die Papiere aus dem Familienarchiv zu holen. Bevor sie abreiste, ließ sie fünfzehn Kisten Wertsachen außer Landes bringen. In einem Brief begründete sie, warum sie die Rückkehr verweigerte: „Man gibt mir weder Mitleid noch Gerechtigkeit, ich bin ganz meinen Feinden ausgesetzt." Am Hof war man sich schnell einig: Sie habe heimtückisch gehandelt und Watzdorf hinters Licht geführt. Was auch die Ursachen für ihre verweigerte Rückkehr gewesen sein mögen, die genauen Umstände und Hintergründe lassen sich nicht mehr rekonstruieren. Eins jedoch steht fest. Friedrich August erhielt von ihr das Eheversprechen nicht zurück.

Es bleibt ein Rätsel, warum die Cosel die Rückgabe des Versprechens ablehnte. Glaubte sie wirklich, sich gegen den Kurfürsten stellen zu können? Von Berlin aus verlangte sie mehrmals, dass der Kurfürst seinen finanziellen Verpflichtungen nachkomme.

Friedrich August, über ihr Verhalten verärgert, erteilte seinem Gesandten am brandenburgisch-preußischen Hof, Graf Manteuffel, einen delikaten Auftrag. Er sollte auf diplomatischem Weg die Auslieferung der Cosel erreichen. Eine Begründung wurde zurechtgezimmert. Darin hieß es, die Gräfin Cosel verschwende das Vermögen ihrer Kinder und weigere sich, wichtige Papiere herauszugeben. Daraufhin befahlen ihr die preußischen Behörden, Berlin zu verlassen. Anna Constance muss ziemlich überstürzt abgereist sein, denn der größte Teil ihrer Habe blieb in Berlin zurück. Sie ging nach Halle, das auf hohenzollernschem Territorium lag. Dort stieg sie im Gasthaus „Zur Preußischen Krone“ ab.

Manteuffels Verhandlungen mit den Preußen gestalteten sich schwierig. Der Hohenzollern-König schien anfangs wenig geneigt, die Cosel auszuliefern. Doch Manteuffel ließ nicht locker. Schließlich wurde die Gräfin in Arrest genommen. Watzdorf erschien noch einmal bei ihr und verlangte die Rückgabe der Papiere. Er versprach ihr die Freilassung aus dem Arrest, wenn sie dem Wunsch des Königs nachkomme. Überzeugt, dass ihre Gegner triumphiert hatten, lehnte sie ab. War das eine Tat der Verzweiflung?

Nach Watzdorfs misslungener Mission drängte der sächsische Kurfürst auf ihre schnelle Auslieferung. Manteuffel bot König Friedrich Wilhelm preußische Deserteure an. Das war nach dem Geschmack des Hohenzollern. Am 22. November 1716 wurde die Cosel im Austausch gegen die Deserteure an der preußisch-sächsischen Grenze übergeben. Ein Ehrenmann, der Preuße! Das Unglück nahm seinen Lauf. Es war anfangs unklar, was Friedrich August mit seiner ehemaligen Mätresse vorhatte. Er schrieb aus Warschau an Watzdorf: „Meine Absicht ist, dass sie ehrenhaft behandelt werden soll, es wird genügen, wenn man ihr zwei Offiziere gibt, ohne andere Wachen, um sie an einen sicheren Ort zu bringen, der entweder das Schloss von Meißen sein könnte oder das von Nossen.“ Freiherr von Löwendal, Oberhofmarschall, den die Cosel gefördert hatte und der mit ihrem Fall um seine eigene Position fürchtete, schlug dem Kurfürsten vor, die Cosel nach Stolpen zu bringen. Der Kurfürst stimmte zu und riet Watzdorf: „Die Gräfin Cosel wird nach dem Grund ihres Arrests fragen. Sie sagen ihr, dass sie ihn niemand anders zu verdanken habe als sich selbst, dass man sie oft genug ermahnt hat, mäßig in ihren Reden und Schriften zu sein, aber das sie weder diese Ermahnungen hören noch ein ordentliches Benehmen zeigen wollte, ist man wider seinen Willen gezwungen gewesen, zum äußersten Mittel zu greifen.“

Das erste Nachtquartier in Gefangenschaft wurde in Merseburg genommen. Zwei Wachoffiziere, die in ihrem Zimmer schliefen, vergewaltigten sie. Die Cosel in einem Brief: „Und wenn das Unglück mich schwanger macht, werde ich dieses Produkt für den Messias ausgeben.“ Ihre Gesundheit verschlechterte sich. In Nossen erlitt sie einen Nervenzusammenbruch. Erst am Heiligabend wurde die Reise fortgesetzt. Dresden wurde nicht berührt. Auf der Burg Stolpen, auf dem Basaltfelsen, fand ihre Rückkehr ein trauriges Ende.

Sofort nach ihrer Ankunft wurde die Besatzung der Burg um vierzig Mann und vier Unteroffiziere verstärkt. Die Cosel erhielt zwei Stockwerke im Zeughaus als Wohnung. Fünf Personen standen zu ihrer persönlichen Verfügung: Kammermädchen, Magd, Koch, Tafeldecker, Stubenheizer, durchaus eine standesgemäße Dienerschaft. Jeder Kontakt zur Außenwelt wurde der Gefangenen untersagt. Friedrich August schrieb eigenhändig nach Stolpen: „Niemand soll ohne Verwissen des Kommandanten und dem Kapitän Heinecken ins Schloss gelassen werden, daß sie durch dieselben mit niemanden eine Unterredung pflegen kann." Offenbar vertraute Friedrich August der Besatzung nicht, denn es hieß weiter: „Weder der Major noch Kapitän Heinecken sollen allein mit der Gräfin sprechen, sondern beide nur zusammen, sie sollen nicht mit ihr essen... Spaziergänge im Tiergarten sind ihr in Begleitung des Majors und des Kapitäns zu gestatten, doch sind die Schildwachen um den Tiergarten, der vorher zu visitieren, zu stellen ... Geld darf der Gräfin nicht gegeben werden ... In der unter der Gräfin Fenster nach dem Tiergarten zu liegenden Wachstuben muss Tag und Nacht ein Unteroffizier mit der nötigen Mannschaft verbleiben, die aufs schärfste anzuweisen sind, wohl achtzuhaben, damit von den Fenstern nichts heruntergelassen oder hinaufgezogen werden könne." Warum diese Härte?

August der Starke befahl, das Vermögen der Cosel sicherzustellen. Die Suche nach ihren Wertsachen, die sie zum Teil ins Ausland geschmuggelt hatte, wurde aufgenommen. 1721 wurde ihr Pillnitz für 6.400 Reichstaler abgekauft. Für 2.000 Taler erwarb der Wettiner die Juwelen zurück. Ein Kuratorium wurde eingesetzt, das ihr Vermögen zu verwalten hatte. Es belief sich auf 624.934 Reichstaler, fünf Groschen und zehn Pfennig. Davon wurden die Erziehung ihrer Kinder und ihr eigener Unterhalt bestritten.

Die Gräfin Cosel nahm ihre Gefangenschaft nicht tatenlos hin. Aber all ihre Bitten, die Freiheit wiederzuerlangen, wurden abgewiesen. Friedrich August dazu: „Aber wie kann man sich auf sie verlassen, nachdem sie so oft Wort gebrochen hat." 1725 lehnte der Wettiner ihre Freilassung erneut ab. Als der Kurfürst 1733 starb, legte die Cosel Trauerkleidung an. Siebzehn Jahre war sie inzwischen in Gewahrsam. Sie hoffte, die Burg verlassen zu dürfen. Sie hoffte vergeblich.

Als Friedrich August starb, war die Gräfin Cosel zweiundfünfzig Jahre alt. Weitere zweiunddreißig sollten vergehen, ehe die einst Umworbene und Gefeierte auf Burg Stolpen begraben wurde. Etwa neun Jahre hatte sie sich als Geliebte behaupten können, neunundvierzig Jahre war sie in Staatsgefangenschaft. Ein hoher Preis für eine kurze Spanne Glanz. Auch Glück?

Zu einer offiziellen Schuldbegründung ist es nie gekommen. Nie hat sich ein Gericht mit dem Fall Cosel beschäftigt, nie ist ein Urteil gesprochen worden. Sie selbst hat nie erfahren, was ihr im Einzelnen vorgeworfen wurde. Als ihre Verwandten wissen wollten, warum die Cosel auf Stolpen in Gewahrsam war, kam der Kurfürst in Verlegenheit. Seine Behörden schlugen ihm vor, er solle „ihre Bosheit, ihren Geiz, ihre Intrigen und ihre schlechte Aufführung" als Grund angeben. Das schien selbst Friedrich August nicht angeraten. Auch das Geheime Kabinett war nicht in der Lage, eine verbindliche Antwort zu geben: „... es seien dem treugehorsamsten Ministerio die eigentlichen Ursachen, warum die Gräfin mit Arrest belegt, so genau und zuverlässig nicht bekannt, es wisse aber auch nicht, dass sie etwas Criminelles oder so etwas Enormes begangen, weshalb sie mit ewigem Gefängnis bestraft zu werden verdiene."

Nach dem Tod Augusts des Starken bat die Cosel Graf Wackerbarth, ihr mitzuteilen, was gegen sie vorliege. In dem Schreiben betont sie, wie schon so oft zuvor, dass sie sich keiner Schuld bewusst sei. Eine Antwort wurde ihr nicht erteilt. Warum also diese ungewöhnlich lange Haft für diese Frau? Es gibt kein ähnliches Beispiel an den anderen absolutistischen Höfen Europas.

Man stelle sich vor, wie die Gräfin Cosel in der Unwirtlichkeit und Kälte der Burg hinter meterdicken Mauern, hoch oben auf dem Basaltfelsen, ständig bewacht, über ihren Fall nachsann, ohne eine überzeugende Erklärung zu finden, wie sie auf eine Wende des Schicksals hoffte, auf Freilassung. Viele – Flemming, Vitzthum, Wackerbarth und andere - sagten dem Wettiner Großzügigkeit und Milde nach. Er sei ein Mann gewesen, der verzeihen konnte, auch wenn er nichts vergaß. Diese Gefangenschaft lässt solche Urteile fragwürdig erscheinen. Zu offenkundig liegt Machtmissbrauch vor. Oder war Hass im Spiel, jenes Unberechenbare zwischen den Menschen, das schwer zu fassen ist. Friedrich August hatte von der Cosel das Eheversprechen zurückverlangt – sie hatte es ihm abgeschlagen. Der König hatte ihr gedroht, sie hatte den Mut, ihm die Stirn zu zeigen. Erklärt sich vielleicht daraus die Härte des Kurfürsten? Keine Frau zuvor hatte sich ihm widersetzt. Dass eine Frau unter den damaligen Verhältnissen und Abhängigkeiten einem Mann ernsthaft widersprach, war wider jede Regel und Vorstellung. Es musste ins Gewicht fallen, wenn sich eine Frau, gar eine Mätresse, dem Willen des Königs entgegenstellte. Das könnte eine Erklärung sein. Aber sie träfe spätestens nach dem Tode Friedrich Augusts nicht mehr zu. Auch Friedrich Augusts Sohn ließ die Cosel nicht frei. Folgte er dem Wunsch des Vaters? Oder war Gleichgültigkeit im Spiel? Oder ging es um Geld? Wieder in Freiheit, hätte die Cosel ihr Vermögen zurückverlangen können. Das zu verhindern lag im Interesse der Hofkasse. Auffällig ist, dass sich auch die Kinder der Cosel kaum für sie interessierten.

Sie, gewiss auch die Männer der Töchter, waren Nutznießer ihres Vermögens. Als die beiden Töchter der Cosel heirateten, erhielten sie aus dem Vermögen ihrer Mutter eine Mitgift von jeweils hunderttausend Talern.

Nach 1830 wurde intensiv über die Gräfin Cosel geforscht. Einige Autoren meinten, dass der Kurfürst sie auf der Burg festgehalten habe, weil sie die Herausgabe des Eheversprechens verweigert hatte. Sicher war dies der Anlass, die Cosel nach Stolpen zu bringen. Aber die Behauptung, die Veröffentlichung dieses Dokumentes hätte den König in Schwierigkeiten gebracht, ist fragwürdig. Sollte er wirklich dieses Stück Papier gefürchtet haben? Er hat sich über ganz andere Verträge und Versprechen hinweggesetzt. Weiter heißt es, die Cosel sei in Haft genommen worden, damit sie keine Staatsgeheimnisse verrate. Auch dieses Argument ist nicht haltbar. Das hätte sie schon vorher, also vor der Verhaftung, in Berlin tun können. Und: Wer jemals etwas mit Politik zu tun gehabt hat, weiß, wie schnell Staatsgeheimnisse veralten. Betont wird, dass sie Feinde am Dresdner Hof hatte, die das Ihre getan haben werden, um die Frau endgültig loszuwerden, um sie zu lassen, wo sie war. Aber ihre Feinde starben im Laufe der Jahre. Flemming als erster, Wackerbarth, Vitzthum. Der sächsische Adel mochte sie nicht. War sein Einfluss so groß, dass die Frau über den Tod des Königs festgehalten wurde? Auch den Ständen war die Gräfin Cosel verhasst. Sie hatte sie gezwungen, ihrer Tochter Friedricke Alexandria ein Patengeschenk von viertausend Talern zu machen. Es ist anzunehmen, dass man ihr dies und die vielen anderen Triumphe nicht vergessen hat. Welche Fragen man sich auch stellt, sie sind nicht eindeutig zu beantworten. Wir werden die Wahrheit wohl nie erfahren, warum die Gräfin Cosel, die am 31. März 1765 starb, neunundvierzig Jahre Staatsgefangene gewesen ist. Vielleicht wusste dies schon damals niemand.

Der König und sein Architekt

Matthäus Daniel Pöppelmann kam vermutlich 1680 nach Dresden. Er war achtzehn Jahre alt. Was den Herforder an der Elbe festhielt, kann nur vermutet werden. Vielleicht Wolf Caspar von Klengel, der für das militärische und zivile Bauen in Sachsen verantwortlich war. Klengel hatte die Niederlande, Frankreich und Italien – seit der Renaissance Wallfahrtsort der Künstler und Wissenschaftler – bereist und galt zu seiner Zeit als bedeutender Architekt. Vielleicht hielt Pöppelmann das Palais im Großen Garten fest, dieser schöne Anfang barocker Architektur in Dresden, vielleicht die liebliche Elblandschaft, vielleicht ein Gönner, der ihn an den Hof vermittelte.

Pöppelmann wurde im kurfürstlichen Bauamt eingestellt, anfangs als Gehilfe. 1691 war er Baukondukteur, berechnete Kostenanschläge, zeichnete und war für Reparaturen verantwortlich. Er muss sich hervorgetan haben. Zwei Jahre später erhielt er von Johann Georg IV. ein Geschenk, eine unbenutzte Salpeterhütte und Brachland in Neustadt-Ostra, der späteren Friedrichstadt.

Als Friedrich August Kurfürst wurde, war er vierundzwanzig Jahre alt, Matthäus Daniel Pöppelmann zweiunddreißig und Balthasar Permoser, der sich ebenfalls in Dresden niedergelassen hatte und sogleich Hofbildhauer geworden war, zählte dreiundvierzig Jahre. Es lebten drei Männer in der sächsischen Residenz, die Baugeschichte machen sollten, ein Westfale, ein Bayer und ein Sachse, drei Temperamente, vor allem aber drei Köpfe. Sie werden Kühnes erdenken, von Unmöglichem träumen; fast immer werden sie sich mit Kleinerem bescheiden müssen. Entstehen wird dennoch einiges, wovon Europa reden wird.

Der junge Kurfürst hatte hochfliegende Pläne. Seine Residenz sollte im Glanz erstrahlen, sollte den anderen großen Residenzen nicht nachstehen. Bauträume entstanden, vorerst vor allem vom Schloss. Sie fanden kaum Verwirklichung, da Sachsens Geld, wie wir wissen, zunächst für Kanonen, Vorderlader und Soldaten gebraucht wurde. Das war der dritte große Widerspruch, in dem sich der Wettiner Zeit seines Lebens befand. Nie reichte das Geld, um seine vielen Bauprojekte zu verwirklichen. Er blieb im Schloss seiner Väter sitzen. Schloss Pillnitz fiel bescheidener aus als entworfen – zum Glück, denn es war für die Landschaft zu groß gedacht. Das Schloss in Großsedlitz blieb Fragment.

1705 waren viele am Dresdner Hof überrascht. Pöppelmann, dessen jährliches Gehalt 314 Taler betrug, wurde Landbaumeister und Hofarchitekt und bald zum entscheidenden Mann in allen Baufragen. Der König hatte seinen Architekten gefunden. Das sollte sich bis zum Tode Friedrich Augusts nicht ändern.

Friedrich August – in seinem Lande die Schweden, die sich von den Kriegsstrapazen erholten und auf Kosten Sachsens mästeten – nahm alte Pläne wieder auf. Als Feldherr hatte er mehrfach versagt, obwohl er sich gern von seinem Hofmaler Louis de Silvestre in kriegerischer Pose porträtieren ließ (statuarisch in den Rahmen gesetzt, in großer Leibesfülle, die Brust ordensgeschmückt, den Kopf mit überquellendem Perückenhaar bedeckt, weist der Feldherr Friedrich August überlegen auf das ungemalte Schlachtgetümmel), als Bauherr sollte er zum großen Anreger werden. Polen hatte er unglücklich regiert. Nun sollte die Baukunst seine politischen Ambitionen fördern, die Bedeutung Dresdens erhöhen. Die Stadt wurde nach 1706 zum Bauplatz. Pöppelmann war herausgefordert. Kurios ist, wie der bedeutendste Bau der sächsischen

Residenz, der Zwinger, begonnen wurde. August der Starke liebte exotische Bäume und Pflanzen. Reichlich hatte er Lorbeer-, Orangen-und Zitronenbäume, Feigensträucher und Granatapfelbäume zusammengekauft – eine barocke Sammlerleidenschaft, die das wachsende höfische Interesse an Exotik in der absolutistischen Zeit widerspiegelt. Wer als Landesherr etwas auf sich hielt, musste die Gewächse aus dem Süden besitzen. Das Problem für den Kurfürsten: Er hatte für sie keine geeignete Unterkunft. Jahrelang war er gezwungen, sie beim reichen Kaufmann Dietrich Apel in Leipzig unterzustellen. Das war ein misslicher Zustand. Lange zuvor waren die ersten Orangerien in Frankreich, im Schlossgarten von Versailles, gebaut worden. Inzwischen waren sie auch an den deutschen Höfen in Mode gekommen. Und Dresden, die wettinische Residenz, besaß keine.

1709 war der Entschluss gefasst. Eine Orangerie musste her. Friedrich August überwies noch im gleichen Jahr das erste Geld für ihren Bau und beauftragte Pöppelmann mit der Ausführung. Offenbar war der Wettiner zufrieden, wie der Süddeutsche den Mittelteil des Taschenberg-Palais gestaltet hatte, wohl gemeinsam mit dem Dresdner Karcher, dem Architekten des Großen Gartens.

Friedrich August, von Unruhe erfasst, wenn er bauen ließ, drängte aufs Tempo. Das begonnene Gebäude sollte „so bald als nur immer möglich für unsere angeschaffte und zugleich sich mehrende Orangerie" fertiggestellt werden.

Die Anforderungen an Pöppelmann stiegen. Und es ist schön, dass er nicht in Ehrgeiz erstickte und in Untertänigkeit versank. Gesunder bürgerlicher Erwerbssinn zeichnete den begabten Landbaumeister aus. Der König hielt seinen Architekten kurz, zeigte sich knausrig. Bevor Pöppelmann sein neues Amt übernahm, hatte er sich manchen Taler dazu verdient: zum Beispiel mit dem Kauf und Verkauf von Grundstücken. Dafür blieb ihm keine Zeit mehr. Die 364 Taler, die ihm der Kurfürst für seine Arbeit zahlen ließ, waren Pöppelmann zu wenig. Er forderte höheres Gehalt. Schriftlich. August Christoph Wackerbarth, Generalfeldmarschall und Generalintendant des Bauwesens, unterstützte ihn. Er sei, teilte er dem König über seinen Landbaumeister mit, ein „capabler (fähiger) Mann ..., der seinen Riss (Entwurf) wohl versteht" und dem seine „fleißigen Dienste und mehrere Verrichtungen, zu denen er sonst nicht gedungen, einigermaßen vergolten werden" sollten. Der König, der gern an seinen Leuten sparte, sah sich zur Erhöhung genötigt, versprach sie 1708 und kam ihr erst ein Jahr später, allerdings rückwirkend, nach. Pöppelmann ließ auch in den folgenden Jahren nicht locker, wenn es ums Geld ging. Er beanspruchte, was er zu beanspruchen hatte. 1711 wurden ihm 1.200 Taler bewilligt – das Jahresgehalt eines Oberlandbaumeisters, zu dem er offiziell jedoch erst 1718 ernannt wurde. Damit ließ es sich leben, zumal der Kurfürst bei aller Knausrigkeit auch wieder großzügig war, wenn ihn Pöppelmann mit seinen Entwürfen und Bauten zufriedenstellte. Und das gelang dem Herforder öfter.

Gemeinsam berauschten sie sich an Entwürfen, verwarfen sie, schufen neue. Es ist belegt, dass Friedrich August oft erste Vorstellungen skizzierte, Grundrisse aufs Papier zeichnete. Dies hatte ihm Klengel beigebracht. Die Orangerie und später der Zwinger sollten mit dem Schloss zu einem aufeinander abgestimmten Ganzen gefügt werden.

Es spricht für den wachen Sinn des Sachsen, dass er, trotz Eile und Ungeduld beim Zwingerbau, Pöppelmann nach Rom schickte. Wackerbarth hatte diese Reise angeregt, damit der Architekt des Königs Gelegenheit bekam, die „itzige Arth des Bauens so wohl an Palästen alsz Gärten zu ersehen absonderlich aber die ihm mitgegebenen Risse zu hiesigem Schloss Bau mit den vornehmsten Bau-Meistern und Künstlern zu überlegen ...". Der König, einst selbst Italienfahrer, bewilligte Pöppelmann tausend „Dahler". Im Februar 1710 verließ Pöppelmann Dresden. Sein Ziel war die Ewige Stadt, das Ursprungsland des barocken Kirchenstils.

Soviel darf man behaupten: Die Anregungen, die der Deutsche von dieser Reise erhielt, waren nachhaltig. In Wien, wo er Zwischenstation machte, lernte er den älteren Fischer von Erlach kennen. Fischer von Erlach, der in Italien studiert hatte, war im Alter von dreißig Jahren nach Wien zurückgekehrt und hatte für eine Sensation gesorgt. In einem Wettbewerb war ihm vor den Italienern, den damals führenden Baumeistern in Europa, der Vorrang gegeben worden. Pöppelmann studierte Fischer von Erlachs Entwürfe zum Schloss Schönbrunn, dem kaiserlichen Lustschloss. Wäre jenes aufs Papier geträumte Bauwerk, von dem laut Erlach „Majestät biß an die gränzen von Hungarien hätte sehen können", im vollen Umfang ausgeführt worden, hätte es Schloss und Anlage von Versailles übertroffen – Ausdruck der Rivalität, die zwischen den Häusern Habsburg und Bourbon ein Jahrhundert währte, bis Napoleon I. die Großmacht Österreich besiegte und 85 Millionen Franken als Kriegsentschädigung kassierte.

Wien war für Pöppelmann ein Erlebnis. Rom, Italien übertrafen das Gesehene. Wie mag die Stadt am Tiber auf Pöppelmann gewirkt haben? Das große Rom mit seiner in Stein verewigten Geschichte und das enge wettinische Dresden; die Villen und schönen Gärten, die Höfe und Wasserspiele, die Hallen und Kolonnaden, diese römisch-klassische, diese zeitgenössisch-barocke Architektur und die Mauern und Bastionen der Festung Dresden, Michelangelos Kuppel auf dem Sankt Peter, Raffaels Kampfbahn, das Amphitheater, der Circus und die Holzhäuser der Dresdner Bürger – das waren Kontraste. Pöppelmann sah genau hin. Was er vor Augen bekam, nahm er auf, versenkte es in sein Gedächtnis. Später nennt er den Zwinger „eine römische Erfindung".

Diese Bemerkung könnte missverstanden werden. Zu vordergründig enthält sie, scheinbar, den Gedanken der Abbildung, der Nachahmung. Natürlich übernahm Pöppelmann manches – so zum Beispiel die Kunst der Wasserspiele –, aber er übernahm für sich, was ihm verwandt und was ihm zu gestalten möglich war. Wie die Philosophen und Wissenschaftler, Maler und Schriftsteller dem vorhandenen Wissen neue Gedanken und Erkenntnisse hinzufügten, taten es auch die Architekten auf ihre Weise. Im alten Rom wurden Kuppel und Bogen zu einer ersten künstlerischen Meisterschaft geführt. Der Rundbogen drang nach Norden vor und fand als romanischer Stil seine höchste gestalterische Ausprägung. Das Bürgertum verhalf dem Spitzbogen zum Sieg. Hoch erhoben sich die Kathedralen über die niedrigen mittelalterlichen Häuser und stinkenden Gassen, über Mauern und Befestigungswälle und schwangen sich in Frankreich, England und Deutschland zu Chorälen auf, die sich weit der mittelalterlichen Wirklichkeit enthoben. Die Renaissance zeigte die breite Fassade ihrer Gebäude der Straße und den Plätzen – jeder Baustein ein Individuum. Im Gegensatz zur Gotik dominierte die Horizontale, die ruhige Linie; Türme und Spitzen verschwanden. Der Barock sprengte alle bisherigen Formen. Die Linien scheinen sich aufzulösen, die Illusion von unbegrenzten Räumen entsteht, alles hat einer einzigen, großen Hauptwirkung zu dienen, selbst Schatten und Licht verpflichten die Baumeister dieser Steigerung. Pöppelmann fügte dieser Architektur seine eigene Sicht und Formensprache hinzu, die den bedeutenden deutschen Literaturwissenschaftler Herrmann Hettner zu folgender

Entwurf für den Neubau des Residenzschlosses in Dresden von Matthäus Daniel Pöppelmann, um 1717

Bemerkung über den Zwinger bewog: „Wie der Modetanz seiner Zeit, das Menuett, ist er die gemessene heitere Bewegtheit koketter Grazie, ein Sommernachtstraum im Stil von Versailles...“

Der Bau der Orangerie wurde nach Pöppelmanns Rückkehr fortgesetzt. Die Pläne gingen bald ins Weite. Bis zur Elbe sollte die Anlage reichen, Museen für die kurfürstlichen Sammlungen sollten hinzukommen. Auf dem Papier entstanden Gärten und Kolonnaden, Terrassen und Wasserspiele. Was Pöppelmann entwarf, sprengte die Enge der Festung und stieß auf Widerstand, auf entschiedenen Widerstand.

Und die, die sich dem Architekten des Königs entgegenstellten, waren keine Geringeren als Graf Christoph August von Wackerbarth und Flemming. Wackerbarth, Pöppelmann durchaus zugetan, war nicht mehr bereit, dem Architekten zu folgen. Die neuen Bauideen gerieten in Widerspruch zu den damaligen militärischen Auffassungen und Überzeugungen. Wo der König und Pöppelmann in Dresden auch zu bauen gedachten, stets stand ihnen Enge entgegen. Noch umgab eine geschlossene Mauer die Stadt, nur durch Tore gelangte man nach Dresden hinein. Wer an der Sicherheit der Residenz rüttelte, bekam es mit den Militärs zu tun. Ihnen war die Verteidigung Dresdens wichtiger als architektonische Ambitionen. Kategorisch lehnten sie die Öffnung der Stadt ab. Aber ihrem Nein stellten sich wichtige Ereignisse entgegen.

Am 17. April 1711 starb Kaiser Joseph I. Bis zur Wahl eines neuen Kaisers durch den deutschen Reichstag mussten zwei Vikare das Heilige Römische Reich Deutscher Nation führen. Nach altem Gesetz fiel ein Vikariat den Wettinern zu. August der Starke wurde Reichsvikar, Dresden für kurze Zeit zum Mittelpunkt Deutschlands. Als die Nachricht vom Tode Josephs I. eintraf, befand sich Friedrich August zu einer Kur in Karlsbad. Um standesgemäß empfangen zu können, ließ er den Thronsessel aus Dresden nach Karlsbad kommen. Dieses Amt war so recht dazu angetan, das Selbstwertgefühl des Wettiners zu erhöhen.

Gewiss träumte er wieder von der Kaiserkrone, die jetzt zu vergeben war, von Sachsen als Mittelpunkt des Reiches, von Größe, Bedeutung und Einfluss. Die Krone Polens fest auf dem Kopf, wirtschaftlich nicht erfolglos, die Stände besser in der Hand, konnte er auch dem Bauen in Dresden neue Impulse geben.

Der Kurfürst verdoppelte die Summe für die Orangerie. Und er stieß ebenso wie sein Architekt auf das Nein des Militärs. Hier die Sicherheit der Stadt, wie man sie damals verstand, dort der Zwinger, der sich Pöppelmanns Plänen zufolge über Wälle und Mauern hinwegsetzte, hier sein Architekt, der ihn drängte, dort die Soldaten, die ihre bedenkenswerten Argumente hatten. Unvereinbar ihre Auffassungen. Was die Sache so schwierig machte: jeder hatte auf seine Weise recht. Der Kurfürst-König musste sich entscheiden. Nur ihm würden sich Wackerbarth und Flemming fügen, mit Murren zwar, aber sie würden sich fügen. Dachte Friedrich August an den Canal Grande in Venedig, der diese Stadt an seine Ufer band und ihr eine unverwechselbare Atmosphäre verlieh? Sein Pöppelmann war kühn gewesen. Er hatte in seinen Entwürfen eine schöne Langgalerie und ein Tor, das eine kunstvolle Krone schmückte, auf Teile der Festungsmauer gesetzt. Was der Pöppelmann vorhatte, gefiel ihm. Die Wandelgänge auf den Galerien, die festlichen Fenster, das üppige Rankenwerk an den Fassaden. Er hatte gut getan, diesen Mann zu seinem ersten Architekten zu machen. Der dankte es ihm mit großartigen Bauten, um die man ihn, den Kurfürsten, bald beneiden würde. Er wird sich für den Pöppelmann entscheiden.

Dennoch dürfte dem Kurfürsten das letzte Wort nicht leicht gefallen sein. Die Verteidigungsfähigkeit der Stadt möglicherweise zugunsten von Bauwerken aufzugeben erforderte Mut. In Friedrich August musste der Bauherr gegen den Soldaten siegen.

Es siegte der Bauherr. Friedrich August gab Befehl, Raum zu schaffen. In die Wälle wurden Lücken gesprengt. Pöppelmanns Zwinger erzwang die Öffnung der Stadt, barockes Denken sorgte für Weite, Dresdner Festungsmauern hatten neuer Architektur zu weichen. Das Jahr 1711 – in London wurde die Sankt-Paul-Kathedrale fertig – wurde zu einer einschneidenden Zäsur für die Orangeriegruppe. Ihr Aufbau wurde beschleunigt.

1715 ging Pöppelmann erneut auf Reisen. Offenbar konnte er sich eine längere Abwesenheit von der Residenz leisten. Die Kaskaden im Nymphenbad waren begonnen worden, der Mathematische Salon ebenfalls, der Französische Pavillon war gefolgt, die Langgalerie und das Kronentor waren in Arbeit. Längst war Pöppelmann ein angesehener Mann, ein anerkannter Architekt, Bauingenieur und Organisator. Er hatte das Dresdner Stadtrecht erworben und zum zweiten Mal geheiratet, nachdem seine erste Frau gestorben war. Hielt sich der König in seiner sächsischen Residenz auf, sah er es nicht gern, wenn sich Pöppelmann aus der Stadt entfernte. Beide gingen neue Pläne durch, die schneller im Kopf des Königs entstanden, als es dem Landbaumeister lieb war. Noch hielten beide am Schlossprojekt fest und planten, den Zwinger bis zur Elbe als ein großartiges Forum mit Gebäuden und Kolonnaden zu gestalten. Nun aber reiste Pöppelmann nach Frankreich, nach Paris, vor allem nach Versailles. Es war wieder an der Zeit gewesen, aus Sachsen, aus Deutschland herauszukommen, sich in der Welt umzusehen, zu erleben, was in anderen Landen geschah, denn sonst bestand Gefahr, im sächsischen Alltag bequem zu werden. Gut, dass der König das begriffen hatte und ihn auf Landeskosten reisen ließ.

Versailles, die Residenz Ludwigs XIV., hatte Klang in Europa. Der Franzose war mit fünf Jahren König geworden, mit zweiundzwanzig hatte er die Regierungsgeschäfte übernommen. Kluge Minister hatten das Ansehen und den Reichtum Frankreichs vermehrt. Ludwig war, gestützt auf ein starkes Bürgertum, auf gutentwickelte Manufakturwirtschaft, zum absolutistischen Herrscher im geeinten Frankreich geworden. Er betrachtete sich als Gott ähnlich: „Der, welcher dem Menschen Könige gab, hat gewollt", so schrieb er, „daß man sie als seine Stellvertreter achte ... Sein Wille ist, daß ein jeder, der als Untertan geboren ist, ihm gehorche ohne Unterscheidung ..." Die Untertanen hatten um ihn zu kreisen wie die Planeten um die Sonne. Noch besaß der französische Hof Ansehen, noch galt das Tun des Königs als unfehlbar. Der Komödiendichter Moliére ließ im „Tartuffe", nachdem sich die Handlung unlösbar verwirrt hatte, Ludwig auf der Bühne erscheinen. Wie ein Allmächtiger löste er mit einer einzigen Handbewegung die Probleme. Und es wunderte sich keiner in Versailles, als einer der Leibköche des Königs Selbstmord beging, weil ihm das Essen missraten war. Noch waren die großen Kritiker des Absolutismus, die Enzyklopädisten, nicht herangewachsen; noch galt der König als unerreichbar, noch stand er außerhalb jeder Kritik, noch unterlag alles einer strengen Hofetikette. Seine erste Audienz am Tag hielt Ludwig im Morgenrock im Schlafzimmer. Allein vier Adlige waren damit beschäftigt, ihrem Gebieter ein Glas Wasser zu reichen. Und der Kammerdiener, der des Königs Stuhlgang untersuchte, musste seine adlige Ahnenreihe bis ins vierzehnte Jahrhundert nachweisen können, sonst kam er für dieses Ehrenamt nicht in Frage. In die Residenz dieses Ludwigs reiste Pöppelmann. Und so konnte er Versailles gesehen haben: „Hohe Gittertore, ein gepflasterter Hof, Gebäude rundum, Torhallen, Palastfronten treten vor und zurück, und schreitet man über den Platz, weitet sich die Sicht auf das Wasserbecken, Göttinnen bewegen sich über die Wasserspiegel, Treppen steigen im Halbrund hinunter zu einer Allee. Wo der Park einen Durchblick freigibt, springt ein Wasser am Ende, oder ein Steinbild kauert im moosigen Grün."

Pöppelmann war nach seiner Rückkehr aus Frankreich voller Unruhe. Am Zwinger wollte er verwirklichen, was er empfunden und erdacht hatte. Ein Garten der Hesperiden, der Töchter des Atlas, sollte er werden, in dem sich die Sonne ausruhen kann. Und es fanden sich jene zwei Männer zusammen, die ihren Träumen Gestalt gaben: Pöppelmann und Permoser, ein Architekt und ein Bildhauer, denen sich der Sandstein unter ihren Händen und Plänen verwandelte, die den Stein zum Erzählen brachten, zwei Begnadete, deren Werk zudem gewünscht und vom Bauherren verstanden wurde. Der kunstsinnige Wettiner verstand wohl vom Bauen mehr als von den wechselnden Kräften im Geschehen europäischer Politik, hatte in jedem Falle als Bauherr und Auftraggeber eine glücklichere Hand als mit seinen Kriegsunternehmungen und politischen Intrigen. Einer der seltenen Glücksumstände war eingetreten: Auftraggeber und Ausführende begriffen einander und regten sich gegenseitig an.

Permoser war bereits ein Meister, als er sich in Dresden niederließ. Zehn Jahre hatte er in Italien gearbeitet, in Florenz Giebelfiguren für die Kirche Santa Michael geschaffen; er war ein eigensinniger, lebenslustiger Sonderling. Entgegen der Mode trug er einen langen Bart, verachtete Perücken, schmückte sich mit einem Mantel in leuchtendem Rot, war, das ist anzunehmen, sowohl dem Hofadel als auch den biederen Dresdner Bürgern eine Herausforderung, ein Anstoß. – Nicht dem Kurfürsten, der ihn schätzte und der sich vor ihn stellte, wenn ihn die Zunftmeister angriffen. Permoser und seine Mitarbeiter schufen den plastischen Schmuck des Zwingers.

Permosers bedeutendste einzelne Arbeit ist der Herkules auf dem Wallpavillon. Er trug auf den Schultern die Weltkugel. Die symbolhafte Beziehung zu August dem Starken ist unübersehbar. Herkules, das ist der Wettiner, der als Kurfürst und König die Last der Verantwortung für zwei Länder, für Sachsen und Polen, trägt.

Ein zweites Ereignis von europäischem Rang kam den Erbauern des Zwingers entgegen. 1718 verlobte sich Friedrich Augusts einziger legitimer Sohn, Friedrich August, nachdem auch er zuerst heimlich, dann offen zum katholischen Glauben übergetreten war, mit der Kaiserstochter Josepha. Mit Josepha als Schwiegertochter hoffte der Wettiner habsburgisches Territorium zu erben und es Sachsen zuzuschlagen – eine Hoffnung, die sich nicht erfüllte. Die Hochzeitsfeiern sollten in Dresden stattfinden. Für sie brauchte der Kurfürst einen repräsentativen Festplatz. Pöppelmann kam auf die Idee, die bisher errichteten Gebäude am Wall spiegelverkehrt auf der Stadtseite zu wiederholen. Somit entstand jene Symmetrie, die dem Bauwerk seinen Abschluss verlieh.

Es dürfte Pöppelmanns glücklichste Zeit gewesen sein, auch für Permoser. Freilich fiel auch in diese Zeit ein Wermutstropfen. Endgültig wurde nun der Plan aufgegeben, an dem der Kurfürst fast zwei Jahrzehnte festgehalten hatte: der Bau eines neuen Schlosses. Für beides, den Zwinger und das Schloss, reichte das Geld nicht.

Der König drängte aufs Tempo. Er wollte einen würdigen Festspielplatz für die Hochzeitsfeier. Das Geld floss reichlicher. Im Winter wurde durchgearbeitet. „Tag und Nacht brannten die Feuer zum Kalkeinmachen, zum Wärmen des Wassers und der Steine, damit letztere bearbeitet werden konnten“, heißt es in einem Bericht. Die Fahrtrinne der Elbe zwischen Pirna und Dresden wurde vertieft und ausgebaut. Schneller sollte der Sandstein auf dem Wasser zur Baustelle gelangen. Der König nahm großen Anteil an der Entstehung des Zwingers. Er trieb seinen ersten Baumeister an. Die Hochzeit war auf September 1719 festgelegt worden. Die Gäste sollten über seine Residenz ins Staunen kommen.

Pöppelmann war die Eile recht. Zu oft hatte er erlebt, dass sich der Sinn des Königs änderte, dass er sich für anderes erhitzte, Beschlossenes verwarf. Kriege, Epidemien, Brände konnten die Fortführung seines Bauwerkes verhindern. Es häuften sich Unfälle. Auch Pöppelmann verletzte sich. Dennoch gönnte er sich keine Pause. Die Handwerker murrten, weil die Löhne verspätet gezahlt wurden. Die Forderungen der Maurer, Steinmetze, Zimmerleute wurden nur teilweise beglichen. Pöpelmann sah den Zwinger nicht rechtzeitig fertig werden. Er ging seinen König an. Er sei von den braven Leuten aufs beste unterstützt worden, ließ er den Wettiner wissen, die Teuerungen seien hoch, die Leute „möchten den sauer verdienten Lohn bekommen, damit sie nicht vor Hunger crepieren. Es wären viele blutarme Leute darunter nicht im Stande, eine Woche lang ihren Lohn bei dieser teuren Zeit zu entbehren“. Zu Recht bedrängte er den Kurfürsten, verdiente doch damals ein Maurer etwa 25 Taler im Jahr. Die Hochzeit würde Millionen kosten.

Der Zwinger wuchs, und es fehlte nicht an Neidern, an Gegnern. Sie warfen Pöppelmann vor, dass er nach eigenem Gutdünken baue. Seine Künstler und Baumeister hätten ein „dreistes und billiges Wesen. Es ist auf eine solche Art gestiegen, daß die herrschaftlichen Bauten über aller Menschen Begriffe kostbar würden“, hieß es in einem Behördenbericht. Pöppelmanns Neider behaupteten, dass er zu viel Geld für Fuhrlöhne, Material, Steine, Kalk, Holz ausgebe. Später wurde sogar eine Überprüfung der Baukosten angeordnet. Sie erbrachte nichts Nachteiliges für den

Architekten. Als an einigen Stellen die flachen Dächer der Galerien undicht wurden, war es Wackerbarth selbst, der den Landbaumeister kritisierte. Pöppelmann widerlegte die Behauptung, dass er leichtfertig gebaut habe.

Als der Termin der Hochzeit heranrückte, war die Dreiergruppe an der Stadtseite noch nicht fertig. Mit Holzaufbauten wurden die Lücken geschlossen. Dort, wo später Gottfried Semper die Gemäldegalerie baute, wurden Tribünen aus Holz errichtet.

Die Hochzeitsfeierlichkeiten übertrafen alles, was bisher an Prunk am Dresdner Hof hervorgebracht worden war. Hatte Pöppelmann glückliche Baujahre erlebt, kamen jetzt die schwersten. Nach den Festen, die einen Monat gedauert hatten, waren die Kassen leer. Hohe Schulden mussten beglichen werden. Die offenen Forderungen der Handwerker, Künstler, Lieferanten beliefen sich auf 21.610 Taler. Pöppelmanns wichtigstes Bauwerk drohte unvollendet zu bleiben. Das Jahr 1720 verstrich – die Arbeit am Zwinger ruhte; auch 1721 erhielt er vom König kein Geld. Alle Versuche Pöppelmanns, den Kurfürsten zur Fortführung des Zwingers zu bewegen, bleiben erfolglos. Es schien, als sollte der erste Architekt am Dresdner Hof unterliegen. Allmählich gewannen die kühlen, klassizistischen Bauvorstellungen französischer Herkunft an Einfluss. Ein neuer Stil deutete sich in Dresden an. Der üppige plastische und ornamentale Reichtum Pöppelmannscher Art bekam in den folgenden Jahren ernsthafte Konkurrenz. Die jüngeren sächsischen Architekten gingen in die Schule der Franzosen, die ab 1728 mit dem neuen Generalintendanten für Bauwesen, Jean de Bodt, Verstärkung erhielt. Selbst Pöppelmanns Schüler wandten sich dem neuen Stil zu.

Zwinger, projektierte Kaskade im Osten des Gartens. Tafel 19 des Kupferstichwerkes über den Zwinger von Matthäus Daniel Pöppelmann, 1729

Johann Christoph Knöffel, seit 1722 zum Landbaumeister befördert und nach Pöppelmann der führende Baumeister, bevorzugte einfache Fassadengestaltung, gliederte zurückhaltend, setzte auf Lisenen. Pöppelmann entging es nicht, dass sich die Aufträge für Knöffel häuften und dass dieser zunehmend Wackerbarths Favorit wurde. Und was schlimmer war: Der Kurfürst interessierte sich inzwischen für andere Bauten. Wie mag Pöppelmann um den Zwinger gebangt haben, wie seinen König bedrängt, damit er für den Garten der Hesperiden Geld zur Verfügung stellte. 1723, endlich, bewilligte Friedrich August wieder Mittel, sparsam zwar, aber über mehrere Jahre hinweg. Pöppelmann führte sein Werk fort. Bis 1728 schloss er den Zwinger in der Form ab, wie ihn die Nachwelt kennt.

1729 war Matthäus Daniel Pöppelmann siebenundsechzig Jahre alt. Zu diesem Zeitpunkt ahnte er wohl, dass er seine Idee, den Zwinger bis zum Elbufer zu führen, nicht mehr verwirklichen würde; die Gebäude für die Kunstsammlungen und die Kolonnaden waren noch ungebaut. Er ließ seine Schöpfung unter dem Titel „L'Orangerie Royale de Dresden" in Kupfer stechen. Später rühmt Loën die „Festarchitektur" Pöppelmanns als einen „der annehmlichsten Lustgärten der Welt".

Es trat ein, was Pöppelmann befürchtet hatte. Der Zwinger wurde nicht bis zur Elbe erweitert. Friedrich Augusts Interesse an dem Bauwerk sank. Es diente nur noch einige wenige Male als Festspielplatz. Pöppelmann aber, inzwischen Oberlandbaumeister, büßte nicht an Reputation beim König ein. In der Umgebung Dresdens entstanden barocke Schlösser: in Pillnitz, in Moritzburg, in Großsedlitz. In Dresden wurde am Japanischen Palais gebaut, eine neue Brücke entstand. Erneut kam der König nicht ohne Pöppelmann aus, erneut forderte er ihm Ideen und Pläne ab. Bis zum Tode Friedrich Augusts blieb Pöppelmann der erste und maßgebliche Architekt des Königs, blieb es trotz harter Konkurrenz.

Sehr bald wurde der Zwinger als unschön empfunden. Die neuen Kunstrichter des aufkommenden Klassizismus verachteten den Bau als stillos und vergriffen sich an ihm. Sie entfernten die Putti und Vasen von den Galerien, um ihren architektonischen Idealen zu dienen, der Horizontale. Stiche des Italieners Bellotto, die der Künstler zwischen 1754 und 1756 ausführte, zeigen den Hof des Zwingers verödet. Auch die Preußen empfanden keine Achtung vor dem Bauwerk. Als sie im Siebenjährigen Krieg Dresden besetzt hielten, stapelten sie im Hof Holz und benutzten die Räume der Pavillons und Galerien als Magazine.

Noch in der Regierungszeit Friedrich Augusts erhielt der Zwinger eine Bestimmung, an die vorher nicht gedacht worden war. Eine Orangerie hatte der Wettiner haben wollen, als Museum wurden die Bauten genutzt. 1728 ließ er einen Teil seiner Kunstsammlungen in den Galerien unterbringen, weil er sich den Bau neuer Gebäude nicht leisten konnte. Damit stand der Sachse erneut ohne Orangerie da, und seinen exotischen Bäumen und Sträuchern fehlte weiter eine angemessene Unterkunft. Das war zwar ärgerlich, aber mit dem Zwinger war ein Bauwerk entstanden, das der Residenz an der Elbe südliche Heiterkeit verlieh.

Das galante Dresden

Der Zwinger war aus dem Bedürfnis nach Repräsentation entstanden. Im Absolutismus galt der als großer Fürst, der der Welt Glanz und Reichtum vorführte. Darin verstand sich August der Starke. Selbst in schwierigen Zeiten ließ er sich die Feste und Karnevale, die am Hof und beim Bürgertum seit langem populär waren, nicht nehmen. Allerdings waren sie weniger kostspielig, als bisher angenommen. Besonders gern zeigte er ausländischen Gästen seinen Glanz.

Ende Mai 1709 erlebte Dresden aufsehenerregende Feierlichkeiten. Der dänische König Friedrich IV., Augusts Verbündeter im Nordischen Krieg, hielt sich in der sächsischen Residenz auf, begleitet von 116 Personen seines Hofes. Eigens zu seinem Empfang hatte Pöppelmann ein hölzernes Amphitheater errichtet. Sieben Kronleuchter erstrahlten im großen Saal des Schlosses. Das Licht der Wachskerzen brach sich in venezianischen Spiegeln, Musik erklang. Damen und Herren bewegten sich im Dreivierteltakt zum Menuett. Auf der Bahn des Amphitheaters fanden Wagenrennen statt. Am 1. Juni wurden ein Löwe, sieben Wildschweine, sechs Bären, ein Auer- und Büffelochse und zwei Pferde aufeinander losgelassen. Die Tiere enttäuschten die Zuschauer, weil sie sich nichts taten. Am 6. Juni hatten die Damen ihre Geschicklichkeit beim Ringstechen zu beweisen. In zweispännigen Kutschen jagten sie über die Bahn. Zwölfmal wurde nach den Ringen gestochen. 24 Wagen beteiligten sich an dem Wettkampf. Abends begab sich die Hofgesellschaft zur Jungfernbastei. Auf der Elbe schaukelten illuminierte Schiffe, italienische Serenaden erklangen, ein kostbares Feuerwerk erfreute die Zuschauer. Von den Stadtwällen donnerte die Artillerie. Am 8. Juni gab es ein Lustjagen auf Wildschweine, Luchse und Wölfe. Für jeden Tag war etwas Neues ersonnen worden: Karussell-Rennen, deren Teilnehmer die vier Weltteile symbolisierten, Turniere und Quadrillen, Nachtringrennen im Reithause bei Fackel- und Kerzenbeleuchtung, Götterfeste, Umzüge. Einen Monat lang feierte der Hof, hielt die Residenz den Atem an.

Was mögen die Dresdner gedacht haben, die diese Prachtentfaltung erlebten, was der Handwerker, der Bauer? Gewiss teilten sie nicht alle die Begeisterung des Barons von Pöllnitz: „Niemals hat Deutschland irgendwo soviel großes und artiges an sich erblicken lassen als in Sachsen." Dachten die Bürger an die Steuern, an die Schulden, die der Wettiner bei ihrem Rat hatte? Murrten sie, oder nahmen sie alles stillschweigend hin? Immerhin verdienten viele Dresdner – Handwerker, Bäcker, Schneider, Gastwirte – nicht schlecht an Augusts Festen. Träumten sie von Widerworten? Oder amüsierten sie sich über den Kurfürsten, der, zwei Zentner schwer, neben der Cosel einherritt? Die Vergnügungen am Dresdner Hof fanden gewiss nicht nur den Beifall der Bürger, auch wenn sie oft als Zuschauer und Akteure dabei sein durften, vorausgesetzt, sie waren standesgemäß und der Mode entsprechend gekleidet. Jene in der Provinz gingen nahezu leer aus.

Der ausgeprägte Hang Friedrich Augusts zum Feiern fiel früh auf. Schon im Februar 1695, zum Karneval, erhielten die Dresdner einen Vorgeschmack. Nachdem es unter seinem Vater weniger aufwendig am Hof zugegangen war, zeigte sein Zweitgeborener, wie er es künftig zu halten gedachte. Ein Zug von „Göttern" wandelte durch die Stadt. In einer Beschreibung des Aufzuges heißt es: „Der ersten Gruppe des Jupiter und der Juno zog eine Bande von

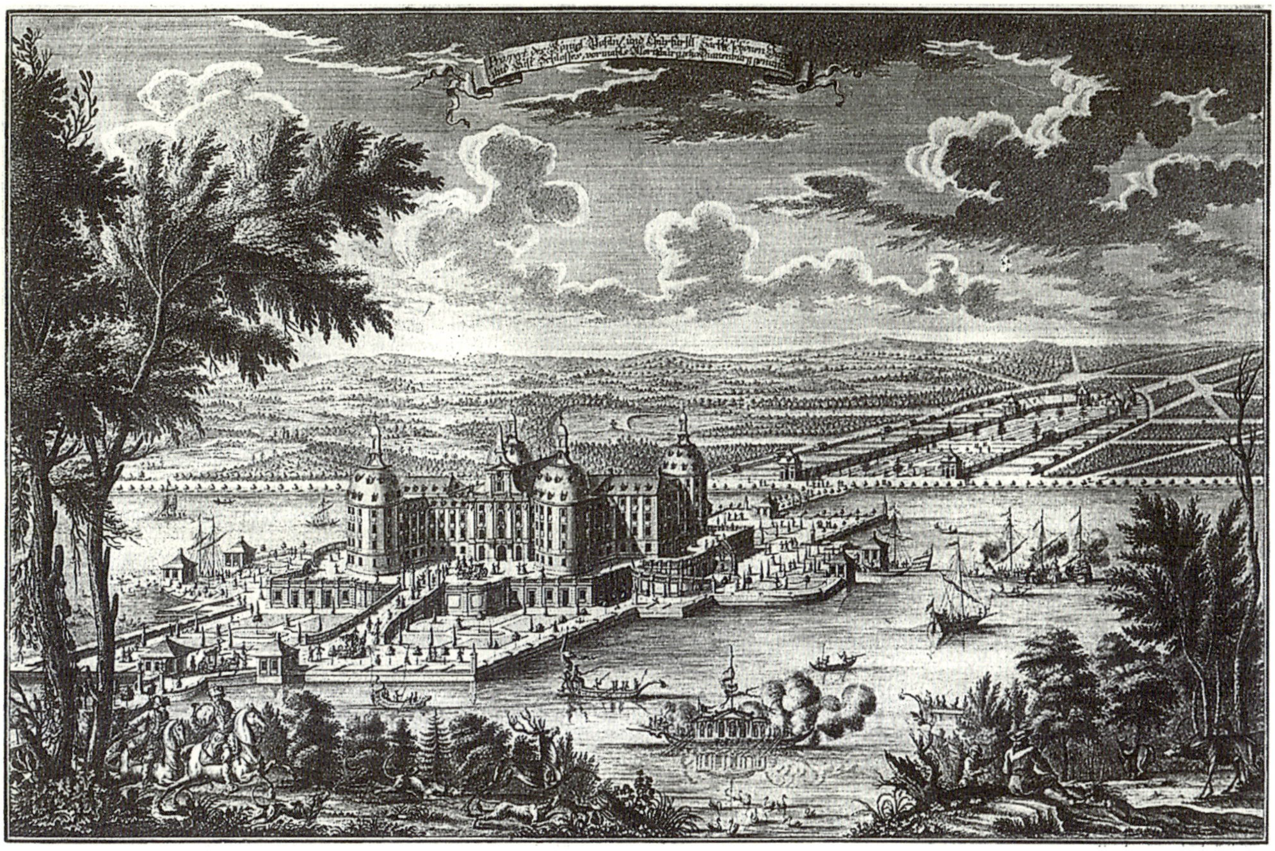

Moritzburg, Festlichkeiten auf den Teichen. Stich von Johann August Corninus, 1733

zweiunddreißig Musikern voraus, die in Harlekintrachten gingen und groteske Masken vorgebunden hatten. Dann kam Merkur zu Pferd, dargestellt von August dem Starken. Ihm folgte Plutus, auf einem von sich selbst gehenden Wagen thronend, der aus der Schatzkammer mit vergoldeten Gefäßen aller Art ausgestattet und mit Ketten behangen war. Der Wagen der Laverna wurde dann von Dieben gezogen und von Spitzbuben begleitet... Weiter saß Nundina auf einem mit Frachtgütern beladenen Wagen, der von Kaufleuten begleitet wurde. Die Iris saß dagegen wieder auf einem Hügel, der sich unsichtbar fortbewegte, unter einem Regenbogen. Der Wagen des Jupiter wurde von Ganymed auf einem Adler gelenkt und in den Masken von Adlern gezogen ... Der Schluss der Gruppe wurde von sieben Tugenden gebildet ...“ Überirdisch und tugendhaft präsentierte sich der Adel, wollte nicht sein von dieser schnöden Welt; er spazierte gern in „Wirtschaften“ auf, verkleidet als Handwerker, Bauer, Winzer – kostümierter Traum vom einfachen natürlichen Leben.

Höhepunkt aller Feste, die Sachsen je erlebte, war die besagte Hochzeit des August-Sohnes mit Josepha im September 1719. Sie kostete dem Kurfürstentum etwa zwei Millionen Taler. Hunderte Gäste von europäischen Höfen waren gekommen. Residenz und Schloss, Zwinger und Moritzburger Wald, Elbe und Großer Garten gaben die Festkulisse ab. Eigens für den Einzug des jungen Paares, das von Wien herkam, schlugen die Pioniere der Infanterie eine Pontonbrücke über den Fluss, obschon sie die vorhandene hätten benutzen können. Prachtschiffe schwammen auf dem Strom; Wasserschlachten kitzelten die Nerven. Zu Hunderten wurde das Wild vor die Gewehrläufe der Damen und Herren getrieben. Erneut gab man sich griechisch und römisch ländlich. Auf den Bühnen wurde Molière und Racine gespielt; italienische Opern schmolzen die Herzen der Damen. Und in den Nächten hatte das Hurenhaus der Madame Zawadzka Hochkonjunktur.

Wie das Fest der Nationen begangen wurde, hielt der preußische Gesandte in Dresden fest: „Es bestund die gantze Masquerade auß 12 Partien oder Nationen inclusive deren, die zur eigentlichen Wirtschaft gehörten, wie dann der König selbsten in einem sehr kostbaren Habit von Juwelen den Wirth und die Königin die Wirthin vorstellte, denen die polnischen Magnaten als Marschälle, derselben Frauen aber nebst einigen als Schließerinnen zu Hand giengen. Die Nationes bestanden aus Persianern, bei welchen der Churprinz und deßen Gemahlin die Chefs waren, sodann aus Türken, Sinesern, Mohren, Americanern, Spaniern, Frantzosen, Deutschen, Polen, zu welcher Bande ich angewiesen war, Ungarn und Moßkowittern, jedwede Partie aber auß 9 bis 10 Paren.“ Und selbstverständlich bot Friedrich August seinen Gästen ein Feuerwerk, den Höhepunkt aller barocken Feste. Schauplatz war die Elbe. Im Feuerwerk selbst wurde die Beschießung eines Kastells dargestellt.

Dazu noch einmal der preußische Gesandte: „Der Anfang geschah mit einer Salve aus 50 Canons von der Vestung und von der hinter der Maschine postirten Mousqueterie (Musketenschützen). Während dem Feuerwerk wurden die Canons auf denen Schiffen beständig gelöst und auf kleinen Fahrzeugen viele Lustfeuer angezündet, auch dann und wann Feuerkugeln auß Mörseln geworffen, worunter viele schwere Raqueten in die Höhe stiegen. Die beiden Nahmen der Printzessin Maria Josepha brannten zwischen 4 Pyramiden in einem doppelten gelben und blauen Feuer und wurde endlich das Werk wiederumb mit 50 Canonenschüssen beschlossen.“

Friedrich Augusts Feste wurden in Deutschland berühmt. Laut Michael von Loen befand sich in Dresden „der prächtigste und galanteste Hof der Welt“. Und: „Die Stadt Dresden scheint gleichsam nur ein bloses Lustgebäude zu sein…“ Über Sachsens Einwohner, richtiger über Sachsens Adel, schrieb er: „Die Wollust macht die Einwohner in diesem Land sinnreich, höflich, angenehm und schmeichlerisch, aber zugleich auch wankelmütig, weichlich, plauderhaft und schwelgerisch.“ Bewundernswert sind ihm die Frauen: „Das sächsische Frauenzimmer übertrifft noch die Engländerinnen an Wuchs und Schönheit. Es hat die Freiheit der Französinnen und das Feuer der Italienerinnen, in dem schmeichelhaften und zärtlichen Wesen geht es allen voran.“ Eduard Vehse, der Verfasser der „Geschichte der Höfe des Hauses Sachsen“, durchaus ein Mann, der kritisch zu sehen fähig war, konnte sich der Bewunderung für Kurfürst und Hof nicht entziehen: „August hat die Keime zu dem gelegt“, schreibt er, „worin Sachsen heutzutage ein dem Fremden so werthes und gesuchtes Land und seine Hauptstadt zum ersten Platz in Deutschland für die gesamte gebildete Welt geworden ist.“

Der Adel und der Hof waren galant geworden. Festlichkeiten beschäftigten die Zeremonienmeister, den Hofdichter, den Hofnarren, die Mätressen, Minister, Höflinge, die bürgerlichen Hoflieferanten und Handwerker, den Hofkonditor, Hofbäcker und den Kurfürsten selbst, den ersten Arrangeur seiner Feste. Der Sachse lebte über seine Verhältnisse. Mehr als einmal stand er vor dem Staatsbankrott.

Andere Fürsten hielten es anders, scherten sich nur wenig um Protokoll und Etikette. 1698 kam Zar Peter nach Dresden. August hielt sich in Warschau auf. Der Russe ließ sich bei den verwitweten Kurfürstinnen der letzten beiden George anmelden. Sie legten Staat an: Samt und Seide, Perücke und Puder, Gold und Edelsteine. Peter ließ sie warten und erschien abends in kurzem spanischem Wams, in engen Hosen und holländischen Schifferschuhen, auf dem Kopf ein schwarzes Barett. Die Damen sahen mit ärgerlichem Erstaunen den in guten Sitten so übel bewanderten Zaren. 1711 besuchte der Russe erneut Dresden. Diesmal zog er es vor, im Gasthaus abzusteigen. Und ein Jahr darauf quartierte er sich bei Friedrich Augusts Goldschmied Melchior Dinglinger ein. Welch ein Affront, welch ein Gegensatz zum Kavalier á la mode.

Der Kurfürst nahm regesten Anteil an den Vorbereitungen seiner Feste; er wurde selbst zum ersten Gestalter, zum ersten Schauspieler am Hoftheater. Er hatte Freude an Schaustellungen, war Impresario und Dramaturg zugleich. Friedrich Augusts Auftritte wurden zu einem theatralischen Höhepunkt. Und der Wettiner war stolz auf seine Feste. Kaum eines, das er nicht beschreiben und in Kupfer stechen ließ. Allein in der Zeit von 1692 bis 1719 entstanden 15 Bände über Festlichkeiten am Dresdner Hof. Stil und Umfang der Prachtentfaltung entsprangen dem persönlichen Bedürfnis und dem Geschmack des Wettiners, der zum Beispiel den venezianischen Karneval ein Leben lang liebte.

Zugleich hatten diese Feste einen pragmatischen Hintergrund; sie waren nicht nur Ausdruck persönlicher Prachtentfaltung, mit ihnen stellte sich der Kurfürst und König als glanzvoller Fürst Europas dar, er bewies wirtschaftliche Stärke und unterstrich seine politischen Ansprüche. Die Festlichkeiten, in die alle Künste einbezogen waren, wurden zu gesellschaftlichen und kulturellen Höhepunkten. Und das war durchaus fruchtbar. Unter August dem Starken erhielten Kunsthandwerk, Theater und Musik eine starke Förderung. Französisches Theater und italienische Opern, muss hinzugefügt werden. Italienische Sänger und Komponisten gaben an den Höfen den Ton an, im Sprechtheater waren es die Franzosen. Das deutsche Theater befand sich in einem beklagenswerten Zustand. Seit Logaus Zeiten hatte sich kaum etwas zum Vorteil geändert. Noch traf zu, was er in seinen Sinngedichten mit Bitterkeit festgestellt hatte: „Ist denn Frankreich Deutschlands Herr? Ist denn Deutschland sein Lakey? Freyes Deutschland, schäm dich dieser schnöden Knechterei.“ Noch agierte Hanswurst auf den Brettern, die Wanderbühnen boten Klägliches. Greuelgeschichten wurden vorgeführt. Daher ist es nur verständlich, dass der ausländische Einfluss bestimmend blieb. Aber es gab auch Eigenes. Feste, Turniere, Reitspiele, Götteraufzüge hatten sich am wettinischen Hof lange vor August dem Starken als Teil des geselligen Lebens entwickelt. Sie gingen nicht auf französischen Einfluss zurück, waren keine Imitation französischer Festpolitik, keine Kopie Versailler Lebens. Vielmehr knüpften sie an mittelalterliche deutsche Ritter- und Kampfideale an. Was Logaus Zorn hervorgerufen hatte, war die gedankenlose Nachäffung französischer Sitten, der Mode, Sprache und Kultur. Darin tat sich das Bürgertum ebenso hervor wie der Adel, ja das Bürgertum benahm sich oft äffischer als der Adel, der sich dank seiner Geburt als etwas Besseres fühlte und auf fest gefügte Normen baute. Der Adel besaß gewisse Traditionen und Werte, an denen er festhielt, die ihm Sicherheit gaben, während sich die deutschen Kaufleute, Gelehrten, Handwerker ihrer sozialen Stellung, ihrer Bedeutung erst bewusst wurden, ihre eigene Kultur erst hervorbringen mussten. In anderen Ländern wie Holland oder England war dieses bürgerliche Selbstverständnis schon kräftiger entwickelt. Das Heilige Römische Reich Deutscher Nation hatte nicht viel mehr aufzuweisen als einen hohltönenden Namen und einen nutzlosen Reichstag. Der Kaiser in Wien war schwach. Eigene Hausmachtinteressen waren ihm wichtiger als nationale Geschlossenheit. Daher vermochte er wenig gegen die deutschen Territorialstaaten auszurichten. Frankreich, England, auch Holland, das sich von der spanischen Herrschaft befreit hatte, waren diesem deutschen Reich weit voraus. Der Handwerksmann, Bauer und Bürger zwischen Torgau, Leipzig und Dresden, Zwickau und Bautzen fühlte sich im höchsten Falle als Sachse, mehr aber verstand er sich als Meißner, Lausitzer, Zeitzer, Zwickauer, Merseburger. Ein solcher Boden brachte keinen Moliére, keinen Racine hervor. Die Verse des Dresdner Hofpoeten König, seine Opernlibretti und Lustspiele, die Stücke des deutschen Schulmannes Christian Weise aus Zittau waren gewiss keine bedeutende Nationalliteratur, schon gar keine von internationalem Rang. Sie entstand woanders: Jonathan Swifts Gulliver war Brite.

Ärgerlich bleibt, dass der Kurfürst die wenigen Chancen verpasste. Er hätte auch zum Förderer deutscher Musik und Literatur werden können. Bach und Händel spielten am Dresdner Hof. Sie erhielten höflich-maßvollen Beifall. Der Kurfürst ließ sie mit einigen Talern beschenken. Das war zu wenig für den sonst so kunstverständigen Wettiner. Im März 1700 kam Christian Reuter, der Verfasser des Schelmuffsky-Romans und der Schlampampe-Komödie, in die Dresdner Residenz. Reuter war vom Leipziger Universitätsgericht zu Gefängnishaft verurteilt worden. Friedrich August hatte seine Entlassung angeordnet. Warum, ist unbekannt. Möglich, dass ihm gefallen hat, wie der Dichter das Leipziger Bürgertum verspottet hat. Weniger gefallen hat dem Kurfürsten Reuters neues Stück, das er in Dresden schrieb. Darin machte er sich über einen gewissen Grafen Ehrenfried und dessen Übertritt zum Katholizismus lustig. Die Anspielung auf Friedrich Augusts Religionswechsel war deutlich. Über Nacht verschwand Reuter aus Dresden. Fürchtete er den Büttel? Hatte ihn der Kurfürst verärgert aus der Residenz gejagt? Umstände, die im Dunkeln bleiben werden. 1719 – in diesem Jahr erschien Defoes „Robinson Crusoe“ – bewarb sich Johann Christian Günther, zu dieser Zeit bereits ein außergewöhnliches lyrisches Talent, am Dresdner Hof als Hofdichter. Der Leipziger Burkhard Mencke, ein Mann von frühen aufklärerischen Ideen und später Lehrer Gottscheds, hatte Günther an die Residenz vermittelt. Der Kurfürst selbst nahm sich für den Dichter Zeit, um seine Verse zu hören. Angeblich soll der Bewerber beim Vordichten aus dem Stegreif versagt haben. Andere wollen wissen, Günther sei betrunken vor dem Kurfürsten erschienen. Wieder andere behaupteten, vom Poeten verschmähte Hofdamen hätten ihm ein lähmendes Mittel in den Trunk gemischt, so dass seine Zunge versagt habe. Was auch immer geschehen ist, eines steht fest: Günthers literarisches Talent, das größte seit Jahrzehnten in Deutschland, wurde vom Hof nicht erkannt und schon gar nicht gefördert. Wieder war eine Gelegenheit verpasst, die deutsche Literatur zu unterstützen. 1724/25 spielte die Leipziger Theatergruppe Johann und Karoline Neuber in Dresden, die dem deutschen Theater zu Recht und Ehren verhelfen wollte. Auch sie fand wenig Anklang. Immerhin erteilte August der Starke der Friederike Karoline Neuber zwei Jahre später das kurfürstlich-sächsische Privileg, das ihr eine eigene Schauspieltruppe gestattete.

Zeit seines Lebens blieb August der Starke dem französischen Theater, der italienischen Musik treu, blieb er dem Kunstgeschmack der Hofkultur verhaftet. Darin aber war er ein großer

Anreger. Ein gewisser Hang zum Grandiosen, zum Übersteigerten erhielt sich bei August dem Starken bis ins Alter. 1730, knapp drei Jahre vor Friedrich Augusts Tod, fand das Zeithainer Lager statt, ein Manöver, in dem der Kurfürst-König die militärische Stärke seinen ausländischen Gästen, darunter dem preußischen König und Prinzen Friedrich, dem späteren Friedrich den Großen, demonstrierte. Im Umkreis von drei Meilen war von fünfhundert Bauern und zweihundertfünfzig Bergleuten Wald gerodet worden. Unter der Regie Pöppelmanns entstanden Tribünen und Lustbauten. Die Schau dauerte einen Monat. Dreißigtausend Mann beteiligten sich an ihr. Und erneut bewies sich der Kurfürst als unübertrefflicher, phantasievoller Gastgeber. Zur Schlussspeisung wurden achthundert Ochsen geschlachtet. Der besondere Einfall des Gastgebers war ein Kuchen, der den Bäckern höchstes Können abverlangte. Er war 9 Meter lang, 3,40 Meter breit und 42 Zentimeter hoch. Sein Gewicht betrug 16 Zentner. Vier Pferde zogen den Kuchen aus dem Backofen. Die Klinge des Messers, mit der er geschnitten wurde, war 94 Zentimeter lang.

„Der Fürst“, so schrieb der Zeremonienmeister Johann von Besser, „muss auch in seinen äußeren Werken strahlen und glänzen.“ Diesem höfisch-absolutistischen Programm folgte Friedrich August in hohem Maße. Das Vergnügen, so berichtete Flemming, sei dem Kurfürst-König über alles gegangen.

Die geteilte Macht

Wieder einmal ließ der Kurfürst-König die Vertreter der Stände nach Dresden rufen. Gemischten Gefühls kamen sie im Juli 1711 zum Landtag. Friedrich August saß fest im Sattel. Zar Peter hatte Karl XII. geschlagen und hatte fliehen müssen. Der Kurfürst hatte sich zum zweiten Mal die Krone der Piasten aufgesetzt. Mit Russland stand August der Starke in leidlichem Einvernehmen. Als Vikar lenkte er das Heilige Römische Reich Deutscher Nation. Die Stände mussten sich auf neue Forderungen gefasst machen. Selbst in Zeiten, in denen der sächsische Kurfürst schwächer war, hatte er keine Ruhe gegeben. Die Generalakzise hatte er gegen ihren Willen durchgesetzt, das Geheime Kabinett gegründet, eine oberste Rechnungsprüfungsbehörde einberufen. Er hatte die Stände kaum Anteil nehmen lassen an der Politik.

Sie hatten Grund, skeptisch zu sein. Unumwunden erklärte August der Starke, dass er künftig ihre Mitherrschaft nicht dulden werde, dass er ihre Mitbestimmung in Steuer- und Kreditmaßnahmen, in Diplomatie und Außenpolitik nicht wünsche, dass er ihnen das Recht der willkürlichen Zusammenkunft, das er ihnen vor Jahren zugebilligt hatte, nicht mehr zugestehe. Besonders stark wandte sich Friedrich August gegen die Mitbestimmung der Stände in politischen Angelegenheiten: „Dießes ist absollutes nicht zu gestahtten und leset (lässt) sich koin her leges (Gesetz) vorschreiben, den er schon wießen wird, was zu seinen und seinigen besten und nutz des landesbesten ist; die es vorherros gethan, haben es nicht verantworten können und ist koin condominium (Doppelherrschaft) zu verstatten."

Das war die stärkste Herausforderung, die er den Ständen in seiner bisherigen Regierungszeit zumutete. Der Widerstand muss groß gewesen sein. Selbst Friedrich Augusts engster Minister, der Statthalter Anton Egon von Fürstenberg zum Beispiel, der sich mit zunehmenden Jahren immer stärker mit dem sächsischen Adel verband, war nicht bereit, dem Kurfürsten zu folgen. Auch andere Minister warnten vor grundsätzlichen Veränderungen. Auch der Geheime Rat widersetzte sich Friedrich August. Schließlich milderte der Kurfürst seine Forderungen. Die Stände behielten das Recht auf Beschwerdeführung, das er ihnen ebenfalls hatte absprechen wollen. Er räumte ihnen auch die Mitsprache bei Steuererhebungen weiter ein. Damit aber waren seinem absolutistischen Regieren, auch wenn er sich um 1711 auf dem Höhepunkt seiner Macht befand, erneut Grenzen gesetzt. Die Macht blieb in Kursachsen geteilt. Warum dieser Rückzug? War ihm der Widerstand der Stände zuwider? Hatte er sich von seinen Räten und Ministern beeinflussen lassen?

August der Starke war der höchste Repräsentant des sächsischen Adels. Die Stände auszuschalten bedeutete, sich gegen sie zu stellen, sogar gegen einen Teil seiner Hofbeamten und Verwaltung, gegen einige Minister seines Kabinetts. Dazu brauchte er starke Verbündete. Was in Frankreich gelungen war, gelang in Sachsen nie. Ludwig XIV. hatte den Adel gezwungen, sich ihm, dem Staat unterzuordnen, weil er sich auf ein selbstbewusstes Bürgertum und eine starke Armee stützen konnte. Das französische Bürgertum war an einer zentralen Macht interessiert. Es versprach sich dadurch ökonomische Begünstigungen, zum Beispiel Schutzzölle für ausländische Waren, Förderung des Handels. Die Interessen des Bürgertums trafen sich mit denen Ludwigs. Soweit war man in Sachsen

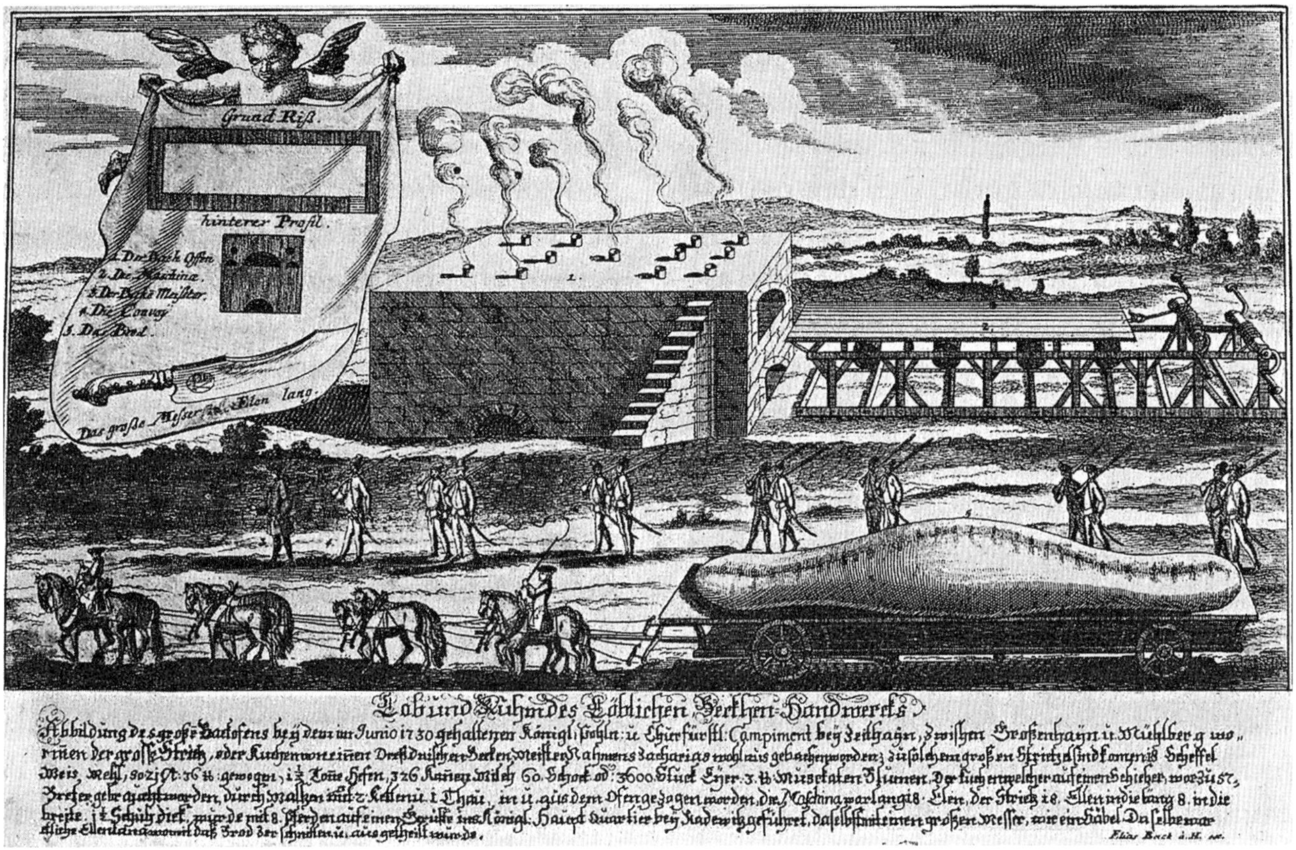

Zeithainer Lustlager 1730. Kupferstich o. J.

nicht. Zu gering war noch die Zahl der sächsischen Manufaktur- und Fabrikbesitzer, um politisch nachhaltig wirksam zu werden. Den reichen Bürgern in den Städten, den Kaufleuten und Handwerkern gingen weitsichtige nationale Überlegungen ab. Es gab keine Nation, und so dachten sie nur an ihren unmittelbaren Vorteil und waren kaum bereit, Friedrich Augusts absolutistische Ambitionen zu unterstützen. Wenn schon das Bürgertum als aktiver Verbündeter ausfiel, so hätte der Kurfürst-König zumindest eine starke Armee benötigt, um notfalls seine Ansprüche mit Gewalt durchzusetzen, wie es die Hohenzollern mit Zar Peter getan hatten. Aber die Stärkung der Armee hatten die Stände zu verhindern gewusst. Und die dritte Macht, die Kirche, mit der im Bunde er einiges hätte erreichen können, fiel für ihn, den Katholiken, aus. Rom und seine Jesuiten waren in Sachsen zu schwach. Die protestantische Kirche half dem Abtrünnigen nicht. Sie war allenfalls zu einem Burgfrieden mit ihm bereit.

Wie befangen August der Starke war, zeigte der Fall des Kammerherrn Johann Friedrich von Wolfframsdorff. Dieser hatte 1704 das „Porträt de la cour de Pologne et de Saxe" veröffentlicht. Darin kritisierte er dreiunddreißig engere Hofbeamte und Kabinettsminister des Kurfürsten, wies ihnen Unterschlagungen, Betrug, Korruption nach. Wolfframsdorff behauptete, dass der sächsische Adel nicht fähig sei, die Verwaltung des Staates zu lenken. Er forderte Reformen im Steuer- und Finanzwesen, in der Wirtschaft, in der Rechtsprechung, schlug die Entlassung von Ministern vor. Auch der Jurist Bernhard von Zech, ein geadelter bürgerlicher Beamter, trat offen gegen den sächsischen Adel auf. Er bezeichnete ihn als klatschsüchtig, unmoralisch, bürgerfeindlich. In einem starken zentralisierten Staatswesen sah er Sachsens Zukunft. Es fehlte also nicht an Männern, die dem Wettiner den Weg wiesen, wie er sich dem Druck des Adels entziehen könnte.

Anfangs sympathisierte der Kurfürst noch mit Wolfframsdorff, doch dessen „Porträt" wurde angegriffen. Gegenschriften erschienen. Wolfframsdorff wurde des Aufruhrs bezichtigt. Christoph Dietrich von Bose der Jüngere, ein konservativer Kritiker des Dresdner Hofes und Augusts des Starken, lehnte bürgerliche Beamte ab, die zum Beispiel Zech gefordert hatte. „Tüchtige Leute aus dem Bürgertum", schrieb Bose, „sind wie Paradiesvögel, die man selten zu sehen bekommt." Damit stellte sich Bose auf andere Art gegen den Kurfürst-König, denn der hatte durchaus nichts gegen bürgerliche Beamte. Allerdings gab er den Adligen den Vorrang. Bewarben sich zwei gleich Gute, ein Bürger und ein Adliger, um einen Posten, so sei der Adlige vorzuziehen, meinte er. Flemming, auch mit Kritik in dem „Porträt" bedacht, stellte sich hinter die Kritisierten, auch der Oberhofmarschall und Kabinettsminister Pflugk. Wolfframsdorff wurde schließlich verhaftet, sein Buch 1708 öffentlich auf dem Altmarkt verbrannt. Der Leipziger Schöffenstuhl verurteilte ihn wegen Majestätsbeleidigung. Er wurde auf den Sonnenstein bei Pirna gebracht. Als er ihn verlassen durfte, war er vom Tode gezeichnet.

Friedrich August vermochte nicht, sich den radikalen Reformern anzuschließen. Vielmehr glaubte er, den Adel im Zaum halten zu können. Er war nicht fähig, entschieden gegen ihn vorzugehen. Bose verzieh er vorerst, schickte ihn gar an den Wiener Hof. Bis zu seinem Tode blieb der Kurfürst überzeugt, dass er den Adel in seinem Interesse zu Staatsdiensten zwingen könne. Er meinte, wenn man die Geheimen Räte und Diplomaten sorgfältiger auswähle, sie besser in ihrem Tun überwache, dann würde man sich ihrer mit Nutzen bedienen können. Und: Bürgerliche und adlige Beamte mussten sich die Waage halten. Der Kurfürst ist also ein klassisches Beispiel für den klassischen Widerspruch. Er blieb seinen traditionellen und emotionalen Bindungen treu, obschon der Verstand ihm davon abriet. Friedrich II. von Preußen äußerte einmal zu seinen Beamten, „daß der geringste Bauer, ja was noch mehr ist, der Bettler ebenso viel ein Mensch ist, wie Seine Majestät sind ... Es mag sein ein Prinz, der wider einen Bauern klagt, oder auch umgekehrt, so ist der Prinz vor der Justiz dem Bauern gleich." Diese Höhe des Gedankens erklomm Sachsens Kurfürst nicht. Wäre der Hohenzoller dieser Einsicht praktisch gefolgt, dann wäre er nicht nur zum Philosophen auf dem Thron, sondern zum Humanisten von Sanssouci geworden. Allzu oft klaffen Erkenntnis und praktische Politik weit auseinander. Von diesem Widerspruch bleibt keine Zeit verschont.

Friedrich August sah die Engstirnigkeit des Adels und tolerierte sie. Seine Unentschiedenheit legte man ihm als Schwäche aus. 1717/18 hatte sich der Wettiner dann einer regelrechten Staatskrise zu erwehren.

Was war geschehen?

Friedrich Augusts Übertritt zum Katholizismus hatten die Protestanten hinnehmen müssen. Dass auch dessen Sohn katholisch wird, das wollten sie verhindern. Polen interessierte sie nicht. Sachsen sollte wieder von einem rechtgläubigen Christen regiert werden. Das wollte auch Eberhardine, die Mutter des Kurprinzen und wackere Protestantin, das wollte auch die Witwe des verstorbenen Johann Georg. Sie hielten die Katholischen vom Prinzen fern und erzogen ihn evangelisch. Friedrich August aber beabsichtigte, die wettinische Hausmacht in Polen über seinen Tod hinaus aufrechtzuerhalten. Sein Sohn sollte ihm auf den polnischen Thron folgen. Daher musste er katholisch werden. Das erwartete auch der Papst. Bereits 1710 war es zu ernsthaften Differenzen zwischen dem Kurfürsten und der Kurie gekommen. Der vierzehnjährige Prinz hatte öffentlich das Abendmahl nach evangelischem Ritus in Dresden eingenommen. Dieses Abendmahl hatte in Europa Aufsehen erregt. Der Kurfürst-König ergriff die Flucht nach vorn. Von Danzig aus schrieb er dem Papst, dass er „die lutherische Religion anzunehmen, dem Prinzen ausdrücklich verboten“ habe, „wenn gewisse Rücksichten nicht wären, so würde sein gerechter Zorn augenblicklich hervorbrechen ...“ Die Antwort des obersten Seelenhirten war keineswegs freundlich: „... hier hülfen nicht Entschuldigungen, nicht Worte, sondern nur, und zwar schnelle, Thaten, um das Geschehene wieder gut zu machen.“ Und er drohte, indem er sich kirchlich-diplomatisch hinter dem Erlöser verbarg: „Gott lässt sich nicht spotten.“ Er erwarte, so schloss der zornige Vater, „des Königs Maßregeln, um danach die eigenen zu bestimmen“. Regelrecht entführen musste Friedrich August seinen Sohn, um ihn den Protestanten zu entziehen. Das lutherische Gefolge des Sohnes – Lehrer, Erzieher, Pfarrer – wurde durch ein katholisches ersetzt, der Kurprinz auf Reisen geschickt und über Jahre bewusst von Sachsen ferngehalten. Bald wurden Gerüchte laut, dass der Thronfolger die Religion gewechselt habe. Das war tatsächlich im November 1712 in Italien heimlich geschehen. Die Stände verlangten die Rückkehr des Prinzen. Die protestantischen Höfe unterstützten ihre Forderungen.

Empörung ging durch Sachsen, als der Übertritt des Kurprinzen zum katholischen Glauben 1717 offiziell bekannt gegeben wurde. Die Ratlosigkeit der Protestanten währte diesmal nur kurz. Eine Opposition formierte sich. Der König sah sich einem Widerstand ausgesetzt, wie er ihn in seinen Heimatlanden noch nicht erlebt hatte. Die Stände forderten, den Übertritt rückgängig zu machen. Friedrich August wurde bösartiger Verrat vorgeworfen. „Alles war Feuer und Flamme und konspirierte auf eine Revolution hin“, heißt es in einem zeitgenössischen Bericht. Bose und Kötteritz, ein weiterer einflussreicher Adliger, verlangten, dass die Angelegenheiten des Corpus Evangelicorum nicht mehr in Augusts Kanzlei bearbeitet werden sollen. Dem Kurfürsten sollte auch die Verwaltung des evangelischen Stifts in Naumburg untersagt werden. Die Ständevertreter beabsichtigten die Hilfe fremder Mächte – der Welfen, der Hohenzollern – in Anspruch zu nehmen, sie erwogen gar, den Kurfürsten durch den Herzog von Weißenfels zu ersetzen. Der Sachse geriet in Bedrängnis. Er wagte nicht, seine Widersacher zur Rechenschaft zu ziehen oder sie gar zu bestrafen. Bose wurde nur eine in allgemeinen Worten gehaltene Strafe angedroht, wenn er weiter „gefährlich Uns und dem publico nachteilige Schriften“ veröffentliche. Allerdings vergaß August das dem Bose nicht. 1729 ließ ihn der Wettiner wegen neuer auf „Unheil abzielender Unternehmungen“ auf die Festung Sonnenstein bringen. In die Feierlichkeiten zur zweihundertsten Wiederkehr der Reformation in Sachsen griff der Wettiner nicht ein. Als gegen ihn von der Kanzel gepredigt wurde, sah er darüber hinweg. Der Superintendent in Dresden, Valentin Ernst Löscher, fand das Evangelium bedroht und bezeichnete die römische Kirche als „apokalyptische Hure“. August der Starke ließ die Eiferer gewähren. Er hoffte auf die Zeit.

Die Staatskrise brachte dem Wettiner eine sichtbare Niederlage. Der Landtag trat 1717 entschieden gegen seine Armee auf. Friedrich August war es gelungen, die Truppen auf eine Stärke von 36.000 Mann zu bringen. Obwohl er damit weit hinter den habsburgerischen und preußischen Kontingenten zurückblieb, war diese Stärke ein Teilerfolg für den Wettiner. Mit 36.000 Mann hätte er die Unbotmäßigen schon in Schach halten können. Dass er es nicht tat, bleibt unverständlich. Vielleicht konnte er sich nicht auf seine Offiziere verlassen, die aus dem sächsischen Adel stammten. Die Stände jedenfalls untersagten ihm im Jahre 1717 die weitere Anwerbung von Soldaten. Nur zwei von hundert Einwohnern – schrieben sie dem Kurfürsten vor – dürften zu Rekruten gemacht werden. Und wer sich für tausend Taler freikaufen konnte, dem musste der Dienst erlassen werden. Es kam für Friedrich August noch schlimmer. Der Landtag verlangte die Reduzierung seines stehenden Heeres auf fünfzehntausend Mann. Und der Kurfürst gab nach, musste nachgeben. Bitter muss es ihm angekommen sein. Er wusste um Preußens Stärke. Sein Leben lang hatte er versucht, eine schlagkräftige Armee aufzubauen, hatte sich um die militärische Verstärkung seiner Festungen Dresden und Königstein bemüht, Kanonen entwickeln lassen, die besser schossen als die gebräuchlichen, hatte selbst Bücher zur Festungskunst studiert, und nun besaß er nicht die Macht, ein deutliches Nein zu sagen, die Stände ungnädig nach Hause zu schicken, ihre Forderungen abzulehnen.

König August II. und der preußische König Friedrich Wilhelm I. von Preußen. Gemälde von Louis de Silvestre, um 1730

Der Kurfürst überstand die Krise. Die Vermählung seines Sohnes mit der Kaisertochter Josepha erhöhte das internationale Ansehen des sächsischen Kurfürsten. Der bald darauf geschlossene Dreierbund Österreich – England – Sachsen, der Habsburg und England verpflichtete, Polen zu helfen, falls es von Russland angegriffen wurde, festigte das politische Gewicht des Kurfürst-Königs, der nach der Schlacht bei Poltawa immer öfter die Stärke des russischen Zaren zu spüren bekam. Mit großartigen Bauten – in Pillnitz, Moritzburg und natürlich in Dresden selbst – machte der Wettiner von sich reden. Man sprach mit Hochachtung von seiner sächsischen Residenz. Aber das Mitregieren der Stände vermochte

Friedrich August nicht zu beenden, obwohl er sich noch in den letzten Regierungsjahren darum bemühte. Massiv versuchte er es wieder auf dem Landtag 1728. Er erließ eine neue Landtagsordnung. Darin behielt er sich das Recht vor, sie „aus Chur- und Landes-Fürstlicher Macht zu vermehren, zu verbessern und zu erläutern". Er forderte die Durchsetzung der neuen Ordnung und die Befolgung seines Willens, der „allerseits zuverlässiger und schuldigstermaßen erfüllt" werden müsse. Wieder begann er das stehende Heer zu vergrößern, ungeachtet der Proteste. Er setzte Heeresformen durch, modernisierte die Ausrüstung und wies seine Offiziere an, die Qualität der Ausbildung zu erhöhen. Die Einheiten wurden vier Generalen unterstellt. Und erstmalig wurden die Truppen in großen Kasernen untergebracht. Werber wurden ausgeschickt, obwohl auch das verboten war. Die Bevölkerung wehrte sich. Wurden Werber gesichtet, läuteten die Glocken Sturm. Die Bauern bewaffneten sich mit Spießen und Stangen und vertrieben oft die Soldatenwerber. Junge Leute flohen in den Wald. Pfarrer beeilten sich, Ehen zu schließen, da Verheiratete nicht eingezogen werden durften. Trotz dieser Widerstände erreichte das stehende Heer 1730 wieder eine Stärke von dreißigtausend Mann. Die Macht aber blieb geteilt. Sachsen bestand auch nach dem Tod Augusts des Starken als absolutistischer Ständestaat fort.

Der Sammler

Friedrich August war zu seiner Zeit unter den deutschen Kurfürsten einer der verständigsten und zielstrebigsten Kunstsammler. Bot sich ihm eine Chance, seine Sammlungen zu vermehren, dann zögerte er nicht. Friedrich Wilhelm I. war 1713 König von Preußen geworden. Sein Vater hatte ihm nicht nur einen gefestigten zentralisierten Staat, sondern auch wertvolle Kunstschätze hinterlassen. Sie interessierten den Sohn wenig. Die besondere Aufmerksamkeit des Hohenzollern galt dem Exerzierreglement, dem stehenden Heer und der Bibel. Er ließ zentnerweise Tafelsilber einschmelzen und war bereit, einen Teil der Kunstsammlungen zu versetzen. Aus dem Erlös sollten zusätzlich Soldaten angeworben werden, besonders die langen Kerls, die Friedrich Wilhelm so liebte. Der Kurfürst-König, der mit Eifer Porzellan sammelte, erfuhr von der Absicht des Preußenkönigs. Er fragte in Berlin an, Friedrich Wilhelm war zum Verkauf bereit. Der sächsische Kurfürst bot dem Preußen Soldaten an, da seine Kasse überfordert war. Der Schacher kam 1717 bei Jüterbog zustande. Friedrich Wilhelm wählte sich sechshundert Kerls aus, wofür er pro Kopf zwanzig Taler hinzulegen bereit war. Zwei Regimenter rückten in Berlin ein. Porzellan wechselte den Besitzer. Mit Kennerblick wählte der Sachse 151 Stück asiatisches Porzellan, darunter 18 große Vasen, die in der Kunstgeschichte als Dragonervasen bekannt wurden.

August der Starke war nicht der erste Wettiner, der sammelte. 1560 hatte Kurfürst August die Dresdner Kunstkammer im dritten Obergeschoss des Schlosses eingerichtet. Siebenundzwanzig Jahre später gab ein Inventarbuch auf 317 Doppelseiten an, was inzwischen zusammengekommen war. In diese Kunstkammer wurde aufgenommen, was rar war oder als rar galt, was den Hauch des Exotischen, oft des Seltsamen trug: kunstvoll in Edelmetall eingefasste Straußeneier und Kokosnüsse, ein Kirschkern, in dem Gesichter eingeschnitten waren, Korallenäste, auch Gegenstände aus Handwerk und Wissenschaft, dazu Schmuck, Prunkgeschirr, Rüstungen, Waffen, Mineralien, Geräte der Alchemie. Weniger in Sammlergunst standen damals Gemälde, stand Kunst. Ihr Wert blieb den meisten sammelnden Wettinern verschlossen. Aufhebenswert war nicht Kunst, sondern waren Raritäten. Sinn für das Sammeln brachte auch der Sachse Christian I. auf. Er selbst, wird berichtet, war ein talentierter Zeichner. Sein Sohn Christian II. hingegen war ein Kunstbanause. Dieser verschenkte 1603 Dürers „Anbetung der Heiligen Drei Könige" an Kaiser Rudolf, der das Bild aber auch nicht zu schätzen wusste. Johann Georg II. trug leidenschaftlich Silber zusammen, Friedrich Augusts Vater, Johann Georg III., legte das Münzkabinett an. Was die Wettiner auch immer zum Sammeln veranlasste, eins war beabsichtigt: die Kunstkammer sollte den Glanz des Hauses Wettin erhöhen und die Besucher und Gesandten der europäischen Höfe vom Reichtum der sächsischen Kurfürsten überzeugen. Anton Weck schreibt in seiner Dresdner Chronik 1680: „Es ist dieses Werk der Kunstkammer so weitläufig und mit einer solchen Menge Raritäten und Kunststücken angefüllt ..., dass dergleichen in so trefflicher Menge weder in Deutschland noch in anderen auswärtigen Kaisertümern, Königreichen oder Provinzen beisammen nicht zu finden." Das dürfte gewiss sächsisch übertrieben sein, zumal die Sammlung von Gemälden Albrecht Dürers, die Friedrich der Weise angelegt hatte, nahezu aufgelöst worden war. In den Uffizien von Florenz, in Antwerpen, im Vatikan, in

Madrid, im Palazzo Pitti der Medici, in Paris gab es bedeutendere Sammlungen als in der Residenz Dresden.

Die Raritäten-Kunstkammern hielten sich in Deutschland bis in die Mitte des siebzehnten Jahrhunderts. Die Anordnung der Gegenstände war dort keinem wissenschaftlichen oder ästhetischen Prinzip verpflichtet. Gemälde hingen neben Werkzeugen, Kupferstiche lagen neben geheimnisvollen Büchern der Alchemie, Messgeräte neben Waffen.

August der Starke erbte die Sammlungen seiner Väter. Das meiste aus der Kunstkammer befand sich im Schloss. Einer der Räume, in dem die Raritäten untergebracht waren, war grün gestrichen. Das gab der Preziosensammlung des Kurfürstenhauses den Namen, unter dem sie weltbekannt wurde: Das Grüne Gewölbe.

Der Wettiner war von anderer Lebensart als der Hohenzoller. Der preußische König sammelte vorwiegend Soldaten, der Kurfürst-König Kunsthandwerk und Kunst; entließ der Preuße Baumeister und Architekten, nahm der Sachse die besten von ihnen auf; wurde Preußen militärisch immer stärker, immer mehr zur Despotie, verlor Sachsen an Einfluss. Fast will es scheinen, dass einer, der sich zu stark für Kunst, Architektur, Theater, Musik interessiert, im Waffengang versagen muss. Der Siebenjährige Krieg, der dreiundzwanzig Jahre nach dem Tode Augusts des Starken ausbrach, bewies, dass sich die Hohenzollern entschieden besser auf diese Art Auseinandersetzung vorbereitet hatten.

August der Starke fühlte sich der Sammlertradition seiner Vorfahren verpflichtet. Inhalt und Form des Sammelns änderten sich. Kunst und Kunsthandwerk fanden nun höchstes Interesse. Johann Joachim Winckelmann, der Sohn eines Stendaler Flickschusters und Begründer der klassischen Archäologie und Kunstwissenschaft, notierte 1754, zwanzig Jahre nach dem Tode des Königs, dass unter August dem Starken „die Künste als fremde Kolonie in Sachsen eingeführt“ wurden. Ein zutreffendes Urteil, aber auch ein Urteil, das deutlich macht, dass der Territorialstaat Sachsen, dass Deutschland nicht viel Bedeutendes an Kunst aufzuweisen hatte. Seit den Renaissance-Jahrzehnten der Holbeins und Cranachs, Dürers und Grünewalds war im Heiligen Römischen Reich Deutscher Nation kaum etwas von europäischem Rang entstanden. Deutschland hatte weder einen Velázquez noch Rubens hervorgebracht, weder einen Rembrandt noch Lorrain, keinen Poussin und keinen El Greco.

August der Starke war zu sehr Mann seiner Zeit, um nicht die Kunst und das Kunsthandwerk seiner Zeit zu sammeln. Er liebte Fayencen und Delfter Stücke, vor allem liebte er chinesisches und japanisches Porzellan, das er verstärkt ab 1715 auf der Leipziger Messe erwarb. Seine Sammlungen insgesamt, darunter auch die Gemäldesammlung, die in Europa sehr geschätzte Bilder enthielt und frei war von jedem Provinzialismus, wuchsen sehr schnell. Er gab Auftrag, das Japanische Palais zu einem Porzellanschloss zu erweitern. Die Bewunderung des Fernöstlichen ist erklärlich. In einem Reisebuch von Nienhof, einem Holländer, war der Kaiserpalast von Peking fantasievoll beschrieben worden. Viele Bücher hoben vor allem die Exotik hervor. Die Berührung mit den Türken, wenn auch auf kriegerische Art, war eine Berührung mit einer anderen Kultur und Religion. Die farbenfreudigen Dekore des östlichen Porzellans versprachen eine heitere Welt. Gebunden an höfisches Zeremoniell und alte Traditionen, eingeengt von barocker Etikette, begann das Interesse für fremde, für andere Kulturen zu wachsen. Das ferne, unerreichbare China galt den Zeitgenossen als ein glückliches, sorgenfreies Land. Genuss und Unbeschwertheit schienen dort zu Hause zu sein. Was lag näher, als sich in jene unerreichbare exotische Welt zu versetzen, die offenbar keine Zwänge, keine Unterordnung kannte. Aus dieser Bewunderung erwuchs die sichtbare Hinwendung zu einem vermeintlichen fernöstlichen Stil, der sich in Bauten, Innenarchitektur und Tapetengestaltung widerspiegelte. Auch Friedrich August teilte die Chinaverehrung. Er befahl seinen Architekten den Bau „eines indianischen Lustschlosses". So entstand das Wasser- und Bergpalais in Pillnitz, das früheste Beispiel für „indianische" Bauten in Deutschland. Daher findet sich dort die fremde, bizarre Architektur, die Türmchen und Baldachine, die gemalten Szenen eines Volkslebens, von denen man glaubte, dass es so im Reich der Mitte zugehen müsse. Die Hinwendung zum Fernöstlichen war auch im Inneren des Taschenberg-Palais ablesbar, das im türkischen Stil gehalten war. Im Übigauer Schlösschen dominierte „persische Art". In Friedrich Augusts Handbibliothek gab es Bücher über die Türkei und „Mongolien", aus denen der Kurfürst seine Kenntnisse über den rätselhaften Osten bezog. Als Sammler kostbaren Porzellans, als Verehrer fernöstlicher Raritäten, als Liebhaber von Mohren am Hof, die auf den Sklavenmärkten in Portugal, Spanien oder Italien gekauft wurden, folgte der Wettiner dem höfischen Zeitgeschmack.

Die Art des Sammelns, wie sie sich in den Kunstkammern darstellte, änderte sich allmählich in den deutschen Residenzen. Die Wertschätzung für Raritäten und Seltsamkeiten nahm ab. Wissenschaftliche Entdeckungen und neue Erkenntnisse fanden stärkere Aufmerksamkeit als bisher. Der sich in Grobheiten und Zoten gefallende Adel hatte sich im Barock zivilisiert, sein Geschmack hatte sich verfeinert. Frankreichs Einfluss wirkte nachhaltig. Man trug gepuderte Perücken und Handschuhe. Man trank Wein und Champagner, freilich wurde auch gesoffen. Die Gelage des starken Friedrich August wurden bekannt, weit über Dresden hinaus. Dennoch: Der Kavalier war gefragt und nicht Götz von Berlichingen. Auch Reisen trugen zur höheren Bildung und Kultur bei. Daraus allein aber erklärt sich noch nicht das wachsende Interesse des Kurfürsten für Kunst und Sammlungen. Zweifellos liegt hier ein Glücksfall vor. Friedrich August, selbst kunstverständig, wurde von gebildeten Männern geführt und angeregt. Der französische Architekt Raymond Leplat zum Beispiel wirkte in Dresden. Er war ein Mann von Geschmack und Weltkenntnis; er kannte Paris, Rom, Madrid. Man darf annehmen, dass der Franzose und der Sachse über die dortigen Kunstsammlungen sprachen, die der sächsische Prinz möglicherweise selbst schon auf seinen Reisen kennengelernt hatte; man darf annehmen, dass der Franzose die Phantasie des Wettiners, der als Jugendlicher eine Erzählung zu schreiben versucht hatte, bewusst entfachte, dessen Kunstinteresse Richtung gab. Friedrich August war schnell zu begeistern. Das wird von denen, die in seiner unmittelbaren Umgebung wirkten, wiederholt bestätigt. Musste dem Kurfürst-König, der auf Repräsentation großen Wert legte, der zweifellos eitel war, die Kunst nicht willkommen sein, wenn sie sein Wertgefühl erhöhte, seinem Hof schmeichelte?

Bereits 1707 wurden die besten Gemälde aus der Kunstkammer entnommen und gesondert im Redoutensaal des Schlosses präsentiert. Eine Skulpturengalerie wurde eingerichtet. Im November 1720 übernahm der Kabinettsminister Ernst Christoph Graf von Manteuffel die Oberaufsicht über alle Sammlungen. Eine Kommission wurde gegründet. Der Kurfürst beauftragte ihn, „alle vorrätigen, zu Künsten und Wissenschaften gehörigen Raritäten sowohl zu unserem eigenen Vergnügen als zum gemeinsamen

Holländisches Palais, später erweitert zum Japanischen Palais und als Porzellanschloss geplant. Kupferstich von Johann August Corninus, 1719 (Ausschnitt)

besten" einzurichten. Die Idee zur Neuordnung wird dem Architekten Raymond Leplat zugeschrieben.

Drei Jahre später wurde mit der Einrichtung des ersten „Schatzkammermuseums" in den Räumen des Grünen Gewölbes begonnen. Das war neu. Das war aufsehenerregend.

„... einer der reichsten Geheimtresore der Welt war geöffnet und zu einem Museum ausgebaut worden, das prächtige Schauräume, ein Foyer und eine Garderobe besaß." Dieses Museum war „wohl das erste jenes Typs ..., das heute in der ganzen Welt üblich ist". Der Eintrittspreis freilich war gepfeffert. Er betrug vier Gulden. Dies entspricht etwa 40 bis 50 Euro.

Die gesamten Sammlungen wurden im Verlaufe mehrerer Jahre neu gestaltet. Voneinander getrennt entstanden das Kupferstichkabinett, die Gemäldegalerie, die Porzellan- und naturwissenschaftliche Sammlung, das Münzkabinett, die zoologische und mineralogische Sammlung, die Rüstkammer. Damit war in Dresden jener

Grundstock gelegt, der die Kunstschätze schnell berühmt machte. Loën urteilte euphorisch: „Alle Künste und Wissenschaften scheinen sich hier zur bloßen Lust zu vereinen.“ Das, was von der Kunstkammer übrigblieb, fand in den zwanziger Jahren des achtzehnten Jahrhunderts im Zwinger einen Platz. Kurios wie ihre Entstehung war ihr Ende. 1835 wurden die Reste der Kunstkammer für 1.336 Taler, 6 Groschen und 9 Pfennig versteigert, eine Fehlleistung, die weit unter dem Niveau der sammelnden Wettiner lag.

Die Sammlungen wuchsen von Jahr zu Jahr. 1709 erwarb Friedrich Augusts Leibjäger Rüstungen und Waffen in Holland. 1723 erhielt das Kupferstichkabinett bedeutende Neuerwerbungen: 115 Zeichnungen, die vom Leipziger Buchhändler Moritz G. Weidemann angekauft wurden; im Jahr 1728 folgten 10.202 Blätter vom Stadtbaumeister Gottfried Wagner (darunter bedeutende: 7 Breughels, 18 Dürers, 3 Michelangelos, 23 Raffaels, 42 Rembrandts, 2 Poussins, 13 Veroneses); Münzen, Porzellan, Uhren, mathematische und physikalische Geräte kamen hinzu. Erweitert wurde auch der Buchbestand der Hofbibliothek. So wurde unter anderem die Bibliothek des Grafen Bünau mit 42.000 Bänden aufgekauft. Etwa seit 1723 trat der sächsische Kurfürst als Großkäufer von Kunst auf. Er begann mit dem Erwerb von antiken Plastiken und Statuen, noch ehe ihr Sammeln Mode wurde. 1723 wurden Plastiken aus der brandenburgischen Sammlung gekauft, 1728 die Sammlungen des Fürsten Chigi und des Kardinals Alessandro Albani, des späteren Freundes und Förderers Winckelmanns. Erneut war es ein Gelehrter, der die Antiken begutachtete, Professor Johann Wilhelm von Berger. 1729 trafen die 200 Skulpturen, verpackt in 87 Kisten, in Dresden ein.

1722 ließ Friedrich August alle Gemälde inventarisieren. Wieder war es Leplat, der den Sachsen anregte. Er überzeugte den Wettiner, dass zu einer königlichen Sammlung auch Gemälde gehören. Der Franzose muss den Kurfürst-König gründlich beeinflusst haben. In den letzten zehn Lebensjahren Augusts des Starken wurden mehrere hundert Gemälde erworben, darunter solche, die heute zu den bedeutenden in der Dresdner Gemäldegalerie zählen: Palma Vecchios „Heilige Familie“, Tizians „Venus“, Gemälde von Giorgione, Guido Reni, Meisterstücke von zahlreichen Holländern. Die wichtigsten Erwerbungen freilich, die der Galerie Weltruf einbrachten, kamen erst in der Regierungszeit seines Sohnes hinzu, über die Carl Justi schrieb, dass es eine Zeit war, „wo Maler und Dilettanten, Ministerresidenten und Abenteurer, Kunsthändler und bedrängte Finanzminister, Kardinäle und Kammerdiener, kurz, wo Himmel und Erde in Bewegung gesetzt wurde, um alles, was irgend noch loszumachen war, an die Elbe zusammenzubringen“. Ein so leidenschaftlicher Bildersammler war August der Starke nicht. Sein Interesse war stärker für Architektur und Kunsthandwerk ausgeprägt. Nicht zufällig stellte er einige von Friedrich Wilhelm I. entlassene Baumeister ein, gab ihnen Arbeit: Eosander von Göthe, der das Übigauer Schlösschen erbaute, Zacharias Longuelune, der gemeinsam mit Pöppelmann die Pläne für Schloss Pillnitz entwarf und Lehrer an der von Friedrich August begründeten Ritter-Akademie wurde. Der Wettiner rief im Jahre 1715 Louis de Silvestre von Paris nach Dresden. Der Maler avancierte zum ersten Porträtisten am Hofe und wurde Direktor der Malerakademie. Nach dem Tod Augusts des Starken kehrte Silvestre in die französische Hauptstadt zurück und wurde dort Präsident der Akademie der Schönen Künste. Friedrich August verstand es, auch andere bedeutende Künstler an sich zu binden. Er bot ihnen günstige Arbeitsmöglichkeiten und forderte sie zu schöpferischen Leistungen heraus. Kaendler zum Beispiel, dessen Formgestaltung dem Meißner Porzellan zur Weltgeltung verhalf. Vermutlich holte Friedrich August auch den Goldschmied Melchior Dinglinger nach Dresden, dessen Arbeiten dem Grünen Gewölbe Glanz verliehen. Berühmt sind das goldene Kaffeegeschirr, das August der Starke in zehn Jahren ratenweise abzahlte (Preis: 50.000 Taler), und „Der Hofstaat zu Delhi am Geburtstag des Großmoguls Aureng Zeb", eine Arbeit, die charakteristisch für die barocke Chinaverehrung ist. Aureng Zeb soll tatsächlich gelebt haben. Ein Reisebericht regte den Sachsen zu diesem Auftrag an. 165 goldene und farbig emaillierte menschliche Figuren schmücken das Werk. 300 Diamanten, Rubine, Smaragde, Perlen wurden eingearbeitet. Nie hat Dinglinger teurer gearbeitet. 58.485 Taler musste der Kurfürst auf den Tisch legen. Später wurde ihm öfter vorgeworfen, dass er für die Sammlungen große Summen ausgegeben habe. Das ist richtig, sie haben viel Geld gekostet. Doch der Vorwurf geht an den Gegebenheiten der Zeit vorbei. Wer sonst sollte sammeln, wenn nicht das führende Adelshaus in Sachsen. Das Bürgertum hatte andere Sorgen. Es musste sich erst als selbstständige Klasse begreifen lernen und seine eigenen ästhetischen Maßstäbe finden. Und die anderen, die Zimmerleute, Maurer, Manufakturarbeiter, hatten zu tun, ihre zehn Groschen pro Woche zu verdienen. Die entscheidenden Impulse kamen im Feudalabsolutismus von den Höfen. Ein Glück also, dass es diesen sammelnden Wettiner gab, ein Glück, dass er zusammentragen ließ, was Bedeutung hatte, ein Glück, dass er bauen ließ. Wenn es dem Kurfürst-König auch nicht gelang, Sachsen territorial zu vergrößern und das politische Gewicht des Kurfürstentums auf lange Sicht zu erhöhen, eins gelang ihm: Dresden wurde zu einer Stadt, deren Bedeutung Künstler und Architekten begründeten und nicht Festungen und Exerzierplätze.

Canale Grande

August der Starke war rigoros, wenn es ums Bauen ging. Er fürchtete nicht den Unmut des Dresdner Rates und der Bürger, sooft er ihn auch bei der Umgestaltung Altendresdens (Neustadt) zu spüren bekam. 1723 ließ er auf der Meißnischen Gasse zwölf neue Häuser abreißen. Die Besitzer wurden abgefunden. Der Grund: Die Gebäude verdeckten die Sicht auf das Holländische Palais, das der Kurfürst erweitern lassen wollte. Häuser standen der Allee im Wege, die zwischen der Residenz und dem Jagdschloss Moritzburg angelegt wurde. Sie fielen. Zu einem Eklat kam es 1731, als sich der Kurfürst an der protestantischen Dreikönigskirche „vergriff". Sie war nach dem Brand Altendresdens im Jahre 1685 an einer Stelle errichtet worden, die schon den Unwillen Klengels erregt hatte, aber der Architekt hatte sich gegen die Kirchgemeinde nicht durchsetzen können. Nun sollte die Kirche weg, weil sie in die Hauptstraße, die Friedrich Augusts Baumeister planten, unschön hineinragte und den Blick auf das geplante Blockhaus am Brückenanfang und das Schwarze Tor im Norden verdeckte. Am Turm der Dreikönigskirche, die die Altendresdner unter Opfern hatten errichten lassen, wurde noch gebaut, als der Kurfürst deren Abriss beschloss.

Im Auftrage des Kurfürsten verhandelte der Generalintendant Wackerbarth mit dem Geheimen Rat und dem für Kirchenfragen zuständigen Oberkonsistorium über die störende Kirche. Vertraulich, denn bei aller Rigorosität wollte Friedrich August seine empfindlichen Protestanten, die ihm schon genug Schwierigkeiten bereiteten, nicht noch mehr verärgern. Wackerbarth ließ die Herren wissen, dass der König für eine neue Kirche aufkommen werde. Er bat, darüber Stillschweigen zu bewahren. Vorerst sollte der Gemeinde nur mitgeteilt werden, dass der Friedhof aus Altendresden verlegt werden müsse, da Platz für Kasernen benötigt wurde. Auch das missfiel den Dresdnern. Sie weigerten sich, die Begräbnisstätte aufzugeben. Friedrich August stellte ein Stück Land außerhalb der Stadtmauer zur Verfügung und blieb unnachgiebig. Gegen den anhaltenden Protest befahl er die Verlegung der Gräber. Kaum hatte sich die Gemeinde beruhigt, forderte August der Starke den Abbruch der Dreikönigskirche. Die Dresdner waren entsetzt. Superintendent Löscher wandte sich „gegen die Wegschaffung der Kirche, weil die widrigen Religionsverwandten leicht einen Muth bekommen könnten, in anderen Sachen auf ihrer Hut zu sein, und der evangelischen Verfassung allhier Tort zu tun sich bemühen möchten." Das ging gegen die Katholiken. Der Kurfürst sah sich genötigt, die erregten Gemüter zu beruhigen. Er bewilligte fünfzigtausend Taler für eine neue Kirche und dreitausend Taler für eine hölzerne Interimskirche. Dennoch misstrauten die Protestanten dem Landesherrn. Sie forderten, das Gotteshaus stehen zu lassen, bis das neue fertig war. Wackerbarth lehnte ab. 1731 begann der Abbruch der Kirche, der Grundstein für eine neue wurde 1732 gelegt.

Nicht immer ging es so dramatisch zu. Dennoch gleicht die Errichtung der meisten kurfürstlichen Bauten einem Stakkato, einem Wettlauf mit der Zeit. 1705 wurde mit dem Taschenberg-Palais neben dem Schloss begonnen. Das Palais war noch nicht fertig, als die Orangerie heranwuchs, der Zwinger noch im Bau, als Schloss Pillnitz entstand und das Moritzburger Schloss großzügig umgestaltet wurde. Pillnitz, groß, zu groß geplant, blieb unvollendet. Nachdem das Wasser- und das Bergpalais fertig waren, kam nur die Orangerie hinzu. Dann wurden die Bauarbeiten eingestellt. Erst knapp hundert Jahre später, nach 1818, wurde das Neue Palais errichtet. Der Große Garten, vor der Regierungszeit Augusts des Starken angelegt, wurde erweitert, acht Kavalierhäuser errichtet (je eins für eine Mätresse, behauptete der lose Volksmund), an der Elbe entstand ein zweites, allerdings bescheidenes Schloss: Schloss Übigau. Auch für Warschau gab es große Pläne und Entwürfe. Dort freilich waren dem Wettiner die Hände stärker gebunden als im Stammland, die finanziellen Mittel bedeutend bescheidener. In Polen blieb fast alles nur Papiertraum, auch die Erweiterung des polnischen Königsschlosses in Warschau. Neues wurde aber auch hier: das Sächsische Palais mit einem schönen Park.

Was trieb August den Starken zu diesem atemlosen Bauen? Ehrgeiz? – Gewiss! Übertriebenes Repräsentationsstreben? – Wahrscheinlich! Selbstsucht? – Möglich! Was ihn auch immer zum Bauen veranlasste – sein Bausinn war das Beste an ihm. Loën meint: „Die Baukunst ist jederzeit eine Beschäftigung großer Leute gewesen." Ob sie groß waren, sei dahingestellt, aber als Bauherren haben viele Fürsten des Absolutismus dafür gesorgt, dass in ihren Residenzen Gebäude von Wert errichtet wurden. Dass an der Elbe eine barocke Stadt entstand, ist Friedrich August und seinem Sohn, August III., zu danken, die für den neuen Stil Verstand und Neigung aufbrachten. Friedrich August hat als Bauherr mehr geleistet denn als Politiker. Es scheint, dass sein Großmachtstreben wenig real gewesen ist. Zu sehr stützte es sich auf die Hoffnung, dass die männliche Linie der Habsburger aussterben und er, Friedrich August, auf diese Weise zur Kaiserkrone gelangen würde. Tatsächlich hinterließ Joseph I. keinen männlichen Nachfolger. Aber die deutschen Kurfürsten einigten sich auf Karl VI. als Kaiser. Auch seine nächste Hoffnung, über die kaiserliche Schwiegertochter Josepha habsburgerische Territorien in die Hand zu bekommen, zerrann, wie wir bereits wissen.

Friedrich Augusts Lust am Bauen, auch wenn sie Teil der Repräsentation, Teil seiner Politik nach außen gewesen ist, entsprang sehr persönlichen Wünschen. Er war Wolf Caspar Klengels Schüler gewesen, kein besonders guter, aber dennoch sein Schüler. Klengel war ein weitgereister Mann. Etwa zwanzig Jahre hatte er sich im Ausland aufgehalten. Er kannte Paris, Rom, Venedig, Florenz. Er war nicht nur Architekt und Festungsbaumeister, sondern auch ein erfahrener Soldat. Als Leutnant hatte er in Dalmatien gegen die Türken gekämpft, auf Malta die damals besten Festungsbauten studiert. Wie hoch man Klengels Fähigkeiten schätzte, wird daran deutlich, dass ihm der Kaiser das Kommando über die Reichsartillerie übertragen wollte. Klengel lehnte ab. Klengel, ein Mann, der durchaus auf der Höhe seiner Zeit war, von dem in Dresden und Umgebung bedeutende Bauten stammen – die Erhöhung des Hausmannsturms des Schlosses, Befestigungsanlagen auf der Burg Stolpen, die Kapelle im Moritzburger Jagdschloss –, hatte Friedrich August in Mathematik und Festungsbaukunst unterrichtet. Es ist anzunehmen, dass Klengel den Kurprinzen in die Pläne zum Aufbau Altendresdens eingewiesen, dessen Sinn für die Baukunst geschärft hat. Friedrich August, fantasievoll und musisch veranlagt, erhielt so in seinen Jugendjahren Richtung und Anstoß. Seine Reisen nach Frankreich, Spanien, Portugal, Wien und Italien formten und bildeten den Sachsen. Friedrich August hatte Venedig erlebt, hatte diese Stadt genossen, hatte am Canal Grande gestanden, der die Stadtmitte S-förmig durchzieht, war über den Ponte di Rialto gegangen. Wer den Süden besucht hat, kehrt als ein anderer zurück, ganz gleich ob Fürst, Dichter oder Maler. Sind nicht die kurfürstlichen Bauten, die in Dresden und in der Umgebung der Residenz

Dresden vom rechten Elbufer. Radierung von Bernardo Bellotto, 1748

entstanden, ein Versuch, die Üppigkeit des italienischen Barocks, seine Klänge und Farben in den Norden zu versetzen? Entsprang Friedrich Augusts Rastlosigkeit nicht dem Wissen, dass dies nur unvollständig gelingen kann? Sind nicht die zahlreichen Baupläne, die Entwürfe der Versuch, nie Erreichbares wenigstens als vorgedachte Wirklichkeit zu erleben? Ist nicht – aufs Ganze gesehen – alles, was entstand, der Versuch, die Elbe zu seinem Canale Grande zu machen?

Beweise gibt es dafür. In den späten Lebensjahren beschäftigten sich der Kurfürst und seine Architekten wieder stärker mit der Gestaltung der Elbe als Wasserstraße, die beide Stadtteile gleichwertig aneinander binden sollte. Es war geplant, den Fluss zu stauen und in ein ruhiges Gewässer zu verwandeln. Große Straßen wurden zur Elbe geführt, die Fassaden der Gebäude zum Fluss gerichtet, die Plätze zum Strom hin geöffnet. Die Stadt wandte sich dem Fluss zu. Pöppelmanns neue Brücke wurde eine der schönsten in Europa, Dresdens Ponte di Rialto. Ein zweiter Gedanke, der diese Idee sichtbar machen sollte: Bewusst wurde angestrebt, alle Schlösser – Großsedlitz, Pillnitz, Übigau, Moritzburg – gedanklich und architektonisch zueinander in Beziehung zu setzen. Diese Bauten sollten auf den Höhepunkt, die Residenz des Kurfürst-Königs, vorbereiten, auf das Venedig des Nordens, auf die Hauptstadt der Wettiner, die Johann Gottfried Herder später so überschwänglich „Florenz des Nordens“ nannte, eine Übertreibung, die Provinzsachsen gern durch die Jahrhunderte trägt. Was August der Starke erstrebt hatte und was seine Architekten und Bildhauer in Sandstein fügten, blieb nur ein Traum vom Canale Grande, vielleicht nur ein Traum vom Traum, aber dennoch bedeutungsvoll.

Die letzten Regierungsjahre des Wettiners waren Friedensjahre in Europa. Der Spanische Erbfolgekrieg zwischen Österreich und Frankreich war 1714 beendet worden. Die beteiligten Fürsten und Könige, für die sich Zehntausende Soldaten totschlagen ließen, beschlossen am Ende, alles so zu lassen, wie es gewesen war. Der Nordische Krieg, aus dem Russland und Preußen mit beträchtlichen Territorialgewinnen hervorgingen und Großmacht wurden, war 1721 zum Abschluss gekommen. Der Kurfürst nutzte die Zeit, um sich intensiver mit Dresden, besonders mit Altendresden zu beschäftigen. Dass die Stadt wieder aufgebaut wurde, dass prächtige Palais entstanden, war nicht ungewöhnlich. In allen größeren europäischen Residenzen wurde geplant und gebaut: Seit 1668 wuchs die Dorotheenstadt außerhalb der Berliner Stadtmauer heran, dreißig Jahre später wurde mit der Friedrichstadt begonnen. Prachtstraßen wurden angelegt. In Berlin die Allee Unter den Linden. Die Hohenzollern waren es, die ihr Schloss von Andreas Schlüter und von Eosander von Göthe zu einem repräsentativen Gebäude umgestalten ließen. Bereits 1695 hatte man in Brandenburg mit dem Bau von Schloss Charlottenburg begonnen. Herzog Eberhard Ludwig von Württemberg ließ ab 1704 die Ludwigsburg errichten; 1703 gründete Peter den Kern seiner neuen Hauptstadt St. Petersburg. Liebten die barocken Baumeister die schwellenden üppigen Formen, den Detailreichtum, so schufen sie andererseits eine strenge Ordnung in der Straßenführung, dachten die Stadt als ein städtebauliches Ganzes, als ein Gesamtkunstwerk. Dieser Maßstab galt auch für das neu zu errichtende Altendresden. Seine Bewohner bekamen den Willen des Bauherrn und seiner Architekten zu spüren, missverstanden ihn und wehrten sich.

Das rechts der Elbe gelegene Altendresden war bereits vor dem Brand weniger attraktiv gewesen als die linksseitige Residenz. Eng waren die Gassen, sechs bis elf Meter breit die größeren, die Quergassen nur fünf Meter. Gärten und Äcker lagen mitten in der Stadt. Notdürftig ausgeflickte Befestigungsmauern umgaben den Ort. Seine längste Ausdehnung von Nordwest nach Südost betrug achthundert Meter. Die Chance zu einem großzügigen Aufbau der Stadt hatte Klengel zu nutzen versucht. Er korrigierte den Verlauf der winkligen Gassen, verbreiterte die Straßen auf zwölf bis vierzehn Meter, führte sie strahlenförmig zum Markt, den er ebenfalls größer gestaltete, und plante sogar ein neues Schloss für den Kurfürsten. Künftig sollte eine vierhundert Meter lange Hauptstraße die Stadt durchziehen. Die Entwürfe waren großartig. Die Altendresdner widersetzten sich Klengels Plänen. Die breiten Straßen kosteten zu viel Bauland, auch Ackerland fiel ihnen zum Opfer. Gern hätten sie die neuen Häuser auf die alten Fundamente gesetzt. Das war nach den neuen Plänen nicht möglich. Bauordnungen belegten die Bürger mit Auflagen. Künftig mussten die Häuser mindestens bis zum ersten Stock – die Eckhäuser gänzlich – aus Ziegeln errichtet, die Dächer mit Steinen gedeckt werden. Das war vielen zu teuer. Der Kurfürst, Klengel und der Stadtrat, der links der Elbe saß, bestanden auf den neuen Forderungen. Das Ergebnis: Es wurde wenig gebaut. Um den Bürgern das Bauen zu erleichtern, wurden ihnen längst fällige Steuern erlassen und zusätzlich acht Freijahre eingeräumt. Dennoch entschlossen sich nur wenige zum Bauen. 1693 waren erst 144 von 341 abgebrannten Häusern aufgebaut.

Als Friedrich August zum Kurhut kam, änderte sich in Altendresden vorerst wenig. Unsicher waren die Zeiten, leer die Kassen. Als Schüler Klengels hielt der Kurfürst zunächst an dessen Plänen fest. Nach Ablauf der von Johann Georg verfügten Freijahre führte er höhere Steuern ein. Die Bürger beschwerten sich 1713 in einem Brief an ihn, dass sie „nach der kostbaren Regularität und vorgeschriebenen Mode wieder an- und aufbauen müssten.“ Häuser aus Stein, große Türen und Fenster machten das Bauen zu teuer, teilten sie ihrem Landesvater mit. Der Kurfürst nahm die Steuern zurück und gewährte jenen zehn Freijahre, die innerhalb von zwei Jahren bauten. Die Lust zum Bauen stieg dennoch nicht sonderlich. Viele verließen Altendresden und siedelten sich außerhalb der Stadtmauer an. Dort galten viele der neuen Baubestimmungen nicht. Es ging also auch unter Friedrich August nicht so recht vorwärts in Altendresden, während in anderen deutschen Landen neue Vorstädte heranwuchsen. Das wird den Wettiner geärgert haben, ihn, dem Architektur so viel bedeutete, der sein Dresden zu einer der ersten Städte in Europa machen wollte. Kein königlicher Anblick war das rechtselbige Dresden, keine Spur vom Canal Grande. Ab 1724 beschäftigte sich das Bauamt stärker mit Altendresden. Erneut wurden die Bürger von Steuerzahlungen befreit. 1717 hatte Friedrich August von Flemming das Holländische Palais erworben. Die Architekten Longuelune und Pöppelmann erhielten 1727 den Auftrag, es zu einem repräsentativen Porzellanschloss zu erweitern. Energischer betrieb nun der Kurfürst den Aufbau der Stadt. Ahnte er, dass die Jahre, die ihm noch blieben, gezählt waren?

Wolf Caspar von Klengel hatte den Neustädter Markt zum Zentrum einer bürgerlichen Stadt machen wollen; der Kurfürst wünschte jetzt das Palais als Höhepunkt der neuen Königsstadt. Eine 32 Meter breite Straße führte auf das Palais zu, dem ein Platz vorgelagert wurde. Kein Haus, kein Vorsprung durfte die Sicht auf das königliche Gebäude verdecken, kein Haus das Palais überragen. Die Höhe der Stockwerke, die Anzahl der Fenster zur Straßenseite, ja sogar die Dachform schrieb das Bauamt den Bauherren auf der Königsallee vor. Die Dresdner murrten. Sie wollten nun höher bauen als erlaubt, wollten die auf diese Weise gewonnenen Wohnungen vermieten. Einige hielten sich nicht an die strengen Vorschriften, wichen von Höhe und Farbanstrich ab. Sie riskierten viel. Da die Häuser gut aussahen, blieben sie stehen. Die folgenden Gebäude wurden ihnen angepasst, das Straßenbild blieb harmonisch, das Palais: gesteigerter Endpunkt der Straße, der zentrale Punkt, der alle Blicke auf sich zog. Schneller ging es nun in Altendresden vorwärts. Am Brückenkopf wurde der Bau des Blockhauses fortgeführt, seit 1731 wurde eine zweite Straße, die Hauptstraße zügig angelegt. Schon Jahre zuvor hatte Friedrich August Befehl erteilt, auf ihr zwei Reihen Linden zu pflanzen (dachte er an die Berliner Linden?). 1724 hieß es dazu: „Ihre Kgl. Maj. hat diese Lindenallee nicht zur Kommodität der Bürgerschaft, sondern zu eigenem Pläsier verfertigen lassen.“ Das klingt eitel, abfällig, vielleicht auch gallig. Immerhin – die Dresdner hatten zuweilen ihren Kopf, und wenn es um ihr eigenes Wohl und Wehe, um Einnahmen und Geld ging, vermochten sie sich gelegentlich sperrig zu zeigen. Allmählich traten die neuen Konturen der Stadt deutlich hervor, die August der Starke seit 1732 die „Neue Stadt bey Dresden“ benannt wissen wollte, heute Dresden-Neustadt genannt. Nach dem Tod des Königs setzte sein Sohn, August III., ihren Aufbau fort. Zeitweilig waren dort über zweitausend Menschen mit dem Bauen beschäftigt, eine Riesenarmee von Arbeitern für die damalige Zeit. In Altendresden wohnten nicht mehr als sechstausend Menschen.

Der Wettiner hat mit seinen lieben Dresdnern oft Streit gehabt, wenn es ums Bauen ging. Das hielt sie angesichts fertiger Gebäude nicht davon ab, von großem Stolz erfüllt zu werden, als hätten sie das Werk schon immer inbrünstig gewünscht. So war es zum Beispiel auch mit der Elbbrücke. Die alte war für den Verkehr zu schmal und zu baufällig geworden. Der Kurfürst wollte eine breitere und schönere Brücke für seine Residenz. Sie sollte sein Ponte di Rialto werden, über seinen Canale Grande, die Elbe, führen. Eigens schickte er Ingenieure nach Prag, um das dortige Brückenwunder zu vermessen. Mit der seinigen wollte er alle bisherigen Brücken übertreffen.

Die Dresdner Stadtväter witterten Ungelegenheiten. Eine neue Brücke, zumal eine prächtige, würde teuer werden, teuer für sie, für die Bürger, denn laut uraltem Grundsatz waren die Kosten für solche allgemeinnützigen Zwecke von der Stadt aufzubringen. Als der Überschlag für das Projekt vorlag – 49.118 Taler –, lehnten die Ratsherren das Ansinnen ab. Sie sahen sich außerstande, auch nur einen Teil der Bausumme aufzubringen. Der Kurfürst war das Nein von seinen Sachsen gewöhnt. Er hatte es in seiner Regierungszeit oft gehört. Viel Zeit hatte er nicht mehr. Schon mehrfach war er schwer, einmal sogar lebensgefährlich erkrankt. Der Fuß, den er sich in jungen Jahren verletzt hatte, schmerzte. Es gab Zeiten, da konnte er sich nur mit Mühe bewegen. 1727 gab er Befehl zur Erweiterung der Brücke. Die Finanzierung übernahm die Hofkasse, obwohl darüber das letzte Wort noch nicht gesprochen war.

Pöppelmann hatte die Pläne für die neue Brücke ausgearbeitet. Er leitete auch den Umbau, der zu einer grundsätzlichen Veränderung der Baugestalt führte. In nur sechzehn Monaten reiner Bauzeit wurde Friedrich Augusts Ponte di Rialto fertiggestellt. Zwei Wagen hatten jetzt nebeneinander auf der Fahrbahn Platz. Links und rechts gab es Fußgängersteige. Kaum war die Brücke übergeben, fielen die Dresdner in Jubel, feierten sie als ein Weltwunder, „als die stärkste, breiteste, schönste, festeste, ansehnlichste, von der man mit Recht sagen kann …, dass sie nunmehr ihresgleichen in Europa nicht finden wird". Der Kurfürst, der in solchen Jubelstunden seine Sachsen gewiss liebte (oder wäre es auch denkbar, dass er sie verachtete?), ließ den Brückenbau auf einer Gedenkmünze verewigen. Auf ihr war eingeprägt, dass auch Neptun Augusts Brücke als dessen größtes Meisterwerk anerkennt.

Nicht nur Spannungen, Rivalitäten und Misstrauen gab es zwischen Friedrich August und den Stadtvätern, es gab auch gemeinsame Entscheidungen und ein glückliches Zusammenwirken, denn eines zeichnete den Kurfürsten aus: seine Fähigkeit, anzuregen, Ideen, wenn auch dilettantisch, skizzenhaft zu entwerfen, den Architekten Können abzuverlangen. Die Frauenkirche ist ein solches Beispiel. Dieser große protestantische Kirchenbau des achtzehnten Jahrhunderts zeugt von einem wachen Selbstbewusstsein des Dresdner Residenzbürgertums. Ebenbürtig erhob sich das Gotteshaus neben den kurfürstlichen Gebäuden, auch den später errichteten, und verlieh der Stadt jene Silhouette, die Reisende und Besucher an Dresden rühmten.

Die Frauenkirche wurde von einem Bürger der Stadt erbaut. Dessen Können muss dem Wettiner imponiert haben, verwirklichte George Bähr doch mit der Frauenkirche eine Lieblingsidee des Kurfürsten: einen Zentralbau mit Kuppel. Oft hatte sich August der Starke von seinen Architekten einen Zentralbau gewünscht, nie ist einer entstanden. Nun wollte ausgerechnet die Stadt ein solches Projekt verwirklichen und ausgerechnet als protestantische Kirche. Friedrich August musste damit rechnen, dass der Papst über eine solche Kirche verärgert sein würde. Aber offenbar schien das dem Kurfürsten ziemlich gleichgültig zu sein, denn er und sein Bauamt nahmen sehr regen Anteil an der Entstehung der Kirche.

1722, in jenem Jahr, in dem Pöppelmann noch immer um die Fortführung des Zwingers kämpfte, erhielt George Bähr vom Rat den Auftrag, Entwürfe für die neue Frauenkirche anzufertigen, da die alte baufällig geworden war und einzustürzen drohte. Am 17. Juni lagen die Pläne und Zeichnungen dem Oberlandbauamt zur Genehmigung vor. Die voraussichtlichen Kosten wurden mit 103.000 Talern kalkuliert. Das Amt lehnte Bährs Arbeit ab, wahrscheinlich auch deshalb, weil der Rat zu hohe Zuschüsse aus der kurfürstlichen Kasse erbeten hatte und die Entwürfe noch nicht befriedigten. Ein zweiter Entwurf Bährs wurde von Wackerbarth persönlich verworfen. Zwischen dem Rat und dem Oberlandbauamt kam es zu einem regelrechten Architekturwettstreit. Wackerbarth bat Knöffel, einen Schüler Pöppelmanns, zu Bährs Vorstellungen einen Gegenentwurf anzufertigen. Diese Praxis war in Dresden durchaus üblich und hatte sich bei anderen Gebäuden bewährt. Auch Knöffels Variante wurde nicht bestätigt, weder von Wackerbarth noch vom städtischen Rat. Nach vierjährigem Suchen, Entwerfen, Verwerfen, Neugestalten – längst hatte August der Starke sich daran beteiligt – wurde der vierte Entwurf des Ratszimmermeisters George Bähr bestätigt. Der Stadtrat und George Bähr hatten sich gegen Wackerbarths Hofarchitekten, vor allem gegen Knöffels kühle, vom französischen Klassizismus geprägte architektonische Auffassung durchgesetzt – allerdings dürfte dieser Wettstreit Bähr auch zur Meisterschaft geführt haben. Die Bürgerlichen hatten einen Sieg davongetragen. Das gelang ihnen noch einmal beim Aufbau der neuen Dreikönigskirche in Altendresden, als Pöppelmann, der die ersten Entwürfe und Pläne ausgearbeitet hatte, schließlich kapitulierte und das Feld George Bähr und dem Rat überließ.

Am 28. August 1726 wurde der Grundstein für die Frauenkirche gelegt. Anfangs ging es mit der Kirche zügig voran. Dann traten Finanzierungsschwierigkeiten auf. Der Kurfürst stellte Einnahmen aus der Lotterie zur Verfügung. Sie reichten nicht. Er empfahl, das Geld, das eine Kollekte in Sachsen erbracht hatte, für die Kirche zu nehmen. Der Rat kassierte stillschweigend und verheimlichte die Manipulation der Gemeinde. Aus der Regierungskasse wurden Mittel zur Verfügung gestellt, auch Baumaterial zur billigeren Hoftaxe.

1730 teilte George Bähr den Stadtvätern mit, dass die Frauenkirche „... von Grund aus bis oben hinauf gleichsam nur ein einziger Stein“ sein sollte. Das war kühn. Eine steinerne Kuppel in dieser Größe und in dieser Form gab es nirgends. Rat und Bauleute waren dagegen. Selbst Bährs engster Mitarbeiter, der Ratsmaurermeister Johann Gottfried Fehre, der am Bau der Kirche stark beteiligt war, schloss sich ihm nicht an. Die Zweifler und Gegner befürchteten, dass Wände und Pfeiler den Druck der Kuppel nicht aushalten würden. Der Streit währte lange und wurde mit großer Leidenschaft geführt. Nicht gegen die Steinkuppel war der Kurfürst. Mehrfach lud er Bähr zu sich ein. Gemeinsam erörterten der Bürger und der Kurfürst, wie die Kirche in der Stadt am besten zur Wirkung gelangen könne.

Woraus erwuchs die Übereinstimmung zwischen dem bürgerlichen Baumeister und dem katholischen Landesherrn? Aus dem Stolz des Wettiners, in seiner Residenz eine Kirche zu haben, die den anderen großen Kuppelkirchen in der Welt ebenbürtig war? Der Santa Maria del Fiore in Florenz, dem Sankt-Peters-Dom in Rom, der Sankt-Pauls-Kathedrale in London, der Val de Grâce in Paris? Bestimmt! Oder trieb August den

Starken die Erinnerung an die Kirche Santa Maria della Salute, die sich in Venedig über die Stadt erhob, trieb ihn der alte Traum vom Canale Grande?

August der Starke und George Bähr erlebten die endgültige Fertigstellung der Kuppel nicht. Nie erfuhren sie, ob die Warner und Zweifler, darunter auch der Italiener Gaetano Chiaveri, der Architekt der Hofkirche, Recht behielten. Zwar prallten die Kanonenkugeln, die Friedrich II. im Siebenjährigen Krieg auf die Frauenkirche abfeuern ließ, von der Kuppel ab, dennoch war der statische Druck auf Mauern und Pfeiler zu stark, so dass ihr Einsturz befürchtet werden musste.

Nach siebzehnjähriger Bauzeit, am 27. Mai 1743, wurde der Turmknopf mit Kreuz gesetzt. Über zweihundert Jahre erhob sich die Frauenkirche 95 Meter hoch über Dresden und bekrönte die unverwechselbare Silhouette der Stadt. Die Frauenkirche, das Werk protestantischer Gläubigkeit und bürgerlich-barocker Architektur, stand bis zum barbarischen Bombenangriff am 13. und 14. Februar 1945. Am 15. Februar stürzte der Kuppelbau ein. Das Feuer im Inneren der Kirche hatte den Sandstein mürbe gebrannt. Wieder aufgebaut, ziert sie wieder Dresden, die Stadt am Strom!

Der Tod des Königs

Am 10. Januar 1733 brach August der Starke nach Polen auf, um in Warschau am Reichstag teilzunehmen. Der Hof stand zur Verabschiedung bereit. Nicht ohne Mühe stieg der König in die Kutsche ein. Unter dem Gewicht seines Körpers senkte sich der Wagen, spannten sich die Lederriemen. Die Peitschen knallten, die Pferde setzten sich in Bewegung. Der Wagen rollte vom Schlosshof, holperte über die neue Brücke, die in sanftem Bogen über den Strom führte.

Schob der Wettiner die Fenstervorhänge zur Seite, um noch einmal auf den Fluss zu blicken, auf seinen Canale Grande? Erfreute er sich am Anblick der neuen Straßen und Häuser in der Neustadt? Oder waren seine Gedanken bereits auf Polen gerichtet? Dort war ein Manöver geplant. Es sollte, ähnlich wie im Zeithainer Lager, Freunden und Feinden die militärische Stärke der sächsisch-polnischen Union zeigen. Gedachte er damit Russland und Österreich zu warnen, Teile des polnischen Adels, die ihm feindlich gesonnen blieben? Vielleicht aber hielt Friedrich August die Augen geschlossen und überließ seinen schweren Körper dem Schaukeln des Wagens.

Die Ärzte hatten ihm von der Reise abgeraten. Mit seiner Gesundheit stand es nicht zum Besten, mehrfach war der Kurfürst-König in den letzten Jahren schwer erkrankt. 1726, auch auf dem Wege nach Warschau, nahm die Entzündung der zweiten Zehe seines linken Fußes zu. Der Wundbrand war in sie geraten. Die Ärzte waren ratlos. Schließlich entschloss sich Friedrich Augusts Leibbarbier und Chirurg, Johann Friedrich Weiß, zur Amputation der Zehe. Die Operation gelang, der König wurde gesund. Zwei Jahre darauf erkrankte er wieder, diesmal schwerer. Er erholte sich, besuchte 1728 Berlin, obschon er sich schlecht bewegen konnte. 1732 schließlich schien der Sachse dem Tod nahe zu sein. Wieder war es Winter. Die Winter bekamen ihm nicht. Schon rechnete man mit seinem Tod. Er wurde abermals gesund. Darüber staunte sogar der preußische König Friedrich Wilhelm: „Alle sagen, dass er so woll und gesund ist als ein junger Adler. Er soll Medizin haben von einem Franzosen bekommen. Das hätte ihn wieder gantz neu gemacht, so wie er vor zwanzig Jahren gewesen. Das ist keine Historie vom Fischmarkt."

Diesmal im Januar 1733, war es Friedrich Augusts letzte Reise. Warschau sollte er wiedersehen, Dresden nicht.

Rechnete er mit dem nahen Tod? Jenen, die ihm dringend von der Reise abgeraten hatten, soll er zugerufen haben, was gewiss gut erfunden ist: „Ich fühle die mir drohende Gefahr, doch bin ich verpflichtet, mehr Bedacht zu nehmen auf meine Völker als auf meine Person." Große Worte. Ahnte der Kurfürst das Ende? Falls ja, wie mochte seine Bilanz ausgesehen haben, vorausgesetzt, dass er ernsthaft seine Jahre wog? Wie musste sie aussehen?

Neununddreißig Jahre trug Friedrich August den Kurhut. Als er zur Macht gekommen war, hatten ihm die Sachsen zugejubelt. Der Jubel war bald verstummt, die Landesstände begannen zu murren. Zu viel Geld verlangte der Kurfürst, zu aufwendig war seine Hofhaltung, zu arg ging er gegen ihre Privilegien vor. Das vergaßen sie ihm nicht und auch nicht, dass er ihren Glauben verraten hatte. Sie ließen ihn ihren Unwillen spüren, bei jeder Gelegenheit. Neununddreißig Jahre regierte er. Und es war einiges entstanden, worüber sich der Sachse freuen konnte. Eine enge, teilweise überalterte Stadt hatte Friedrich August übernommen, eine großzügige war im Entstehen. Er hatte Glück gehabt mit seinen

Baumeistern und Künstlern, mit Pöppelmann und Permoser, mit den Franzosen Longuelune und de Bodt, mit Leplat und Silvestre, mit Dinglinger und Höroldt. Das Porzellan seiner Manufaktur hatte sich einen guten Namen erworben und brachte ihm klingende Münze ein. Er hatte richtig getan, den Böttger festzuhalten und ihn nicht den Preußen auszuliefern, er hatte richtig entschieden, den Kaendler für seine Manufaktur in Meißen auszuwählen. In Künstlern und Handwerkern hatte er sich selten getäuscht. Sie alle hielten, was sie versprachen. Alles in allem stand es nicht schlecht um sein Sachsen, mag der König gedacht haben.

Verschloss er die Augen vor den Misslichkeiten?

Die Bettler waren zu einer Landplage geworden. Er hatte sich genötigt gesehen, in einem Generaledikt (Erlass) das Betteln zu verbieten. Die Kirche hatte er aufgefordert, die Armen mit Almosen zu unterstützen. Die Rebellen in seinem Land bereiteten ihm Sorgen. Sie wurden nicht weniger, obwohl der bekannteste und gefürchtetste unter ihnen, Lips Tullian, endlich gefasst und hingerichtet worden war. Bestätigte der Kurfürst deshalb die schrecklichste aller Strafen, die Tortur, als weiterhin gültig für Sachsen? Nachdrücklich wurde schriftlich festgehalten, dass der Verurteilte über den „gespickten Hasen“, die mit Holzpflöcken versehene Walze, gezogen werden soll. Ausdrücklich wurde die Pfanne mit glühenden Kohlen, wurden die Schwefelfäden erwähnt, mit denen der Sünder zu quälen sei. Das war wenig aufklärerisch, das war dunkles Mittelalter. Kein Wunder, dass sich Christian Thomasius, der als erster an der Leipziger Universität Vorlesungen in deutscher Sprache hielt, gegen die Folter wandte und zur Nächstenliebe und Meinungsfreiheit aufrief. Dafür wurde er als „Rebell gegen alle Fürsten der Erde“ verschrien und von orthodoxen Lutheranern aus Leipzig vertrieben. Der Geist des Professors Benedikt Carpzov, der sich rühmte, 53-mal die Bibel gelesen und zwanzigtausend Todesurteile wegen Hexerei unterzeichnet zu haben, war noch sehr lebendig in Sachsen. Aber- und Teufelsglaube beherrschte die Menschen. Freilich nicht nur in Sachsen. Wusste der Kurfürst von dem erbärmlichen Unterricht in den öffentlichen Schulen? Entlassene und heruntergekommene Soldaten, zuweilen auch Handwerker, schlugen ihren Ärger den Schülern ein. So hofften sie, treue Landeskinder zu erziehen. „Die Schule soll die Kinder von Ehrgeiz, Geldgeiz, Wollust, Zorn und Neid zur Liebe Gottes und des Nächsten, zur Demut, Mäßigkeit, Geduld, Genügsamkeit führen“, heißt es in einer Schulordnung von 1713. Viel Schatten war im Augusteischen Sachsen, auch wenn es zu den entwickeltsten Ländern in Deutschland gehörte. War sich der Wettiner dessen bewusst?

Dreißig Jahre trug er die polnische Krone. Er war König geworden vor den Hohenzollern, vor den Welfen. Viel Freude aber hatte ihm Polen nicht gebracht. Sogar seine Ermordung hatten einige Polen geplant. Zum Glück hatten Freunde die Verschwörung rechtzeitig aufgedeckt. Ja, Freunde hatte er auch. Dennoch – er blieb ein Fremder im Lande der Piasten, vielen unerwünscht, oft angegriffen, herausgefordert, verurteilt, ja verspottet. Krieg hatten sie gegen ihn begonnen, als er mit den Preußen vor Stralsund stand, das die Schweden besetzt hielten. Ohne die Hilfe des Zaren hätte er die Polen nicht zur Ruhe gebracht. Freilich der Preis war hoch. Er musste seine sächsischen Truppen aus Polen abziehen. Darauf hatten sie bestanden, die Adligen. Doch auch er, August, hatte manches gewagt. Seinem Widersacher Lubomirski hat er Schloss Lubowla, dessen Stammsitz, in die Luft sprengen lassen, um ihn zu warnen. Die Macht des polnischen Adels einzuschränken war ihm trotzdem nicht gelungen, auch nicht die unterschiedlichen

Wirtschaftsinteressen Sachsens und Polens anzunähern. Das war wohl auch nicht möglich. Polen, dem August der Starke stets Gleichberechtigung einräumte, bestand als Adelsrepublik fort. Über seinen Einfluss in Polen muss er real gedacht haben. Nie bat er den Reichstag, ihm die Nachfolgeschaft seines Sohnes in Polen zu garantieren, obwohl dies sein Wunsch war. In seinem Testament riet er seinem Sohn, die Krone der Piasten zu erwerben, obschon er sie eine „Dornenkrone" nannte – einer der vielen Widersprüche in seinem Denken und Handeln. Hatte sich der Einsatz um Polen gelohnt?

Gleich nach dem Siebenjährigen Krieg wurde Friedrich Augusts Griff nach der polnischen Krone als schwerer Fehler bezeichnet. Der Schaden, der sich aus der Union ergab, sei für Sachsen größer gewesen als für Polen, meinen deutsche Historiker, die polnischen behaupten das Gegenteil. Erst in jüngerer Zeit wird auf beiden Seiten differenzierter geurteilt, wird auch auf Vorteile verwiesen, die sich aus der Union für beide Länder ergaben. Leipzig habe vom Handel mit Polen profitiert, heißt es, die Polen hätten ihre Rohstoffe in Sachsen günstig verkaufen können, die städtische Entwicklung in Polen sei beschleunigt worden, Handel und Gewerbe hätten sich schneller entwickelt. Selbst wenn man alles abwägt, kommt an Vorteilen für beide Länder nicht allzu viel heraus. Von großer politischer Bedeutung war das sächsische Zwischenspiel für Polen nicht, und Sachsen hat es zusätzliche Millionen gekostet, die dem eigenen Lande fehlten. Sicher, eine gewisse Bindung blieb nach dem Ende der Personalunion zwischen Sachsen und Polen bestehen. Noch ein Jahrhundert später zum Beispiel ist Dresden für polnische Demokraten ein geistesverwandter Emigrationsort. Einer der bedeutenden polnischen Schriftsteller, der sieben Sachsenromane schrieb, flüchtete vor den Russen nach Sachsen: Józef Ignacy Kraszewski. Dresden wurde zwanzig Jahre lang sein Exilort.

Und wie sah die Bilanz weiter aus, als der Kurfürst-König im dreiundsechzigsten Lebensjahr nach Warschau unterwegs war? Wenn er ehrlich zu sich war, musste ihn der Gedanke an Habsburg und die Hohenzollern mit Bitterkeit erfüllen. Sie haben ihm das Leben schwer gemacht. Ein Stück vom habsburgischen Schlesien und Böhmen hatte er nicht bekommen. Selbst diesen lächerlichen Landstreifen von fünfzig Kilometern nicht, der zwischen Polen und seinem Sachsen lag. Was hatte er ihnen nicht alles angeboten: Geld, andere Gebiete, er hatte sich für sie auf den Kriegsfeldern herumgeschlagen, damit sie ihm eine direkte Landverbindung zu Polen überließen, aber sie hatten ihn hingehalten, ihm diesen Wunsch immer wieder aufs Neue verwehrt. Das konnte er ihnen nicht vergessen. Lang war ihm die Reise, die letzte Reise.

Sein Ziel, ein starkes Reich der Mitte zwischen Preußen und Österreich zu bauen, Sachsen territorial zu vergrößern, wie er es in einer seiner ersten Regierungshandlungen erklärt hatte, hat August der Starke nicht erreicht. Im Gegenteil. Er hatte Stammland für die polnische Krone hergegeben. Österreich war nicht bereit gewesen, ihm schlesische und böhmische Territorien abzutreten – trotz der verwandtschaftlichen Beziehungen und Erbansprüche. Und von den Hohenzollern war auch nichts zu holen gewesen, obwohl Sachsen in der späten Phase des Nordischen Krieges an der Seite Preußens gegen die Schweden gekämpft hatte. Nicht dem Haus Wettin, sondern den Hohenzollern wuchsen beträchtliche Gebiete zu.

Das dürfte ihn sehr gequält haben. Er hatte einen langen Krieg geführt und nichts erhalten. Der Russe hatte sich Livland, das er ihm, Friedrich August, versprochen hatte, und Estland genommen, sogar Karelien. Er hatte den Fuchs erfolgreicher gespielt als er, Friedrich August. Das ärgerte ihn; alle um ihn hatten profitiert. Der Hannoveraner, der Gebiete um Bremen erhalten hatte, Frederik von Dänemark, der sich Schleswig und Teile Holsteins erschachert hatte. Nur er war leer ausgegangen.

In der Tat hatte sich der Kurfürst-König nach dem Ende des Nordischen Krieges mit Ehrenzeichen und erbeuteten schwedischen Fahnen zufriedengeben müssen. Was die einzelnen Ursachen auch waren, in dieser Phase hat er als Politiker und Militär versagt.

Österreich und Preußen hatten an Stärke gewonnen. Sah der König die reale Gefahr, zwischen diesen Mächten zerrieben zu werden? War ihm bewusst, dass die Entscheidung über die Vormachtstellung in Deutschland zu Sachsens Ungunsten heranreifte? Beurteilte der Wettiner den Vorsprung Preußens richtig, den der Nachbar militärisch vor Sachsen gewonnen hatte? Einst hatte Hans Adam von Schöning Friedrich August geraten, das stehende Heer mit aller Konsequenz aufzurüsten und zu verstärken, damit der Kurfürst in der Lage ist, unabhängig zu regieren und notfalls den Hohenzollern-Staat zu beherrschen. Davon war August der Starke weit entfernt.

„Wir bleiben doch König und Herr und können tun, was wir wollen“ sagte Friedrich Wilhelm I. zu seinen Ministern. Er konnte das mit Recht behaupten. Die Macht der Stände war in Preußen gebrochen, der Adel ordnete sich den staatlichen Interessen unter, die nicht grundsätzlich gegen ihn gerichtet waren. In einer solchen starken Position befand sich der Kurfürst nie. Zu oft hatte er den Landesständen nachgeben müssen. Fast immer war Friedrich August in Geldnot und daher zu Kompromissen gezwungen, die eine Teilung der Macht zur Folge hatten. Erst in den letzten Jahren widmete er sich wieder stärker der Reorganisierung des stehenden Heeres, blieb aber mit der Stärke seiner Armee weit hinter Preußen zurück. 1730, als der Wettiner im Zeithainer Lager dem Hohenzollern seine Armee vorführte, standen im preußischen Nachbarland mehr als vierundsechzigtausend Mann unter Waffen. Sachsen besaß nicht einmal die Hälfte an Soldaten: dreißigtausend.

Die Widersprüche nahmen auch auf wirtschaftlichem Gebiet rasch zu. Sachsens Manufakturen produzierten ergiebig. Waren wurden nach Brandenburg-Preußen exportiert. Friedrich Wilhelm I. missfielen die sächsischen Produkte, weil dafür sein Geld ins Ausland floss. Das wollte er weitgehend verhindern. Daher belegte er bestimmte Erzeugnisse mit einem hohen Zoll oder verbot deren Einfuhr. Mehr noch: Er untersagte die Ausfuhr von Leder, Wolle, Holz, Eisen nach Sachsen. Der Leipziger Messe machte der Hohenzoller Konkurrenz, indem er 1721 eine in Frankfurt an der Oder begründete. Sachsen besaß von seinem Territorium keinen direkten Zugang zur Ost- und Nordsee. Es war auf Preußens Entgegenkommen angewiesen. Und die Hohenzollern ließen dies Friedrich August spüren, indem sie den Warenverkehr auf der Elbe bewusst erschwerten und mit überhöhten Zöllen belegten. Das fiel ihnen nicht schwer, da Magdeburg, das August der Starke beansprucht hatte, in ihrer Hand lag. Zeitweilig fand ein regelrechter Wirtschaftskrieg zwischen Preußen und Sachsen statt. Er wurde meist von Friedrich Wilhelm forciert. Der Streit ging soweit, dass man sich gegenseitig Krieg androhte. Augusts Premier Flemming, der mit Friedrich Wilhelm in gutem Einvernehmen stand, konnte die Spannungen vorübergehend abbauen.

Zeitweilig bemühte sich Friedrich August um ein freundschaftliches Verhältnis zu Friedrich Wilhelm I. Es wird dem Kurfürsten nicht leichtgefallen sein, um die Freundschaft der Hohenzollern zu werben. Nicht nur, dass sie einen Wirtschaftskrieg gegen ihn führten, bis Altranstädt hatten sie ruhig zugesehen, wie Karl XII. den Sachsen gejagt hatte. Die Russen schalteten und walteten zeitweilig in Polen, als sei er, Friedrich August, nur noch ein Geduldeter im Lande des weißen Adlers. Und nun versuchte auch noch Habsburg, Preußen für seine politischen Ziele zu gewinnen, und bemühte sich um Friedrich Wilhelms Unterstützung. Sachsen und Polen drohte eine gefährliche Umklammerung. Aus dieser Situation musste der Wettiner heraus, wollte er nicht zum Spielball dieser großen Mächte werden. Seit der Niederlage gegen die Schweden hatte er dazugelernt, setzte nun besser das diplomatische Ränkespiel ein. Er beauftragte Flemming, seinen besten Diplomaten, mit Preußen Verhandlungen zu führen, um die Gefahr abzuwenden. Flemming gelang, was kaum jemand am Dresdner Hof für möglich gehalten hätte. Die Preußen sagten zu, den Handelskrieg zu beenden, und Friedrich Wilhelm unterzeichnete am 10. Januar 1728 einen Beistandsvertrag, der Preußen und Sachsen im Fall eines Angriffs dritter Mächte zur gegenseitigen Hilfe verpflichtete. Dieser Vertrag erregte Aufsehen. Habsburg, das diese Allianz durchaus ernst nahm, erklärte sich bereit, über einen Beitritt zu dieser Allianz mit Sachsen zu verhandeln. Friedrich Augusts Premier Flemming hatte für seinen König einen Erfolg errungen. Mit dem Wettiner war wieder im europäischen Kräftespiel zu rechnen. Als vier Tage nach Unterzeichnung Friedrich Wilhelm I. die sächsische Residenz besuchte, horchten die Höfe auf. Ein neues Machtzentrum im Herzen Europas schien zu entstehen.

Der Soldaten-König, der im Ruf stand, das barocke, ausschweifende Leben an den Höfen zu verachten, fühlte sich sehr wohl in der sächsischen Residenz. Er schrieb nach Potsdam: „... was das liederliche Leben betrifft, so bin ich zwar nur zwei Tage hier, aber ich kann in Wahrheit sagen, dass ich dergleichen noch nicht gesehen ... daher ich Ursach habe, hier recht vergnügt zu sehen." Alles deutete auf ein gutes und dauerhaftes Einvernehmen der beiden Monarchen hin. Es wurde sogar ein Heiratsprojekt ins Auge gefasst. Bereits im Mai 1728 besuchte August der Starke Potsdam. Die Tochter des Hohenzollern, die spätere Markgräfin von Bayreuth, neben Liselotte von der Pfalz eine Klatschdame ersten Ranges, berichtet in ihren Memoiren: „In dieser Zeit erfuhren wir, dass mein Vater auf dem Punkt gewesen war, mich mit dem König von Polen zu verloben." Zur Verlobung kam es nicht. Friedrich August war Katholik. Sein Sohn soll auch gegen die Verlobung gewesen sein. Was sich so gut angelassen hatte, geriet bald ins Wanken. Flemming, der mit Entschiedenheit auf eine Übereinkunft mit Habsburg gedrängt hatte, war inzwischen gestorben. Augusts Sinn begann sich zu ändern. Er war verärgert, dass der Kaiser alle Erbansprüche Josephas kategorisch ablehnte und nicht zu geringsten Landabtretungen an Sachsen bereit war. Um Habsburg in seinem Interesse unter Druck zu setzen, bemühte sich der Wettiner um eine Antihabsburg-Koalition. Friedrich Wilhelm, der in keiner Weise daran interessiert war, sein gutes Verhältnis zu Wien zu stören, war über Augusts Wende in der Politik überaus verärgert. Als der Kurfürst-König gar Bayern und Hannover zu seinen Verbündeten machen wollte, geriet der Hohenzoller in Zorn, denn zwischen ihm und dem Kurfürsten von Hannover, der auch englischer König war, bestanden starke Spannungen und politische Rivalitäten. Wie er über Friedrich Augusts Projekte dachte, verdeutlichen folgende Bemerkungen: „Wollen wir den Kaiser bei Seite setzen, gut. Wer soll aber das Haupt sein? Wollen sie mir zu machen? Gut. Aber das wird Sachsen, Hannover, Bayern nicht zugeben. Ergo wer soll das Haupt sein? Sachsen? Da aber lasse ich mir lieber mein Land brennen. Soll's Hannover sein? Da aber lasse ich mir lieber Glied vor Glied abhauen, als einen englischen Chef zu haben ..." Der Wettiner, wohl wieder vom alten Misstrauen gegen Preußen erfasst, schloss mit Hannover ein Verteidigungsbündnis. Und als August der Starke gar seine Ansprüche auf die Grafschaften Jülich, Berg und Cleve am Kaiserhof in Wien nachdrücklich geltend machte, war der Hohenzoller erbost, da er diese Gebiete seiner eigenen Krone endgültig zuzuschlagen gedachte. Er war gar nicht fein, als er seinen Unmut über Friedrich August äußerte: „... ich bin die düppe (der Betrogene) von seine freundschaft geweßen, ich habe mir eingebildet das er so rehdelich wehr als ich, anfein (kurz gesagt) es ist geschehen, wollt Gott Flemming wer noch herr, so wer dieses alles nit geschehn ... der Patron stellt sich an, als wen er es mit mir erl(ich) meinet einmahll hat er mir Düpiret, zum ander mahll bekommet er mir wieder nit." Es stand also nicht gut zwischen Preußen und Sachsen, als sich August der Starke auf seiner letzten Reise nach Warschau befand.

Schwerkrank erreichte Friedrich August am 16. Januar 1733 die polnische Hauptstadt. Bereits unterwegs war er mehrere Male in Ohnmacht gefallen, war sein Kreislauf zusammengebrochen. Der kranke Fuß war blau angelaufen und geschwollen. Als die Kutsche vor dem Schloss anlangte, erwartete der polnische Hof den König. In dicke Pelzmäntel waren die Magnaten gehüllt, denn es war eisig kalt. Mit großer Mühe verließ der Wettiner die Kutsche. Er musste gestützt werden, da er sich nicht allein auf den Beinen halten konnte. Winkte er dennoch den Polen, zu denen er gefahren war? Hilfsbereite Arme streckten sich ihm entgegen, als er sich mühselig ins Schloss schleppte, das er nicht wieder lebend verlassen sollte.

Am 31. Januar beichtete er. Sein Pater musste sich über den König beugen, um seine leisen abgehackten Worte zu verstehen. Gewiss wusste der Pater, dass die Zeit für den Wettiner abgelaufen war. Er erteilte ihm die Absolution. Am 1. Februar 1733, gegen vier Uhr früh, umgeben von seinen engsten Ministern und Ratgebern, starb der Kurfürst-König. Es heißt, in den Armen Brühls, des bald allmächtigen Ministers in Sachsen unter Friedrich August II., dem Sohn Augusts des Starken.

Kuriere eilten nach Dresden. Die Leiche des Sachsen wurde nach Krakau überführt. August der Starke wurde im Wawel, der letzten Ruhestätte der polnischen Könige, beigesetzt, unweit von Sobieski, dessen Tod so folgenschwer für Friedrich August und Sachsen gewesen war.

Das Herz Augusts des Starken aber war zuvor aus dem Körper herausgeschnitten worden, damit auch die Sachsen etwas von ihrem teuren Kurfürsten haben sollten. Die silbernen Kapsel, in der das Herz eingeschlossen wurde, liegt noch heute in der Gruft der Dresdner Kathedrale, der ehemaligen katholischen Hofkirche, die sein Sohn errichten ließ.

Kaum war August der Starke begraben, brach Streit um die polnische Krone aus. Stanislaw Leszczyński wurde am 12. September 1733 erneut zum König von Polen gewählt und am 5. Oktober Friedrich August II. Diese Doppelwahl löste den polnischen Thronfolgekrieg aus, der bald über die Adelsrepublik hinausging. Frankreich erklärte Österreich, das Friedrich August II. unterstützte, den Krieg und fiel in Lothringen ein. Schließlich setzte sich Friedrich August II. durch. Leszczyński wurde außer Landes getrieben und Friedrich August am 5. Januar 1734 als August III. zum König von Polen gekrönt. Er blieb es bis zu seinem Tode im Jahre 1763.

August der Starke war dreiundsechzig Jahre alt, als er starb. Viele Jahre vor ihm, 1715, war Ludwig XIV. gestorben, dessen Macht, Stil und Glanz die europäischen Höfe nachhaltig beeinflusst hatten. Auch Karl XII., der den Wettiner im Altranstädter Frieden tief gedemütigt hatte, war tot, gefallen 1718 vor der norwegischen Festung Friedrichshall. Tot war auch Peter der Große, Augusts Verbündeter im Nordischen Krieg, der Mann, der die Tore Russlands nach dem Westen geöffnet hatte. Er soll geweint haben, als er von Karls Tod, dem Rivalen im Nordischen Krieg, erfuhr. So unterschiedliche Ziele sie verfolgten – kraftvolle Persönlichkeiten waren sie allemal. Sie haben ihre Länder und Europa auf ihre Weise geprägt. Schweden schied nach Karls Niederlagen endgültig als Großmacht aus. „Dreimal", so sagte der Russe 1721 auf dem Frieden von Nystad, ... „habe ich meinem lieben Bruder Karl Frieden angeboten, zuerst einen Notfrieden, sodann einen generösen Frieden, den er mir aber abgeschlagen hat. Nun mögen die Schweden den dritten, einen Zwangs- und Schandfrieden mit mir eingehen." Russland wurde Großmacht. England erstarkte wirtschaftlich und politisch von Jahr zu Jahr und beobachtete argwöhnisch Russland. Längst hatte die Insel die Niederlande überflügelt: Spanien verlor weiter an Bedeutung; Österreich baute seine Position in Italien aus; Preußens Gewicht nahm zu; Frankreich, wohl Großmacht, litt unter den Schulden, die der Sonnenkönig hinterlassen hatte. Ungeachtet dessen reifte die Krise des Absolutismus heran. Inzwischen waren auch die Männer geboren worden, deren Denken und deren Werke das alte Europa erschüttern sollten. Allen voran die Franzosen Voltaire, Montesquieu, Diderot, Rousseau, d'Alembert. In Frankreich war der klassische Absolutismus entstanden, hatte dort seine höchste Ausprägung erreicht, in Frankreich fand die Kritik an den bestehenden gesellschaftlichen und politischen Zuständen, an der ständisch-feudalen Ordnung, an der absolutistischen Monarchie ihren Höhepunkt, ehe sie auch die deutschen Lande in der Zeit der Aufklärung erfasste. Alles, aber auch alles, Religion, Naturanschauung, Gesellschaft, Staatsordnung, wurde „der schonungslosen Kritik unterworfen, alles sollte seine Existenz vor dem Richterstuhl der Vernunft rechtfertigen oder auf die Existenz verzichten. Der Ausgang der Menschen aus ihrer selbstverschuldeten Unmündigkeit" begann.

Die regierenden Adelshäuser hatten bisher die große Szene geliebt, die glanzvolle Öffentlichkeit, Feste und Spiele. Jetzt wurde ihre Unfehlbarkeit in Frage gestellt. Ihr Rückzug aus der Öffentlichkeit begann. Man mied jetzt das Volk, das zuvor als Zaungast, als Bewunderer des Glanzes geduldet worden, ja an Friedrich Augusts Hof sogar erwünscht war, um die Feste zu garnieren, und zog sich in eine private Exklusivität zurück. Im Rokoko fand die Verfeinerung des Lebens ihren ästhetischen Höhepunkt. Während der Krise des Absolutismus entstanden kaum große, auf äußere Wirkung bedachte Bauten, sondern meist eingeschossige, intime Gebäude und Pavillons. Der Lebensstil änderte sich. In den Gärten, verborgen vor den Blicken der Neugierigen, hielten sich jetzt die Gesellschaften auf. Damit diese ungestört unter sich blieben, wurden die Schlösser und Gärten mit Gitterspießen umstellt und die Zugänge mit eisernen Toren verschlossen. Deutlicher kann sich der Zusammenhang zwischen der sozialen Entwicklung und der Architektur nicht ausdrücken. Die Flucht ins Künstliche, in private Abgeschiedenheit hielt an. Marie-Antoinette (1755 bis 1793), Frankreichs Königin, ließ sich ein Dorf im Park von Versailles errichten, um in einer falschen ländlichen Idylle zu leben; der preußische König Friedrich Wilhelm II., Nachfolger Friedrichs des Großen, hielt sich gern in der Abgeschiedenheit einer künstlichen Burgruine auf. Seine Mätressen und Ehefrauen zur Linken allerdings versteckte er nicht.

Als Friedrich Augusts Sohn vom Tode seines Vaters erfuhr, ließ er die Stadttore Dresdens schließen. Eine Tatsache, der man eine gewisse Symbolik zuschreiben möchte. Als passionierter Kunstliebhaber überließ er die Regierungsgeschäfte seinem Premier Brühl und zog sich mit seiner Frau weitgehend zurück. Er liebte es, mit seinen Kindern zu spielen. Das laute Hofleben war dem Sohn Augusts des Starken viel weniger angenehm als seinem Vater. Dass Dresden an Glanz nicht einbüßte, dass weitere Prachtbauten entstanden, dafür sorgten seine Minister, allen voran Graf Brühl.

Was schwerer wog: Der kenntnisreiche Bildersammler und Musikliebhaber Friedrich August II. übersah die Gefahren, die Sachsen heranwuchsen. Politisch war er eine Null. Die Nachbarmächte vergrößerten ihre stehenden Heere: Preußen auf 80.000, Österreich auf 100.000 Mann, Frankreich hatte 160.000 unter Waffen, Russland 130.000. Als Friedrich II. im Siebenjährigen Krieg Sachsen überfiel, konnten die 17.000 Soldaten Preußen nicht viel entgegensetzen.

Friedrich August und Brühl setzten sich nach Warschau ab und überließen Sachsen den Preußen, die auf Befehl ihres Königs die sächsische Residenz barbarisch zerstörten. Im Frieden zu Hubertusburg im Jahre 1763 bekam Preußen die Eroberung des größten Teiles des österreichischen Schlesiens vertraglich bestätigt. Der Kampf um die Vormachtstellung in Deutschland – wie ihn später der Historiker Paul Haake konstruiert hatte – war zugunsten der Hohenzollern ausgegangen und wurde zweiundfünfzig Jahre später auf dem Wiener Kongress endgültig besiegelt. Mehr als die Hälfte – 58 Prozent – des sächsischen Territoriums erhielt 1815 Preußen. Sachsen, das bereits nach dem Tode des polnischen Königs Augusts III. die Personalunion mit Polen aufgegeben hatte, wurde als politisches Staatsgefüge in Deutschland bedeutungslos. Preußen stieg endgültig in die Reihe der europäischen Großmächte auf.

Als August der Starke starb, war Johann Christoph Gottsched dreiunddreißig Jahre alt, der Kamenzer Pfarrerssohn Gotthold Ephraim Lessing vier, Friedrich Gottlieb Klopstock sieben Jahre, der im sächsischen Hainichen geborene Christian Fürchtegott Gellert, der sich schon als Fabeldichter hervortat, besuchte die Fürstenschule Sankt Afra in Meißen. Auch Deutschland hatte seine Männer, die dem Absolutismus entgegentreten sollten. Die Aufklärung dämmerte herauf. Das Ende des absolutistischen Zeitalters stand bevor. James Watts Dampfmaschinen begannen in England zu arbeiten. Es gehört zu den Merkwürdigkeiten, dass ausgerechnet vom barocken Dresden das neue, klassizistische Kunstideal seinen Ausgang nahm. Hier bildete sich ein Mann heran, der einer neuen Kunstepoche Richtung und Sinn gab. Johann Joachim Winckelmann, mehrere Jahre im Dienst des sächsischen Grafen Bünau, studierte die Kunstschätze, die antiken Skulpturen der kurfürstlichen Sammlungen und sann über Raffaels „Sixtinische Madonna" nach, das wohl berühmteste Bild der Dresdner Gemäldegalerie. Mit der Schrift „Gedanken über die Nachahmung der griechischen Werke in der Malerei und Bildhauerkunst" sagte er sich 1755 von dem „Schnörkel- und Muschelwesen" des Barocks los, hob die Kunst der Hellenen auf den Schild und begründete eine neue Ästhetik.

Die Kunst „eine fremde Kolonie" in Sachsen eingeführt zu haben ist das Beste, was August der Starke den Deutschen hinterlassen hat. Nach der Wahl zum polnischen König hatte der Wettiner an Flemming geschrieben, dass sein höchster Ehrgeiz Ruhm sei. Für schillernden Ruhm hat der Wettiner das Seine getan. Ein Mann von Stetigkeit und Ausdauer war er wohl nicht, ein Mann von Phantasie und künstlerischem Verständnis allemal. Er gefiel sich in seiner körperlichen Stärke und sorgte dafür, dass sie Aufsehen erregte und dass er als August der Starke in die Geschichte einging. „Vergnügungssucht und Ehrgeiz", meint Flemming über Friedrich August, „sind die ihn beherrschenden Leidenschaf-

Einzug August III. in Warschau. Gemälde von Johann Samuel Mock, o. J.

ten, aber nach dem Vergnügen verlangt er doch wohl noch stärker." Und er fährt fort: „Nur zu oft haben ihm seine Vergnügungen einen Erfolg verwehrt, aber noch nie hat er sich von der Ambition bei einem Vergnügen stören lassen. Die Fehler seiner Erziehung tragen Schuld daran, dass er einen schlechten Gebrauch von der Geschichte machte; er war geneigt, die schönen Seiten der Geschichte für die wahre Geschichte zu halten, und dies hatte zur Folge, daß es in seinem Tun viel Romanhaftes gab." Friedrich Augusts Minister Manteuffel, einst mit der delikaten Aufgabe beauftragt, die Auslieferung der Cosel zu erreichen, bezeichnete Friedrich August als einen Mann von falschen Gedanken. Graf Schulenberg, der Sachsen vor der Besetzung der Schweden zu retten versucht hatte, sagte über den Kurfürsten, dass er „vielleicht der einzige „Souverän (war), welcher imstande ist, sich selbst zu erfinden und auszuführen, was man nur irgendwie unternehmen will". Widersprüchliches über August den Starken also auch im engsten Kreise.

Maßgeblich geprägt für die Nachwelt jedoch wurde das Urteil über den polnischen König und sächsischen Kurfürsten von den Hohenzollern und der preußischen Geschichtsschreibung. Friedrich II. nannte Friedrich August I. „den falschesten Fürsten von ganz Europa, ohne

Ehre und ohne Glauben." Der Sachse habe sich tot gesoffen, behauptete der „große" Friedrich, dessen Hass Friedrich Augusts Sohn traf. (Biografen des Preußen wollen wissen, dass Friedrichs Hass auf alles Sächsische an jenen Tagen begann, als sich der preußische Kronprinz Friedrich in Friedrich Augusts Tochter Anna Orczelska verliebt hatte, was den Wettiner veranlasste, sie dem Kronprinzen zu entziehen und nach Warschau zu schicken.) Die Markgräfin von Bayreuth, Friedrichs Lieblingsschwester, dichtete dem Wettiner 364 uneheliche Kinder an und behauptete, dass er ein Verhältnis mit seiner eigenen Tochter Orczelska gehabt habe. Mit solchen Urteilen und Erfindungen wurde dem deutschen Manne suggeriert, dass die Hohenzollern die besseren Fürsten seien. Im neunzehnten Jahrhundert nahm die Verurteilung Augusts des Starken durch die preußische Geschichtsschreibung zu. Leopold von Rankes Urteil ist noch eines der mildesten: „Was er ergriff, dazu hatte er Geschick, und immer musste er etwas Neues vorhaben, sei es den Bau eines Palastes oder einer Kirche, die Einübung eines Regiments oder die Anordnung einer geräuschvollen Festlichkeit, einen Liebeshandel oder eine Intrige. Er stürzte sich nur immer von einer aufregenden Beschäftigung zur anderen, von Genuss zu Genuss, ohne auf Pflicht und Anstand Rücksicht zu nehmen. Er gefiel sich in einem Gemisch von Kraft und Sittenlosigkeit." Andere verurteilten den Sachsen völlig, nannten ihn schlichtweg „einen sittenlosen Schwächling".

Wie die Urteile auch alle lauten mögen, der Kurfürst von Sachsen und König von Polen war eine herausragende Persönlichkeit im Hause Wettin, das von wenigen Ausnahmen abgesehen, nur minderbegabte Herrscher hervorgebracht hat. Legenden leben um unbedeutende Menschen nicht fort. Und sie sind oft wahrer als trockene, immer bestimmten Interessen dienende Geschichtsschreibung, sie haben ihre eigene innere, oft unfassbare Logik. 1844 malte der Deutsche Friedrich Nehrlich in Italien ein Palazzo, das als Haus des Othello galt. Da er Schwierigkeiten mit der Komposition des Bildes bekam, fügte er dem Gemälde ein kleineres Gebäude hinzu. Zum Spaß nannte er das Bild „Das Haus der Desdemona". Ab sofort galt der kleine auf der Leinwand erfundene Palazzo als „Casa di Desdemona" (dort hat sie gelebt). Als der Maler den Irrtum aufklären wollte, wurde er verprügelt. Eine Fiktion war Wirklichkeit geworden.

Wer müsste im Falle des Wettiners verprügelt werden? Die Rühmer? Die galligen Schimpfer? Die scharfsinnigen Historiker? Ich würde mich für eine der drei Gruppen entscheiden, wenn ich wüsste, dass es Zweck hätte. August der Starke wird auch weiter schillernd und vergoldet durch die Geschichte reiten, ungeachtet jener, die ihn loben und bereit sind, in jeder Falte seines Rockes etwas Neues zu entdecken, und ungeachtet jener, die ihn rügen. Und allseitig gebildete Eltern werden immer wieder ihren staunenden Kindern auf der Brühlschen Terrasse erzählen, dass die Vertiefung in dem eisernen Brüstungsgitter vom Daumendruck Augusts des Starken herrührt. Den hatte er aber schon in einem der Rheinlandfeldzüge gegen die Franzosen verloren, als er die Büchse mit doppeltem Pulver lud.

LITERATURVERZEICHNIS

(Auswahl)

Alpatow, M. W.,
Die Dresdner Galerie Alte Meister, Dresden 1986

Arnold, E.,
August der Starke, sein Leben und Lieben, Stuttgart o. J.

Bächler, H., Schlechte, M.,
Sächsisches Barock, Leipzig 1986 (✦)

Bachmann, M.,
Dresdner Gemäldegalerie Alte und Neue Meister.
Unter Mitarbeit von A. Walther, H. Marx., H. J.Neidhardt und W. Schumann, Leipzig 1980

Bäumel, Jutta,
Auf dem Weg zum Thron, Dresden 1997 (✦)

Beschorner, H.,
August der Starke als Soldat, in: Neue Jahrbücher für das klassische Altertum, Bd. 15, 1905, S. 200 – 230

Beschorner, H.,
August der Starke und seine neuesten Biographen, in: Neues Archiv für sächsische Geschichte, Bd. 48, 1927, S. 238 – 248

Böttger, J. F.,
Die Erfindung des europäischen Porzellans, Leipzig 1982 (Katalog)

Czok, K.,
Die Entwicklung des kursächsischen Territorialstaates im Spätfeudalismus von der Mitte des 16. Jahrhunderts bis 1790, in: Sächsische Heimatblätter 5 und 6, 1982

Czok, K.,
Zur absolutistischen Politik Augusts des Starken in Sachsen, in: Sächsische Heimatblätter 4, 1983

Czok, K.,
August der Starke und Kursachsen, Leipzig 1987

Döring, B. A.,
Matthäus Daniel Pöppelmann, Dresden 1930

Ermisch, H. G.,
Matthäus Daniel Pöppelmann, in: Sächsische Lebensbilder, Bd. 2, 1937

Foerster, F.,
Friedrich August II. der starke Kurfürst von Sachsen und König von Polen, Leipzig 1909 (✦)

Forberger, R.,
Die Manufaktur in Sachsen vom Ende des 16. bis zum Anfang des 19. Jahrhunderts, Berlin 1958

Groß, R.,
Außen- und innenpolitische Verhältnisse Kursachsens an der Wende vom 17. zum 18. Jahrhundert, in: Sächsische Heimatblätter 5, 1982

Gurlitt, C.,
Dresden, Berlin 1907

Gurlitt, C.,
Warschauer Bauten aus der Zeit der sächsischen Könige, Berlin 1917

Gurlitt, C.,
August der Starke, Ein Fürstenleben aus der Zeit des deutschen Barock, 2 Bde., Dresden 1924 (✦)

Haake, P.,
König August der Starke, München, Berlin 1902

Haake, P.,
August der Starke im Urteil der Gegenwart, Berlin o. J.

Hassinger, E.
Brandenburg-Preußen, Schweden und Russland 1700 – 1713, München 1959

Heckmann, H., Pope, I.,
Matthäus Daniel Pöppelmann, Herford, Bonn 1962

Heckmann, H.,
Matthäus Daniel Pöppelmann, Leben und Werk, München, Berlin (West) 1972

Henel, E., Watzdorf, E. von,
August der Starke, Kunst und Kultur des Barock, Dresden 1933

Hentschel, W.,
Die sächsische Baukunst des 18. Jahrhunderts in Polen,
2 Bde., Berlin 1967

Hentschel, W.,
Die Zentralbauprojekte Augusts des Starken, Berlin 1969

Hoffmann, K.,
Böttger, Vom Alchimistengold zum Weißen Porzellan,
Berlin 1985 (✦)

Hofmann, G.,
Constantia von Cosel und August der Starke,
Bergisch-Gladbach 1984 (✦)

Iccander,
Das auf dem höchsten Gipfel seiner Vollkommenheit und
Glückseligkeit prangende königliche Dresden, Leipzig, 1726

Jacobi, Franz,
Das Thorner Blutgericht 1724, Halle 1896

Justi, C.,
Winckelmann und seine Zeitgenossen, 3 Bde.,
Leipzig 1866 – 1872

Justi, C.,
Das Augusteische Dresden, Dresden 1955

Kalisch, J. Gierowski, I.,
Um die polnische Krone, Sachsen und Polen während
des Nordischen Krieges 1700/1721, Berlin 1962

Kühnel, K.,
August der Starke und das schwache Geschlecht,
Wittenberg 2005

Loën, J. M.,
Des Herrn von Loen gesammelte kleine Schriften,
Frankfurt, Leipzig 1750 (✦)

Löffler, F.,
Der Zwinger in Dresden, Leipzig 1976 (✦)

Löffler, F.,
Das alte Dresden, 6. Aufl., Leipzig 1982

Marx, H.,
Die Gemälde des Louis de Silvestre in der
Dresdner Gemäldegalerie, Dresden 1975 (Katalog)

Mehring, F.,
Zur deutschen Geschichte bis zur Zeit der
Französischen Revolution 1789, Berlin 1964

Menzhausen, J.
Einführung in das Grüne Gewölbe,
6., überarb. Aufl., Dresden 1980 (✦)

Müller, R.,
Die Armee Augusts des Starken, Berlin 1984

Piltz, G.,
August der Starke, Träume und Taten
eines deutschen Fürsten, Berlin 1986 (✦)

Pöllnitz, K. L. von,
Das galante Sachsen, Hellerau o. J. (✦)

Pönicke, H.,
August der Starke, Ein Fürst des Barock, Göttingen 1972

Schreiber, H.,
August der Starke, Leben und Lieben im deutschen
Barock, München 1981 (✦)

Sponsel, J. L.,
Der Zwinger, die Hoffeste und die Schloßbaupläne
zu Dresden, 2 Bde., Dresden 1924 (✦)

Staszewski, J.,
Polen und Sachsen im 18. Jahrhundert, in:
Jahrbuch für Geschichte 23, 1981

Vehse, E.,
Geschichte der Höfe des Hauses Sachsen,
Hamburg 1854 (✦)

Walcha, O.,
Meißner Porzellan, Leipzig 1926

Aus den mit (✦) versehenen Titeln
wurde zitiert.

ZEITTAFEL

1661	Ludwig XIV. gelangt in Frankreich zur Macht
1670	Geburt Friedrich Augusts als zweiter Sohn Johann Georgs III.
1683–1689	Türkenkriege
1693	Friedrich August heiratet Christiane Eberhardine von Kulmbach-Bayreuth
1694	Tod Johann Georgs IV., Friedrich August wird Kurfürst von Sachsen
1696	Geburt des Kurprinzen Friedrich August
1697	Krönung Augusts des Starken zum König von Polen in Krakau als August II.
1699	Dänemark, Russland und Sachsen verbünden sich gegen Schweden
1700–1721	Nordischer Krieg. Als König von Polen beginnt Friedrich August am 12. Februar den Krieg gegen Schweden
	Russland erklärt am 19. August 1700 Schweden den Krieg
1701	Kurfürst Friedrich III. wird als Friedrich I. König in Preußen
1701–1714	Spanischer Erbfolgekrieg. Der Kaiser, das deutsche Reich und England kämpfen gegen Frankreich
1704	Nach Niederlagen gegen Karl XII. wird August der Starke durch die Warschauer Generalkonföderation entthront. Der Wojewode Stanislaw Leszczyński wird polnischer König
1706	Sächsisch-polnische Niederlage in der Nähe von Fraustadt (Wschówa). Besetzung Kursachsens durch Schweden. Frieden zu Altranstädt.
	Erzwungener Verzicht Augusts auf die polnische Krone
1709	Offizielle Mitteilung Böttgers an Friedrich August über die Herstellung von rotem und weißem Porzellan
	Im Juli Sieg der russischen Truppen unter Peter I. über die Schweden. Mit Zustimmung des polnischen Reichstages wird August wieder König von Polen
1710	Gründung der Meißner Porzellanmanufaktur
1710–1719	Erste intensive Phase des Zwingerbaus unter Pöppelmann und Permoser
1715	Tod Ludwigs XIV.
1715–1716	Aufstand in Polen gegen den Wettiner. August kämpft gegen die Konföderation von Tarnograd
1716	Frieden zu Warschau, erneute Anerkennung Augusts II. als König
	Beginn der Gefangenschaft der Gräfin Cosel
1717	Heimlicher Übertritt des Kurprinzen Friedrich August zum katholischen Glauben. Beginn des Umbaus des Holländischen Palais zum Japanischen Palais in Dresden
1718	Tod Karls XII.
1718–1728	Wirtschaftskrieg zwischen Preußen und Sachsen
1719	Kurprinz Friedrich August und die Erzherzogin Maria Josepha von Österreich heiraten. Im November kommt es zum Waffenstillstand zwischen Sachsen und Schweden
1720	Beginn der Neuordnung der Dresdner Kunstsammlungen
1720–1725	Pillnitzer Schlossbauten entstehen
1721	Ende des Nordischen Krieges. Russland erhält Livland. August der Starke geht leer aus. Beginn der Vermessung Sachsens durch Adam Friedrich Zürner
1722	Errichtung der Postsäulen aus Stein
1723–1727	Gestaltung des Großsedlitzer Parks
1723–1729	Einrichtung des Grünen Gewölbes im Residenzschloss
1723–1736	Umbau des Jagdschlosses Moritzburg
1724	Johann Christoph Gottsched beginnt mit seinen Leipziger Vorlesungen
1725	Tod des russischen Zaren Peter I.
1726–1734	George Bähr erbaut die Frauenkirche, die erst nach seinem Tode fertiggestellt wird
1727	Umbau des Holländischen Palais zum Japanischen Palais
1727–1731	Umbau der Augustusbrücke
1728	Friedrich Wilhelm I. von Brandenburg-Preußen besucht Sachsen. Gegenbesuch Friedrich Augusts in Potsdam
1730	Zeithainer Manöver. Beginn des Blockhausbaus
1731	Verteidigungsbündnis zwischen Sachsen und Hannover. Rapide Verschlechterung des sächsisch-preußischen Verhältnisses. August der Starke finanziert erste wissenschaftliche Afrikaexpedition (1732-1733)
1733	Tod Augusts II. am 1. Februar in Warschau. In Polen bricht ein Thronfolgekrieg aus
1734	Der Sohn Augusts des Starken wird als August III. zum König von Polen gekrönt

PERSONENREGISTER

BILDNACHWEIS

8 SLUB / Deutsche Fotothek
18 SLUB / Deutsche Fotothek / Kramer, Rudolph
21 SLUB / Deutsche Fotothek
22 SLUB / Deutsche Fotothek / Ludwig, Herbert
25 Städtische Museen Quedlinburg (Kunstinventar Nr. 116)
35 Staatliche Kunstsammlung Warschau
37 SLUB / Deutsche Fotothek / Andrich, R.
44 SLUB / Deutsche Fotothek / Möbius, Walter
47 SKD Kupferstich-Kabinett
51 SLUB / Deutsche Fotothek
56 SLUB / Deutsche Fotothek / Richter, Regine
60 SLUB / Deutsche Fotothek
63 SLUB / Deutsche Fotothek
66 SLUB / Deutsche Fotothek / Möbius, Walter
69 SLUB / Deutsche Fotothek
99 SLUB / Deutsche Fotothek / Würker, Martin
102 SLUB / Deutsche Fotothek
106 SKD Kupferstich-Kabinett
109 SLUB / Deutsche Fotothek / Schönbach
118 SLUB / Deutsche Fotothek / Möbius, Walter
122 SKD Kupferstich-Kabinett
125 SLUB / Deutsche Fotothek
131 SLUB / Deutsche Fotothek
134 SKD Gemäldegalerie Alte Meister
139 SLUB / Deutsche Fotothek / Loos, Adolf
144 SKD Kupferstich-Kabinett
158 SLUB / Deutsche Fotothek / Kramer, Rudolph

74 bis 97 Jörg R. Oesen
Titel Silvestre d.J., Louis, Bayer. Staatsgemäldesammlungen; Blauel Gnamm – ARTOTHEK

ÜBER DEN AUTOR

Der Erzähler, Publizist und Journalist **Reinhard Delau** lebt und arbeitet in Dresden. Von Haus aus Historiker und Germanist, beschäftigt er sich seit 1975 mit sächsischer Geschichte.

Von ihm erschienen u. a. in der edition Sächsische Zeitung der Roman „Die Kirche“, zwei Bücher über den Wiederaufbau der Dresdner Frauenkirche, „Anekdoten aus 800 Jahren Dresden“, „August der Starke und seine Mätressen“ und „Napoleonzeit in Sachsen“.